ESTE LIVRO PERTENCE A

DEUS
MINHA ESSÊNCIA

DE

CATIA
REGIELY

BestSeller
Rio de Janeiro
2025

US

MINHA ESSÊNCIA

Apresentação

Se você está segurando este livro, é porque há algo em você que crê que é possível experimentar mais. Mais de Deus. Mais propósito. Mais vida. Você chegou até aqui. E isso, por si só, já diz muito.

Talvez você esteja com o coração repleto de fé. Talvez esteja cansado, machucado, confuso ou até distante de Deus. Seja qual for sua situação, você chegou. E eu creio que isso não é mera coincidência.

Este livro não é apenas um devocional – é um momento de encontro marcado com o céu. Um espaço sagrado onde, a cada dia, você será lembrado de que não está sozinho, de que ainda há esperança e de que Deus permanece fiel, mesmo quando tudo ao seu redor parece incerto. Ao longo desses 365 dias, vamos explorar temas profundos, às vezes desconfortáveis, mas sempre essenciais. Vamos dialogar sobre decisões que ninguém percebe, dores que foram esquecidas, promessas que pareciam abandonadas e verdades que precisam ser vividas novamente.

Mas esta edição traz algo novo. Um presente ainda mais completo para a sua caminhada.

Você terá acesso a uma *plataforma exclusiva com vídeos e lives mensais*, que ocorrem ao longo do ano de 2026, onde poderei me conectar com você de forma ainda mais próxima. Nessas transmissões, vamos conversar sobre os temas do mês, aprofundar reflexões, orar juntos e, acima de tudo, criar um ambiente seguro para crescer em fé. E, se você não puder estar ao vivo, não se preocupe: *todas as lives ficarão gravadas*, disponíveis para assistir quando e quantas vezes quiser. Esse será um dos grandes diferenciais deste ano — e minha forma de caminhar com você, mesmo à distância.

Além disso, no início de cada mês, você encontrará um espaço para *registrar seus objetivos e motivos de gratidão*. Porque crer é importante, mas escrever é uma forma de assumir aquilo que esperamos com fé. Já no fim de cada mês, você terá um momento de pausa: um espaço reservado para *anotar aprendizados, percepções, testemunhos*. Um lugar para olhar para dentro e reconhecer o que Deus está fazendo, mesmo que em silêncio.

Aqui, você não encontrará fórmulas prontas ou respostas simples. O que encontrará será direção, consolo e Palavra viva. Encontrará Deus. Ele sempre esteve próximo e agora, através destas páginas, deseja revelar isso a você.

Cada texto foi redigido com oração, comprometimento e sinceridade. Carrega as marcas da minha história, é verdade, mas também algo maior: um profundo desejo de ver sua vida se rendendo cada vez mais ao amor de Deus. Pois é nEle que reencontramos nossa essência. É nEle que os fardos se dissolvem. É nEle que os dias difíceis perdem sua força. E é nEle que aprendemos a viver de uma maneira completamente nova, repleta de propósito, coragem e paz.

Permita-se ser tocado. Permita-se ser moldado. Permita-se caminhar lado a lado com aquEle que conheceu cada detalhe seu e ainda assim escolhe permanecer ao seu lado.

Minha oração é que, ao fim deste ano, você possa olhar para trás com gratidão no coração e dizer: *"Eu vivi com Deus. E nunca mais fui o mesmo."*

Com amor e reverência,
Catia Regiely

Janeiro

Temos um encontro marcado todo dia 1º às 8h.
Escaneie o QR code para acessar nossa
plataforma e participar da live deste mês!

Mais um mês,
mais uma oportunidade de Deus para você.

Antes de começar as leituras deste mês, separe alguns minutos para olhar para dentro. Use este espaço com sinceridade e intencionalidade.

Em *Objetivos do Mês*, escreva o que deseja viver com Deus nos próximos dias. Pode ser uma mudança de hábito, uma área da vida que precisa de cura, algo que você queira desenvolver espiritualmente ou até mesmo um simples "quero permanecer firme". Não escreva com pressa. Escreva com fé.

Em *Motivos de Gratidão*, liste tudo aquilo que, mesmo singelo, merece ser lembrado com um coração agradecido. A gratidão transforma a sua forma de enxergar a vida — ela ancora você no que Deus já fez e prepara seu coração para o que Ele ainda vai fazer.

Objetivos do Mês

- ○ ______
- ○ ______
- ○ ______
- ○ ______
- ○ ______

Motivos de Gratidão

______

______

______

______

______

1º DE JANEIRO

Quando tudo começa de novo

"O amor do Senhor Deus não se acaba, e a sua bondade não tem fim. Esse amor e essa bondade são novos todas as manhãs; e como é grande a fidelidade do Senhor!" (Lamentações 3:22-23)

Não é a virada do calendário que vai mudar a sua vida, é a renovação do seu coração. Isso não acontece à meia-noite, na queima de fogos, ao som de músicas ou com novas promessas, e sim naquele ponto que só Deus e você conhecem.

O autor de Lamentações escreveu esses versículos quando tudo estava em ruínas. Não era uma celebração, mas um sopro de esperança no meio da dor. Ele não declarou a fidelidade divina porque estava tudo bem, e sim porque precisava continuar acreditando apesar da destruição. Talvez você tenha chegado até aqui com gratidão pela vida, mas também com escombros emocionais, promessas que não se cumpriram, perdas que doeram mais do que você é capaz de explicar.

Seja bem-vindo ao primeiro dia deste ano! Existe misericórdia esperando por você logo cedo, pavimentando um novo caminho para você trilhar sem medo. É certo que nem tudo mudará de imediato — algumas dores vão continuar por mais um tempo, certos desafios não vão esperar o Carnaval para bater à porta. Contudo, você não precisa atravessar o ano tentando sustentar tudo na força do seu braço. Quem caminha se lembrando da fidelidade de Deus não carrega culpa acumulada, carrega confiança renovada!

Oração

Senhor, eu não quero começar este ano tentando ser forte, mas lembrando que o Teu amor me sustentou quando eu nem sabia como continuar. Se a Tua misericórdia me aguarda esta manhã, então não preciso correr, só me render. Não quero planos perfeitos, quero uma presença real. Ensina-me a recomeçar Contigo. Amém.

2 DE JANEIRO

Restaure o altar

"Então o sacerdote Josué [...] e também Zorobabel, filho de Salatiel, e os seus parentes construíram o altar do Deus de Israel, para oferecer sobre ele os sacrifícios que manda a Lei de Moisés, homem de Deus." (Esdras 3:2)

Quando os exilados retornaram a Jerusalém após décadas na Babilônia, encontraram uma cidade destruída, sem muros, sem templo, sem estrutura. Mesmo assim, tomaram a decisão de que o altar seria reconstruído primeiro.

O altar era o lugar do encontro, do arrependimento, da consagração e da escuta. Era ali que o povo se lembrava de quem Deus era e de quem eram diante dEle. Antes de qualquer reforma física ou política, era preciso restaurar a centralidade da presença do Senhor. O altar era o coração da nação!

Também somos tentados a começar a reconstrução por fora: pela imagem, pelo desempenho, pela tentativa de controlar o que é visível. Entretanto, o Eterno continua nos convidando a começar pelo centro, pelo nosso altar particular, pelo que representa a nossa devoção e entrega. Quando esse lugar está em ruínas, todo o restante perde consistência, ainda que externamente pareça sólido.

Restaurar o altar é devolver a Deus o primeiro lugar da nossa vida. Não se trata de um simples ritual matinal, mas de sinceridade e intencionalidade para fazer do nosso interior o primeiro canteiro de obras neste início de ano.

Não há verdadeira reconstrução sem altar, e não há altar restaurado sem uma decisão. Talvez a sua vida esteja em movimento, porém sem direção, e você esteja tentando resolver tudo, menos o mais importante. Comece este ano pelo altar!

Oração

Senhor, diante de tudo o que preciso reorganizar este ano, reconheço que nada é mais urgente do que restaurar o Teu lugar em mim. Ensina-me a parar, a me curvar, a priorizar Tua presença antes de tudo. Que meu coração volte a ser Teu altar, e que o fogo da Tua comunhão não se apague mais. Amém.

3 DE JANEIRO

Nem tudo vai fazer sentido agora

"A estrada em que caminham as pessoas direitas é como a luz da aurora, que brilha cada vez mais até ser dia claro." (Provérbios 4:18)

Todo início de ano carrega aquela expectativa de que, desta vez, tudo vai se encaixar! "Vou ler um livro por mês, me matricular na academia, fazer dieta, abrir meu negócio..." Junto com todas essas metas, vem a ansiedade de querer respostas mais rápidas, menos surpresas, mais clareza logo no começo.

A realidade é que nem tudo vem com o cronômetro da virada. Algumas dúvidas ainda estão aqui, e algumas dores ainda não foram resolvidas. Mesmo assim, o ano já começou!

A Bíblia diz que o caminho dos justos é como o amanhecer. Não é luz plena de imediato, é como aquele início do dia, em que a claridade começa tímida no céu e vai crescendo aos poucos. Assim também é a direção de Deus: ela aumenta conforme você avança e obedece.

Você não precisa ter tudo planejado agora. Não precisa saber todas as respostas, nem resolver tudo antes do fim do mês. Você só precisa caminhar com fidelidade no que já foi revelado. A clareza vai chegar! Não pense em pressionar, mas em permanecer.

Começar bem não é começar sabendo tudo. É começar confiando em Quem está conduzindo sua jornada, mesmo que hoje você enxergue apenas o básico.

Oração

Senhor, ajuda-me a ser fiel no que já sei e confiante naquilo que ainda não entendi. Que cada passo que eu der, mesmo pequeno, me aproxime da Tua vontade. Eu não quero me apressar no que o Senhor ainda está revelando. Ainda que eu não veja tudo com clareza, quero crer que a Tua luz é suficiente. Amém.

4 DE JANEIRO

Cuidado com o que diz, pois sua mente está ouvindo

"O que você diz pode salvar ou destruir uma vida; portanto, use bem as suas palavras e você será recompensado." (Provérbios 18:21)

Existe um detalhe poderoso no funcionamento do nosso cérebro: ele não filtra as palavras que dizemos como se fossem apenas modo de dizer, mas as registra como realidade. Toda vez que você afirma algo como "eu sou ansioso", "minha cabeça não presta", "não tem jeito para mim", seu cérebro aciona sistemas internos que marcam isso como a sua identidade.

A Bíblia não desperdiça palavras quando enfatiza o poder da língua. Jesus nos ensinou o peso das declarações. Paulo escreveu sobre renovação da mente. Salomão já alertou que vida e morte estão em nossos lábios. Isso não é um clichê de autoajuda! É uma verdade espiritual com impacto emocional, fisiológico e interpessoal. É por isso que muitos carregam dores que não aparecem em exames.

O corpo sente aquilo que a mente aceita. A mente aceita aquilo que você declara. O que você tem verbalizado sobre si mesmo? Que tipo de identidade tem reforçado quando ninguém está ouvindo, além do seu cérebro?

Não devemos negar o que é real, mas alinhar nossa identidade àquilo que Deus diz, e não ao que sentimos. Dizer "estou em tratamento, mas não sou minha ansiedade" ou "estou passando por um luto, mas o Pai ainda está comigo" muda a forma como sua alma processa a dor. Não se defina pelas suas fases. Não chame de identidade o que é apenas uma estação!

Oração

Senhor, ensina-me a cuidar das palavras que declaro sobre mim. Que a minha boca seja instrumento de verdade, e não de prisão. Ajuda-me a alinhar a minha fala com a Tua Palavra. Que minha mente ouça mais promessas do que queixas, e que meu corpo aprenda a descansar na Tua presença. Amém.

5 DE JANEIRO

O primeiro passo é ter coragem

"Os membros do Conselho Superior ficaram admirados com a coragem de Pedro e de João [...]. E reconheceram que eles tinham sido companheiros de Jesus." (Atos 4:13)

Pedro e João não eram refinados; passavam mais tempo lidando com maré e rede do que com livros. Não sabiam argumentar como os mestres da lei, não tinham títulos, nem jeito de líderes. Mas estavam ali, falando com firmeza e sem rodeios. A explicação para esse fato não estava na eloquência, e sim na convivência: eles tinham estado com Jesus! Eles viram, ouviram, sentiram...

É assim que nasce uma autoridade que ninguém consegue fabricar; aquela que não grita, não performa e não precisa de microfone, pois aparece no jeito de agir, no tom da voz, no olhar limpo de quem já não precisa convencer ninguém. Talvez o maior engano do nosso tempo seja achar que, para ser usado por Deus, é preciso estar à altura de algum molde. Você não precisa falar bonito nem saber tudo, só precisa andar com Ele até ser transformado de dentro para fora.

Pode ser que você ainda se sinta deslocado, como quem chegou a uma sala cujos lugares já estão marcados, porém, o que define seu valor não é o quanto você sabe, é Quem molda você nos bastidores. Há coisas que o mundo nunca vai ver, mas o céu jamais vai esquecer. Uma alma que convive com Jesus, uma vez que aprende a caminhar com Ele de verdade, nunca mais pisa igual.

Oração

Senhor, eu não quero parecer forte por fora e vazio por dentro. Não quero saber falar do Teu nome sem andar ao Teu lado. Leva-me para mais perto, nas conversas comuns, nos dias sem brilho... Forma-me onde não há plateia. Que o que eu carrego seja fruto de convivência, não de aparência. Amém.

6 DE JANEIRO

Tire os olhos do seu umbigo

"Que ninguém procure somente os seus próprios interesses, mas também os dos outros." (Filipenses 2:4)

Foi em dezembro de 2024, quando estive em Angola, que esse título nasceu em mim. Estávamos cruzando uma província, quando vi algumas crianças à beira da estrada. Elas pediam comida, um pouco de água, qualquer coisa que desse algum alívio. Isso me partiu o coração, e não só por causa da miséria; o que me abalou foi o silêncio incômodo que veio depois, quando perguntei a Deus: "O que o Senhor quer me mostrar com isso?"

A resposta, então, veio como uma verdade cortante: "Se você tirasse os olhos do próprio umbigo, entenderia o quanto ainda não faz o que poderia fazer por Mim. Seus planos são para os seus próprios benefícios. Tire o olho do seu umbigo e olhe para Mim. Meu plano não é egoísta." Isso me desarmou. Fui confrontada sobre o uso da minha fé para construir algo que, no fim, ainda gira em torno de mim.

É fácil disfarçar egoísmo com espiritualidade. A gente sonha alto, trabalha com afinco, ajuda como pode, porém ainda está centrado no "meu propósito". O Pai, com amor, às vezes precisa cutucar nossa alma para lembrar que o Reino não gira em torno do sucesso, mas do serviço.

Jesus nunca agiu por conveniência. Ele interrompia o caminho por aqueles que ninguém olhava, tocava em quem ninguém queria tocar. Em contrapartida, quanto do que fazemos para Deus ainda é sobre nós? A resposta, muitas vezes, é mais dura do que gostaríamos de admitir.

Oração

Senhor, perdoa-me pelas vezes em que usei Teu nome para alimentar meus planos. Livra-me da vaidade disfarçada de propósito, da agenda que só atende o que me convém. Volta meu coração para o que Te importa. Que meu chamado não seja confortável, mas coerente com a Tua cruz. Amém.

7 DE JANEIRO

O novo exige desapego

"Jesus respondeu: 'Quem começa a arar a terra e olha para trás não serve para o Reino de Deus.'" (Lucas 9:62)

Uma das grandes dificuldades da vida não está em começar, mas em abrir mão do que deve ficar para trás. Jesus é claro e direto em Sua afirmação. Quem decide segui-Lo, mas vive olhando para trás (com saudade, apego, culpa ou nostalgia), não está pronto para viver o Reino. É impossível avançar assim!

Olhar para trás significa insistir em manter o controle de uma narrativa antiga, alimentar o "e se...", viver de lembranças, e não de direção. Quem arava os campos na época de Jesus sabia: se olhasse para trás, o sulco se entortaria; o trabalho se perderia; o propósito ficaria comprometido.

Seguir Jesus é carregar a cruz, não os pesos antigos. É aceitar que o novo não virá sem desapego e que não existe restauração sem renúncia. O Reino não é construído sobre ruínas emocionais, mas sobre entrega total. Muitas vezes, a dificuldade não é a falta de fé, é o excesso de vínculos com o passado.

Cristo nos ensina que o Reino exige direção, e direção exige decisão. Se você se sente pronto para recomeçar, mas ainda está preso a tudo que ficou, o novo nunca será completo. A partir de hoje, olhe para a frente. O que Deus quer fazer em você precisa de espaço! Pare de olhar para o que não volta.

Oração

Jesus, seguir-Te exige mais do que disposição, exige desapego. Reconheço que há coisas do meu passado que ainda tento carregar, mas o Teu chamado é claro: o caminho é para a frente, e não para trás. Ajuda-me a abrir mão do que não faz parte da Tua vontade. Renova minha mente, endireita meus passos e alinha meu coração ao Teu ritmo. Amém.

8 DE JANEIRO

Nem sempre é espiritual, pode ser só desorganização

"Estejam alertas e fiquem vigiando porque o inimigo de vocês, o Diabo, anda por aí como um leão que ruge, procurando alguém para devorar." (1 Pedro 5:8)

Tem dias em que tudo parece desandar; a mente não foca, o corpo pesa, a oração trava, o dia vira um ciclo de irritação. Nossa primeira reação é espiritualizar: "Será que é uma provação?" Talvez seja só falta de organização! Existem batalhas espirituais, é claro, mas nem tudo se resume a isso. Muita coisa é consequência prática de uma vida malcuidada.

Você dorme mal, não se alimenta bem, está sabotando seu tempo de devocional há dias, acumula tarefas e adia decisões. A agenda está uma bagunça, o celular não para, e você quer que sua mente esteja em paz? A Bíblia nos chama à vigilância! Ser vigilante não é viver com medo do Diabo, é viver com consciência das brechas que você mesmo pode estar abrindo. Sua desordem tem autorizado o caos, e isso também é uma forma de fragilizar sua vida.

Uma espiritualidade sadia não é feita somente de oração e jejum, mas também de escolhas práticas e diárias que sustentam sua fé, incluindo rotina, alimentação, descanso e limites saudáveis. Você não é só espírito, é corpo e alma também!

Não adianta orar por leveza se você mesmo está carregando mais do que deveria e sem nenhuma organização. Não adianta pedir direção se não tem espaço na agenda nem para ouvir. Tem coisas que você não precisa repreender, precisa apenas organizar.

Oração

Senhor, ajuda-me a perceber como estou bagunçando minha vida. Não me deixe colocar um peso espiritual onde existe uma responsabilidade prática. Ensina-me a vigiar com sabedoria o que faço, o que repito, o que insisto em deixar desorganizado. Que minha fé não seja desconectada da realidade, mas sustentada por escolhas coerentes. Amém.

9 DE JANEIRO

Quando fazer o certo parece não funcionar

"Não nos cansemos de fazer o bem. Pois, se não desanimarmos, chegará o tempo certo em que faremos a colheita." (Gálatas 6:9)

Sabe aquele dia em que você se pergunta: "Por que logo agora, Deus?" Você está se esforçando, tentando acertar, orando, obedecendo... e as coisas insistem em sair do controle – o carro quebra, a saúde balança, a notícia ruim chega... Pensar nisso me lembra Jó. Um homem íntegro, justo e fiel, que foi atingido por uma sequência de perdas que fariam qualquer um desmoronar! Ele não estava em pecado, não tinha deixado brechas, porém estava no meio de uma guerra invisível.

De fato, existe uma resistência espiritual real contra todo avanço. Quanto mais próximo você está de algo precioso, mais o inimigo tenta convencê-lo de que não vale a pena continuar. A tentação não é só parar, é parar acreditando que não fez diferença alguma!

O que muitos não entendem é que, quando você escolhe fazer o certo, ainda que nada de bom aconteça ao seu redor, você está crescendo na fé, na maturidade, na dependência. Mais do que ver o que você faz, Deus está moldando sua identidade. Esse tipo de crescimento não acontece nos dias fáceis!

O inimigo tenta nos cansar com lutas e com a mentira de que não vale a pena fazer o bem, mas vale! A colheita não chega porque você se esforçou um pouco, e sim porque não desistiu. Deus nunca falha com quem permanece.

Oração

Pai, às vezes eu me sinto cansado de fazer o certo sem ver resultado. Ajuda-me a lembrar que o Senhor não me chamou para controlar o resultado, mas para permanecer fiel. Fortalece minha alma, firma meus pés e me ensina a confiar mesmo quando tudo parece contrário. Eu sei que, no tempo certo, o Teu propósito vai florescer. Amém.

10 DE JANEIRO

Você agiu como quem esqueceu

"Deus está sempre vigiando tudo o que acontece no mundo a fim de dar forças a todos os que são fiéis a ele com todo o coração [...]." (2 Crônicas 16:9)

Asa já tinha visto Deus agir de forma escancarada em um livramento que não lhe deixou dúvidas! Por isso, quando recorreu a alianças humanas em vez de clamar como antes, o profeta não poupou palavras: "Você agiu como quem esqueceu." (2 Crônicas 16:9) Essa não foi uma repreensão dura porque ele errou, mas porque ele sabia e, mesmo assim, escolheu outro caminho.

Existe o risco de se acostumar com o agir de Deus e começar a substituí-lo por atalhos mais administráveis. Asa trocou dependência por desempenho, oração por estratégia. Manteve a forma, mas perdeu o centro. A mensagem do profeta é clara: os olhos do Senhor percorrem a terra, mas não em busca de eficiência. Ele procura corações entregues, gente que não fraciona confiança.

O Pai não fortalece quem tem mais capacidade, e sim quem se rende mais cedo. Asa confiou em Deus quando a batalha era impossível, todavia, quando parecia possível, quis resolver tudo sozinho... O problema foi a autossuficiência, e não a fraqueza.

A maioria de nós cai assim, na parte da vida que dá para controlar. A decisão de depender, ainda que pareça frágil, é uma das escolhas mais firmes que podemos fazer, porque ela devolve o controle a Quem nunca deveria ter saído do centro: o Senhor. Em que área da sua vida você está agindo como quem esqueceu?

Oração

Senhor, eu reconheço que é mais fácil agir do que esperar, controlar do que confiar. No entanto, não quero viver escolhendo atalhos para esconder meu medo. Ensina-me a depender de Ti, mesmo quando creio saber o que estou fazendo. Reordena meu coração e me fortalece não pelo que posso, mas pelo que Te entrego. Amém.

11 DE JANEIRO

Menos irritação

"Vale mais ter paciência do que ser valente; é melhor saber se controlar do que conquistar cidades inteiras." (Provérbios 16:32)

A irritação não é só um traço de personalidade, como costumamos ouvir e dizer; é um sinal de desordem interior. Explodimos por fora quando estamos fragmentados por dentro. O que transborda em forma de impaciência, grito ou severidade geralmente nasce de uma negligência (cansaço acumulado, frustração guardada e até autocobrança).

O problema é que a irritação se normalizou. As pessoas vivem no limite e se justificam: "é meu jeito mesmo", "não tenho paciência", "estou estressado". No entanto, a Bíblia diz que o domínio próprio é mais valioso que a conquista de uma cidade. Controlar a si mesmo é mais difícil e mais importante do que vencer qualquer disputa externa!

Menos irritação não significa reprimir nossos sentimentos, mas aprender a identificar o que está por trás deles. Você está realmente com raiva ou sobrecarregado? Está impaciente com os outros ou frustrado consigo mesmo? O que chama de "pavio curto" talvez seja o reflexo da sua alma pedindo cuidado. Você merece viver com mais leveza, e quem convive com você também.

Hoje, a palavra não tem a ver com mudar a personalidade, mas com admitir que tem algo aí dentro pedindo espaço e descanso. O Espírito Santo caminha com quem topa ser sincero! Existem dores que Ele só cura quando você para de empurrar para depois e começa a encarar a realidade, com Ele do seu lado.

Oração

Senhor, ajuda-me a perceber quando minha irritação está falando mais alto do que a Tua voz. Mostra o que está por trás da minha impaciência e me ensina a reagir com sabedoria. Não quero ferir os outros tentando me proteger. Dá-me domínio próprio, sensibilidade e calma para tratar o que precisa ser curado. Amém.

12 DE JANEIRO

Volte a sonhar

"José teve um sonho e contou aos seus irmãos, mas eles o odiaram ainda mais." (Gênesis 37:5)

José sonhou e foi rejeitado. O que deveria ser celebrado se tornou motivo de ódio. O que veio do alto causou desconforto em quem estava ao lado, e aquela revelação que deveria empolgar acabou o isolando.

Não é difícil entender o que ele sentiu. Quantas vezes você também compartilhou um sonho sincero e foi desacreditado, ridicularizado, ignorado por quem deveria apoiá-lo? É doloroso quando o ambiente mais próximo se torna o menos seguro para os seus sonhos.

José foi vendido pelos irmãos por ousar sonhar alto demais. O abandono veio cedo, mas o sonho não morreu. Afinal, o que Deus planta nem o tempo, nem a inveja alheia, nem o esquecimento, nem os poços, muito menos as prisões são capazes de apagar.

Se você se afastou do seu sonho porque alguém o feriu ou parou de acreditar porque o apoio não veio, se guardou em silêncio o que antes dizia com esperança, leia isto com fé: Deus não desistiu do que Ele mesmo lhe mostrou! Pode ter passado tempo, você pode ter sido traído, esquecido ou silenciado, mas o sonho ainda vive! O céu ainda está comprometido com aquilo que lhe foi revelado.

José não se tornou governador do Egito por sorte, influência ou conveniência. Ele chegou lá porque Deus o sustentou no caminho, e esse mesmo Deus é quem lhe diz hoje: volte a sonhar.

Oração

Senhor, entrego diante de Ti meus sonhos feridos, os que foram mal recebidos e os que deixei de lado. Ajuda-me a confiar outra vez. Que nenhuma rejeição humana apague o que o Senhor escreveu para mim. Eu volto a sonhar não porque tudo está fácil, mas porque o Senhor ainda é fiel. Amém.

13 DE JANEIRO

Você está construindo com o quê?

"Se alguém construir algo sobre o fundamento que já foi colocado – que é Jesus Cristo – [...] o trabalho de cada um ficará conhecido no dia do juízo, pois Deus vai mostrar a qualidade de cada obra." (1 Coríntios 3:12-13)

Sabemos que a vida é uma construção constante, então cada material que usamos importa. Cada escolha, cada resposta, cada hábito, tudo é material, contudo, o que muitos não percebem é que essas coisas não têm o mesmo peso eterno. Há obras que brilham agora, mas viram cinzas depois; há outras que ninguém nota hoje, mas que resistirão ao fogo do tempo e da eternidade.

O apóstolo Paulo nos lembra de que existe um único alicerce: Cristo. Mesmo sobre o fundamento certo, há quem construa com superficialidade, aparência, urgência, ego e distração! É possível estar sobre a base correta, mas edificar com madeira e palha, materiais simples e leves, porém frágeis. O fogo virá sobre tudo não para destruir, mas para revelar. Quando vier, o que tiver sido feito com pressa ou vaidade não resistirá.

Existem, por outro lado, aqueles que constroem com ouro, prata e pedras preciosas. Esses materiais exigem lapidação, tempo e entrega. Não são fáceis de trabalhar, entretanto, são resistentes e glorificam a Deus, ainda que tenham sido escondidos dos olhos humanos.

Hoje, mais importante do que saber o que você está fazendo é avaliar com o que está construindo! Nossas obras serão provadas, e o fogo não perdoa o que foi feito para impressionar; só preserva o que foi feito para permanecer. O fogo não destrói o que é verdadeiro, apenas revela com o que você tem construído.

Oração

Senhor, ensina-me a construir com o que tem valor diante de Ti. Que minhas escolhas sejam feitas com responsabilidade e temor. Tira de mim a pressa, a aparência e tudo o que não resiste ao Teu fogo. Que a minha vida seja uma edificação firme, feita com fé, obediência e verdade. Amém.

14 DE JANEIRO

Com quem você tem se aconselhado?

"Mas Roboão não seguiu o conselho dos homens mais velhos e foi falar com os jovens que haviam crescido junto com ele e que agora eram os seus conselheiros." (1 Reis 12:8)

Roboão era um jovem recém-coroado. Ele herdou o trono de Salomão e um povo sobrecarregado. Os anciãos, homens experientes que haviam caminhado com seu pai, aconselharam que ele fosse um servo do povo, assim seria servido para sempre. Mas Roboão preferiu ouvir os conselhos dos amigos com quem cresceu, que não tinham maturidade, mas tinham influência.

O resultado foi trágico: divisão do reino, rebelião e uma liderança marcada por dureza e orgulho. Com quem você tem se aconselhado? Quais são as vozes que moldam suas decisões, seus valores, sua forma de reagir? O ambiente que cerca você hoje pode estar antecipando ou sabotando seu futuro!

Muitas vezes, o que parece ser "apoio" é só gente alimentando sua insegurança com opiniões mal resolvidas. Cuidado com os conselhos que o afastam da sensatez. Cuidado com quem valida sua raiva, sua pressa, sua teimosia, só porque não tem coragem de viver diferente ou porque, no fundo, quer você assim.

Não ouça apenas quem concorda com você! Ouça quem tem temor, quem já caiu e se levantou, quem prefere frustrá-lo com a verdade a enganá-lo com frases bonitas. Um mau conselho pode custar mais do que um erro, pois tem aparência de cuidado, mas não tem compromisso com o seu destino.

Oração

Senhor, eu não quero tomar decisões só porque outros disseram que parecia certo. Dá-me discernimento para escolher quem me aconselha. Afasta de mim as vozes que alimentam meu orgulho. Cerca minha vida de pessoas sábias, fiéis à Tua Palavra e corajosas o bastante para me confrontar. Se eu estiver resistindo à sabedoria, quebra-me com misericórdia antes que eu me quebre com as consequências. Amém.

15 DE JANEIRO

Não tenha medo de recomeçar pequeno

"E os que não deram valor a um começo tão humilde vão ficar alegres quando virem Zorobabel terminando a construção do Templo [...]." (Zacarias 4:10)

O início de algo novo raramente se impõe com grandeza. Quase sempre nasce tímido, escondido entre escombros de frustrações, carregando o peso da comparação e a solidão de quem ainda não vê os frutos. Talvez seja por isso que tantos abandonem o processo no primeiro passo, porque confundir o "pequeno" com o "insignificante" é um erro antigo. Todavia, aos olhos de Deus, há um tipo de glória reservada apenas para os começos que ninguém valoriza!

Zorobabel sabia disso. Diante das ruínas do templo, ele tinha nas mãos o prumo, o instrumento do recomeço. Quem olhava de fora, talvez enxergasse apenas poeira, um esforço solitário e um sonho alto demais, porém, o Senhor via a promessa.

O texto bíblico continua dizendo que os sete olhos do Senhor, símbolo da Sua plenitude e vigilância, se alegram ao verem o início. Deus não espera grandes feitos para começar a se alegrar! O dia das pequenas coisas não é um atraso, é o fundamento; quem pula essa etapa, constrói na areia.

Não tenha vergonha de começar pequeno. Mantenha o compromisso de não parar. Deus não precisa de muito para começar, só precisa de alguém disposto a não desistir quando ainda há pouco!

Oração

Pai, Tu sabes o quanto me custa recomeçar. Ajuda-me a não desprezar o pouco que tenho, nem a desvalorizar o que ainda é semente. Se os Teus olhos se alegram ao ver meu esforço, então isso já é suficiente. Que o meu coração permaneça firme, mesmo que meus olhos ainda não vejam nada. Amém.

16 DE JANEIRO

Não espere colher o que nunca plantou

"Eles semearam ventos e colherão tempestades [...]." (Oséias 8:7)

Deus fala com um povo que vive cobrando bênção, mas semeando desobediência; que quer a colheita da aliança, mas continua alimentando hábitos de rebeldia. Existe uma regra clara: semear vento é colher tempestade! Não tem como fugir disso. Muita gente confunde oração com plantio, acha que falar com Deus anula os frutos do comportamento. Mas semear não é o que você diz, é o que você faz quando ninguém está olhando!

Tem gente que quer paz, mas vive semeando contendas; deseja intimidade, mas só ora quando precisa; fala sobre o fruto do Espírito, mas cultiva ressentimento, vaidade, comparação... Depois se frustra porque a colheita não chega! Deus não é injusto, mas também não é incoerente — não entrega maturidade a quem foge do processo, nem multiplica o que não foi plantado com verdade.

Hoje é dia de olhar para o chão da sua vida e perguntar com honestidade: o que tem sido plantado? Se a colheita que vier for exatamente o reflexo das suas ações, você está pronto para recebê-la?

Oração

Senhor, eu não quero mais viver esperando colheitas que minhas escolhas não sustentam. Perdoa-me por tantas vezes buscá-Lo com palavras, mas sem alinhar meu coração ao que é correto. Mostra-me onde tenho plantado o que não gostaria de colher nas palavras que digo, nas atitudes que escondo, nos hábitos que alimento. Não quero apenas bênçãos, quero transformação. Amém.

17 DE JANEIRO

Hábitos moldam nossos desejos

"Pois onde estiverem as suas riquezas, aí estará o coração de vocês."
(Mateus 6:21)

A maioria das mudanças que esperamos em nossa vida não depende de força de vontade, e sim de novos hábitos. Quem dorme mal com frequência, acorda sem energia. Quem pula refeições, vive irritado. Quem alimenta a mente só com redes sociais e notícias ruins, se afasta da clareza. Quem só se envolve com tarefas urgentes, acaba matando o que é importante. Assim, nos tornamos não quem escolhemos ser, mas quem fomos moldados a ser por essas repetições.

Jesus disse que o coração segue o tesouro (Mateus 6:21), ou seja, passamos a desejar o que cultivamos. Você começa a fazer e depois passa a sentir falta quando não faz, pois o coração aprende com a prática. Uma mudança de rumo começa por pequenos rituais: acordar no horário, comer com mais atenção, dormir sem o celular... Escolhas simples podem parecer inúteis, mas, aos poucos, vão alinhando o corpo, a mente e a alma.

Você não precisa desejar uma vida inteira diferente, só precisa começar a repetir o que lhe faz bem. Com o tempo, aquilo que é um hábito saudável se torna também um desejo natural. Pare de esperar um grande milagre, apenas reveja sua rotina!

Oração

Deus, ajuda-me a entender como o que eu faço todos os dias está formando quem sou. Que eu não me conforme com uma vida desorganizada, ansiosa ou automática. Ensina-me a começar pequeno, a corrigir o que pode ser mudado hoje, e a confiar que o Senhor me acompanha nos processos mais práticos. Que minha rotina também seja um lugar de cura. Amém.

18 DE JANEIRO

O que tem ocupado o centro?

"Tenha cuidado com o que você pensa, pois a sua vida é dirigida pelos seus pensamentos." (Provérbios 4:23)

Guardar o coração é mais do que blindar emoções, é proteger a sede mais profunda do nosso ser. Na tradição hebraica, o coração é visto como o centro do indivíduo, onde residem as crenças, os pensamentos e os valores. Ou seja, ele não sente primeiro, mas define, direciona e governa. É por isso que o autor de Provérbios nos ordena a guardá-lo, pois o que governa nosso interior molda o destino do nosso exterior.

Você pode formar seu coração com ideias humanas ou permitir que ele seja moldado pelo Espírito. Ambos educam, mas só um conduz à vida. Sua inclinação natural está constantemente sendo moldada pelas vozes que ouve, pelos hábitos que alimenta, pelas verdades (ou mentiras) que repete para si... Aos poucos, isso define sua maneira de ver Deus, o outro e sua própria identidade.

Guardar o coração, ou cuidar do que pensa, não é se isolar, mas manter seu centro alinhado com o céu. É examinar quem ou o que está tomando suas decisões. Qual narrativa interna tem moldado suas escolhas? Qual desejo o comanda quando ninguém está vendo?

Cristo precisa ser mais do que uma presença emocional em momentos de culto. Ele precisa ser o Rei do seu centro! Onde Ele reina, a vida se ordena; onde Ele é esquecido, mesmo as boas intenções se perdem.

Oração

Senhor, Tu me conheces por inteiro. Sabes como meu coração é vulnerável às distrações, ao orgulho e aos desejos passageiros. Hoje, quero entregar a Ti o centro da minha vida, meu trono particular. Forma em mim um coração íntegro, alinhado com a Tua verdade. Que todas as minhas decisões fluam da Tua presença em mim. Amém.

19 DE JANEIRO

Comece no secreto

"Então fechou a porta e orou a Deus, o Senhor." (2 Reis 4:33)

A mulher sunamita perdeu seu filho. O menino que havia sido um milagre tinha morrido. Eliseu, o profeta que prometera vida, se deparou com a cena no quarto. Não existia plateia naquele cômodo, nem qualquer estratégia por parte do profeta. A única coisa que ele fez foi entrar, fechar a porta e orar.

Naquele lugar íntimo, secreto, sem distrações; longe do barulho, da exposição, das reações alheias; a verdadeira autoridade se manifestou. Eliseu não fugiu da dor, mas também não transformou o momento em um espetáculo. Ele se recolheu e entregou ao Senhor o que os olhos humanos já não conseguiam resolver.

Agora, vamos falar de nós? Quantas vezes tentamos resolver tudo com pressa, exposição, conversa demais e oração de menos? A Bíblia nos mostra que há milagres que só nascem no lugar fechado, onde entram apenas a fé e a presença de Deus. Fechar a porta não é fugir, é escolher o ambiente onde a carne se cala e o Espírito fala.

É hora de parar de buscar respostas nos outros e começar a esperar respostas do céu! Talvez, você não esteja precisando de mais um conselho, nem de um plano novo, mas de entrar no seu quarto, fechar a porta e orar. No secreto, a presença do Pai se torna real e onde há essa presença, há vida!

Oração

Senhor, quantas vezes tentei resolver tudo com as minhas mãos, com pressa, com exposição... Hoje, entendo que preciso voltar para o quarto. Preciso Te encontrar no secreto. Ajuda-me a fechar a porta e ouvir a Tua voz de novo. Que a vida que eu perdi em algumas áreas volte a respirar na Tua presença. Amém.

20 DE JANEIRO

A pressa é inimiga da profundidade

"E as sementes que caíram em terra boa são aquelas pessoas que ouvem e guardam a mensagem no seu coração bom e obediente; e, porque são fiéis, produzem frutos." (Lucas 8:15)

A pressa cobra caro: cria expectativas irreais, atropela processos e nos convence de que, se não estiver tudo resolvido agora, então está tudo errado. A maturidade, ao contrário, não nasce da urgência. Crescimento de verdade exige repetição, permanência e perseverança.

O texto de Lucas fala sobre a semente que caiu em boa terra. Não foi a mais rápida ou a mais visível, foi a que se aprofundou, permaneceu e, com o tempo, frutificou. Quantas vezes, em nossa rotina acelerada, tantas coisas se perdem por falta de constância. Desistimos do processo porque nos frustramos com o tempo, alteramos nossos projetos achando que só não deu certo porque não era para ser. No fundo, o problema não são os planos, mas nossa ansiedade de querer colher sem plantar direito. Quando tudo é instantâneo, esperar se torna um fardo.

Não existe profundidade sem tempo, isso nos relacionamentos, no autoconhecimento ou na vida com Deus. Tudo que é real se constrói com paciência! Talvez você esteja no meio de um processo que parece lento demais, mas isso não significa que você está parado. O que está criando raiz ainda não aparece, mas sustenta.

Desacelere, pare de medir seu progresso pelo calendário. Comece a prestar atenção naquilo que está sendo formado, não só no que é visível.

Oração

Deus, eu confesso que muitas vezes me frustro com o tempo. Quero ver logo os frutos, quero me sentir pronto, mas o Senhor não trabalha na correria, e sim na constância. Ensina-me a permanecer na paciência e a confiar que o que está sendo enraizado em mim vai florescer na hora certa. Amém.

21 DE JANEIRO

Dependa do Espírito Santo

"Que o Espírito de Deus, que nos deu a vida, controle também a nossa vida!" (Gálatas 5:25)

Muitas vezes, percebo que a minha alma está acelerada logo cedo, ainda na rotina matinal com meus filhos. Enquanto os levo para a escola, sinto a pressão das demandas e das responsabilidades do dia chegando. Quando eles descem do carro, costumo orar em voz alta: "Espírito Santo, veja o que está acontecendo aqui... Preciso de ajuda! Eu e Você sabemos que, se eu tentar controlar tudo, as coisas só vão piorar!" Essa simples atitude muda tudo.

Não vamos ter todas as respostas, portanto não devemos tentar conduzir o dia na força do braço, pois é certo que tudo continuará confuso e estressante. Reconheça que o Espírito Santo está presente não só nos cultos, mas no meio da pressa, das preocupações e da dor que nem sabemos explicar.

Mesmo cientes da verdade presente no versículo que lemos, tentamos dar conta de tudo sozinhos — queremos decidir no impulso, reagir na carne e manter a pose. Só que o Espírito não divide a direção: ou Ele guia, ou Ele se cala.

Se hoje você está angustiado, acelerado, no limite... pare! Você não precisa provar que é forte, precisa depender do Pai. Quando essa dependência é sincera, até uma oração no carro é capaz de realinhar todo o seu dia.

Oração

Espírito Santo, às vezes me percebo apressado por dentro, sem entender o porquê. O dia nem começou, e já estou tentando resolver tudo sozinho. Volto-me para Ti agora. Ajuda-me a reconhecer quando estou tomando decisões sem a Tua direção. Assuma o controle! Mostra-me que o Teu consolo é maior que a minha pressa. Se tudo estiver confuso, fala comigo, mesmo que seja no meio do trânsito. Amém.

22 DE JANEIRO

Aprenda a se levantar

"Inimigos, não zombem de nós! De fato, caímos, mas ficaremos novamente de pé; agora, estamos na escuridão, mas o Senhor será a nossa luz." (Miquéias 7:8)

A queda não define o fim da caminhada, apenas revela os pontos em que ainda não aprendemos a depender. Miquéias não negou que a situação do seu povo era crítica, porém declarou que eles ficariam de pé novamente! A força dessa afirmação está no fundamento que vem depois: "O Senhor será a nossa luz." Aqui está a diferença entre a queda e a derrota: quem se levanta com Deus não volta ao mesmo lugar; volta diferente, guiado, curado e mais inteiro do que antes.

Miquéias não tentou manter a imagem de uma fé inabalável. Ele reconheceu a dor, a queda e a escuridão. Sabia que a última palavra não viria das circunstâncias, dos inimigos ou dos outros, mas do Senhor.

Se o Senhor é a sua luz, você não vai permanecer caído no escuro! Não importa o que causou sua queda, se foi uma fraqueza, um erro, uma distração ou o cansaço. O que importa agora é a escolha que você vai tomar de se levantar com Ele, com arrependimento, humildade e fé!

Aprender a se levantar é não viver pelos olhos e críticas alheias, nem pelas cobranças internas que nos paralisam. É aceitar que Deus não espera a perfeição para nos restaurar, mas nossa disposição em dizer: "Ainda estou aqui, e não desisti."

Oração

Senhor, reconheço as minhas quedas e a Tua graça. Não quero permanecer no chão, nem nas sombras. Quero me levantar, mesmo se ainda estiver fraco, e caminhar sob a Tua luz. Guia-me, renova-me e ensina-me a confiar que, mesmo depois da queda, ainda há vida Contigo. Amém.

23 DE JANEIRO

Não é força, é dependência

"Mas ele me respondeu: 'A minha graça é tudo o que você precisa, pois o meu poder é mais forte quando você está fraco' [...]." (2 Coríntios 12:9)

Paulo não pediu a Deus algo fora do comum, só queria o alívio de algo que o acompanhava como um lembrete constante da sua limitação. Ele clamou três vezes, e Deus respondeu apenas uma: "A Minha graça é tudo o que você precisa." O apóstolo não recebeu o que queria, mas alcançou uma consciência nova sobre como o Senhor age. O poder divino não repousa na performance, e sim em nossa rendição.

Essa passagem de 2 Coríntios é uma chave interpretativa do Novo Testamento, pois revela que a lógica do Reino é inversa: não é a força que sustenta o propósito, mas a dependência. Paulo, o aprendiz de Gamaliel que enfrentou prisões, perseguições, naufrágios e rejeições, agora está de joelhos, ouvindo de Deus que o ponto de partida para o poder não é o domínio, é a fraqueza cedida.

Isso nos ensina que não há graça suficiente para quem não reconhece que precisa dela. A graça se manifesta onde a pretensão se cala, e o poder se revela quando a autossuficiência se vai. A dependência não é um plano B para os que falharam; é o plano original de Deus para os que querem permanecer de pé.

Talvez você esteja esperando o momento certo para ser usado pelo Pai: quando se sentir mais forte, mais preparado, mais inteiro. Entretanto, o céu não espera sua força; o céu responde à sua entrega.

Oração

Pai, confesso que tentei vencer na minha força quando a Tua graça já estava disponível. Ensina-me a depender com coragem, verdade e fé. Que o meu limite, ao invés de me afastar de Ti, me aproxime ainda mais. Que o Teu poder repouse sobre mim não porque eu mereço, mas porque eu me rendo. Amém.

24 DE JANEIRO

Obedecer sem entender

"E Noé fez tudo conforme Deus havia mandado." (Gênesis 6:22)

Não há registros de que Noé tenha recebido explicações detalhadas. Deus lhe disse o que fazer, deu as medidas da arca e o alertou sobre o que viria, nada mais. Não havia modelos, nem histórico, só uma direção divina clara, mas desconhecida.

Obedecer é fácil quando todo mundo está fazendo a mesma coisa, difícil é ser o único, construir algo que ninguém entende, manter uma direção que não se vê no Instagram. A maioria de nós tem dificuldade de acatar uma instrução quando não tem um exemplo para se inspirar. Somos tendenciosos a observar o que dá certo para os outros. Queremos seguir o que funciona, repetir modelos, encaixar o chamado em fórmulas já aprovadas. No entanto, esse é o caminho mais rápido para abandonar a autenticidade daquilo que Deus escreveu para nós.

Se Noé tivesse esperado ver outro construindo uma arca primeiro, nunca teria começado e ainda teria perdido o tempo certo. Precisamos entender que a fé que agrada a Deus não é só aquela que crê no impossível, mas que obedece no invisível – sem prova social, sem resultados imediatos, apenas com uma certeza: Deus falou, e isso basta.

Você não precisa fazer o que todos estão fazendo. Você precisa fazer o que Deus confiou a você!

Oração

Pai, quantas vezes eu olho para os lados tentando me orientar pelo que os outros estão fazendo... Hoje, quero voltar meus olhos para a Tua voz. Ajuda-me a confiar no que o Senhor falou, mesmo que eu ainda não veja resultados e que pareça estranho. Eu não quero copiar sucesso, quero cumprir propósito. Se for para construir algo único, dá-me coragem para ser o único fazendo. Amém.

25 DE JANEIRO

O desgaste de viver se comparando

"Que cada pessoa examine o seu próprio modo de agir! Se ele for bom, então a pessoa pode se orgulhar do que fez, sem precisar comparar o seu modo de agir com o dos outros." (Gálatas 6:4)

Você acorda bem, mas bastam cinco minutos de rolagem nas redes ou uma conversa desagradável para começar a se sentir pequeno, atrasado e fora do lugar? Nossa leitura de hoje é um chamado à responsabilidade pessoal: examinar os próprios atos. Por qual motivo? Para que você possa se alegrar com o próprio avanço, e não depender da comparação com os outros para se sentir validado.

A comparação é uma sabotagem sutil, porque distorce o discernimento. Você deixa de enxergar o que Deus está fazendo na sua história e começa a medir tudo pela régua alheia. O problema é que essa régua nunca vai servir para você!

O hábito de se comparar revela algo mais profundo: a insegurança de não crer que o Pai está mesmo fazendo algo em você. Quem tem convicção da semente que carrega não precisa provar fruto antes da hora! Ninguém prospera de verdade olhando para o campo do lado. Você quer ver avanços? Cultive o seu! Quer crescer? Assuma sua responsabilidade! Pare de medir sua obediência pela performance alheia. Não ignore os outros, só aprenda a não se perder por causa deles.

A comparação nos desgasta porque nos tira do lugar da gratidão e nos empurra para um ciclo de exigência e frustração. E esse lugar não é onde Deus age!

Oração

Senhor, quantas vezes já me comparei, já me diminuí, já duvidei da Tua obra em mim por causa do que vi na vida dos outros… Ensina-me a olhar com verdade para minha jornada. Dá-me humildade para reconhecer onde preciso crescer e maturidade para parar de viver me medindo com padrões que o Senhor nunca colocou sobre mim.

26 DE JANEIRO

Você não foi chamado para carregar tudo

"'Por que me deste um trabalho tão pesado de dirigir todo este povo? [...] Eu sozinho não posso cuidar de todo este povo; isso é demais para mim!'" (Números 11:11, 14)

Até Moisés teve um dia em que não aguentou mais. Ele, que falava com Deus como quem fala com um amigo, se viu sufocado. Era gente cobrando, reclamando, exigindo solução... Moisés acreditava, mas estava esgotado. Tentou carregar sozinho uma responsabilidade que nunca foi desenhada para ser só dele. Quando caiu, o Senhor não o repreendeu, mas lhe mostrou o caminho: "Você precisa de gente ao seu lado." Setenta líderes foram escolhidos não para substituir esse patriarca, e sim para que ele tivesse com quem dividir suas responsabilidades.

Deus não esperava que Moisés fosse incansável, assim como não deseja nossa fadiga e esgotamento. Precisamos obedecer, e fazer isso, às vezes, é reconhecer o que já passou do ponto. Tenhamos a coragem de dizer: "Assim não dá mais." Muita gente está adoecendo com a melhor das intenções. São pessoas boas, disponíveis, cheias de fé, mas que estão exaustas por acharem que limite é sinônimo de fraqueza. Não é! Limite é lucidez.

Tem hora que o cansaço não vem só de fazer demais, vem de nunca se perguntar se precisava mesmo fazer tudo ou se só ficou difícil porque você nunca aprendeu a dizer "não". Nem Jesus tentou salvar o mundo todo em um só dia. Ele se retirava, parava e se silenciava. Se até o Filho de Deus sabia quando recuar, por que você ainda acha que precisa aguentar sempre?

Oração

Senhor, ajuda-me a reconhecer os limites que o Senhor mesmo estabeleceu. Tira de mim esse peso de querer controlar tudo, resolver tudo, carregar tudo. Ensina-me a ser fiel sem me perder no excesso e dá-me sabedoria para descansar sem culpa. Amém.

27 DE JANEIRO

A voz que você escuta é a vida que você constrói

"E conhecerão a verdade, e a verdade os libertará." (João 8:32)

Muitas vezes, o que paralisa alguém não é o que aconteceu, mas a crença que se formou a partir do ocorrido. Um pensamento distorcido, quando repetido, vira crença. É assim que a mentira vai se disfarçando de verdade: com frases antigas, feridas não curadas ou comparações silenciosas.

O inimigo trabalha para distorcer nossa identidade. Como as mentiras dele vêm disfarçadas de pensamento, nem percebemos o quanto estamos sendo manipulados. Enquanto Deus declara que você é filho amado (2 Coríntios 6:18), o inimigo sussurra que você está sozinho. Enquanto a Escritura garante que você é mais precioso que rubis (Provérbios 31:10), ele o convence de que sua vida não vale a pena. Enquanto o Senhor lhe promete paz e um futuro (Jeremias 29:11), o inimigo lança aquela sensação de que você já perdeu o tempo.

O que você escuta, você alimenta; e o que alimenta, cresce. Decida qual voz terá autoridade dentro de você. A que acusa ou a que cura? A que paralisa ou a que move? A que mente ou a que liberta?

Você não é o que disseram, mas o que Deus afirma sobre você! Mesmo que tenha acreditado em coisas contrárias até hoje, é tempo de virar essa chave. Pare de repetir o que o inimigo diz e comece a declarar o que o céu já determinou sobre sua vida.

Oração

Pai, eu me arrependo por ter dado crédito a vozes que não vêm de Ti. Perdoa-me por ter internalizado mentiras. Hoje, escolho escutar Tua voz acima de todas as outras. Que a verdade do Senhor encontre espaço no meu coração e desfaça cada padrão construído na dor. Que eu me levante não pela força da minha autoestima, mas pela firmeza da Tua Palavra. Amém.

28 DE JANEIRO

A quem você procura?

"Então Jesus perguntou: 'Mulher, por que você está chorando? Quem é que você está procurando?' Ela pensou que ele era o jardineiro [...]." (João 20:15)

O que acontece quando a única certeza que você tinha também desaparece? Quando você acorda cedo, vai ao "lugar da fé", mas tudo o que encontra é um silêncio maior do que o esperado? Foi o que aconteceu com Maria Madalena.

Ela foi até o túmulo de Jesus com uma dor que não cabia mais no peito. A perda era real. A cruz tinha sido brutal. Agora, nem o corpo estava ali. E então Jesus aparece vivo e ressurreto! Mas ela não O reconhece de imediato, porque a dor tem esse poder de embaçar o olhar e distorcer a percepção.

Essa cena nos leva de volta a Gênesis, ao primeiro jardim, onde tudo começou. Lá a humanidade caiu, mas, no jardim do túmulo, a restauração começou. Jesus inicia Sua nova criação não no templo ou nos palácios, mas em um jardim com uma mulher que chora, mas que não desiste de procurar.

Quem sabe você esteja vivendo um momento como o dela. Você olha ao redor e só vê o "túmulo vazio" das suas expectativas. Jesus pode estar mais perto do que você imagina, ainda que o seu olhar não O reconheça. A pergunta dEle continua ecoando: "Por que você está chorando? Quem é que você está procurando?" Não tenha medo de responder com sinceridade. É onde você se sente perdido que Ele se revela novamente. Quando tudo parecia acabado, Ele começou, de novo, um jardim.

Oração

Senhor, quantas vezes estive tão ferido que não consegui Te perceber. Hoje, reconheço que o Senhor esteve ali o tempo todo. Abre meus olhos para ver Tua presença mesmo nos lugares de dor. Que o meu coração desperte para o novo que queres plantar. Seja o jardineiro da minha alma! Eu me entrego ao Teu cuidado. Amém.

29 DE JANEIRO

Nem toda notícia é sentença

"Ouvir uma boa notícia que a gente não espera é como tomar um gole de água fresca quando se tem sede." (Provérbios 25:25)

Era para ser um dia de alegria. Três meses de gestação, a ecografia morfológica marcada, expectativa alta. De repente, a consulta virou um redemoinho. A médica nos informou que o Enrico, meu filho, tinha uma má formação: pé torto congênito, ou talipes. Nesse caso, a criança nasce com o pezinho totalmente virado para dentro e para baixo.

Se você é mãe ou pai, talvez consiga imaginar o impacto de uma notícia dessa. Meu chão sumiu. "Será que ele vai andar? Vai sentir dor? Vai sofrer rejeição? Vai ser limitado?", foi o que pensei. Minha fé sabia que Deus estava comigo, mas meu coração foi dominado por um medo profundo!

O cenário só começou a mudar um mês antes do parto, quando conhecemos o especialista que cuidaria do Enrico: o Dr. Cunha. Entramos em seu consultório com um mundo de incertezas e saímos com uma paz que não sentíamos havia meses. Sem promessas emocionadas, ele disse: "É 100% reversível. Fiquem tranquilos." E estava certo. Nosso filho nasceu, fez o tratamento, e hoje corre e joga bola com os dois pés firmes no chão.

O que ficou no meu coração, além da gratidão, foi um aprendizado maior: quantas vezes nós transformamos notícias em sentenças? Quantas vezes uma frase mal explicada, uma opinião apressada ou um rótulo precoce tem mais poder sobre a nossa paz do que a verdade de Deus? Nem toda notícia é o fim. Nem toda avaliação é profética. Nem todo diagnóstico é destino.

Oração

Senhor, Tu conheces os medos que me paralisam. Ensina-me a não aceitar como sentença aquilo que ainda estás tratando. Que eu não construa tempestades em cima de suposições, nem viva debaixo de diagnósticos antes da Tua direção. Amém.

30 DE JANEIRO

Ainda dá tempo

"Eram quase cinco horas da tarde quando ele voltou à praça. Viu outros homens que ainda estavam ali [...]. Então ele disse: 'Vão vocês também trabalhar na minha plantação.'" (Mateus 20:6-7)

Essa parábola fala sobre um proprietário que contrata trabalhadores para sua vinha em diferentes horários do dia: às nove da manhã, ao meio-dia, às três e às cinco da tarde, quase no fim do expediente. Isso não era muito comum, pois ninguém contratava gente no fim do dia, não valia a pena.

O dono da vinha representa o próprio Deus. Essa parábola não fala sobre meritocracia ou produtividade, mas sobre graça. É sobre o jeito como Ele nos chama não com base no tempo que passou, mas no valor que dá a cada pessoa.

Quando o dono da vinha pergunta por que os trabalhadores ficavam desocupados o dia todo, a resposta revela que não foi por falta de interesse ou por preguiça. Eles estavam disponíveis, porém ninguém os escolheu. Enquanto os outros já estavam ocupados, produzindo e avançando, eles esperavam, lidando com o silêncio de quem não foi notado.

Você conhece esse sentimento de ver os outros começando, progredindo, sendo lembrados, e você... só está esperando? Creia que Jesus lhe diz: "Venha você também. Se o mundo não o viu, Eu vejo. Se ninguém o escolheu, Eu escolho." A melhor parte é que Ele não nos cobra pelo tempo perdido! Enquanto há fôlego, há propósito. Enquanto há chamado, há tempo. Então, levante-se e anime-se, porque você não foi abandonado nem esquecido. Existe tempo e oportunidade para você!

Oração

Pai, obrigado por não desistir de mim enquanto o mundo parece ter me deixado para trás. Eu me entrego ao Teu chamado, mesmo que tenha demorado a compreendê-lo. Não quero desperdiçar o tempo que ainda me resta. Se o Senhor me chamar, eu vou. Ainda dá tempo, e eu decido responder. Amém.

31 DE JANEIRO

Você mudou ou só se emocionou?

"Quem ouve esses meus ensinamentos e não vive de acordo com eles é como um homem sem juízo que construiu a sua casa na areia." (Mateus 7:26)

Como é gostoso quando participamos de conferências ou de treinamentos que nos motivam! O coração sente ânimo e vem aquela sensação de que tudo será diferente depois de ouvir tantos ensinamentos. Porém, tendemos a voltar à "normalidade". Se não colocarmos em prática todo o aprendizado adquirido com decisões firmes e pontuais, viveremos apenas por uma emoção momentânea e passageira. Basta a primeira semana da rotina voltar, que as preocupações diárias e a ausência de disciplina apagam aquela chama.

Ouvir não é o mesmo que obedecer; sentir não é o mesmo que mudar. É muito fácil confundir um coração tocado com uma vida transformada! Hoje é o último dia de janeiro. Talvez você tenha começado bem: fez planos, orou e chorou em alguns momentos. Agora, é hora de avaliar: o que mudou mesmo? Você tomou decisões? Corrigiu rotas? Ou só passou por dias de emoção que não chegaram a virar obediência?

Hoje, Jesus ainda pergunta: você quer só admirar as palavras ou quer vivenciá-las? O primeiro mês está chegando ao fim, e você tem a oportunidade de transformar este ano no melhor da sua vida até hoje; basta colocar em prática tudo o que aprendeu até aqui. Vamos?

Oração

Senhor, não me deixe terminar este mês como o comecei. Se em algum momento me emocionei, mas não obedeci, confronta-me com amor e verdade. Não me deixe sair tocado de um momento Contigo e voltar a viver como antes. Dá-me coragem para aplicar o que já me mostraste. Amém.

ANOTAÇÕES

Fevereiro

Temos um encontro marcado todo dia 1º às 8h.
Escaneie o QR code para acessar nossa
plataforma e participar da live deste mês!

Mais um mês, *mais uma oportunidade de Deus para você.*

Antes de começar as leituras deste mês, separe alguns minutos para olhar para dentro. Use este espaço com sinceridade e intencionalidade.

Em *Objetivos do Mês*, escreva o que deseja viver com Deus nos próximos dias. Pode ser uma mudança de hábito, uma área da vida que precisa de cura, algo que você queira desenvolver espiritualmente ou até mesmo um simples "quero permanecer firme". Não escreva com pressa. Escreva com fé.

Em *Motivos de Gratidão*, liste tudo aquilo que, mesmo singelo, merece ser lembrado com um coração agradecido. A gratidão transforma a sua forma de enxergar a vida — ela ancora você no que Deus já fez e prepara seu coração para o que Ele ainda vai fazer.

Objetivos do Mês

- ○ ______________________
- ○ ______________________
- ○ ______________________
- ○ ______________________
- ○ ______________________

Motivos de Gratidão

____

____

____

____

____

1º DE FEVEREIRO

O que você tem alimentado em silêncio?

"Não se enganem: ninguém zomba de Deus. O que uma pessoa plantar, é isso mesmo que colherá." (Gálatas 6:7)

A maioria das decisões que moldam o nosso futuro são tomadas longe do olhar dos outros. O que você vê de alguém é só a ponta, a raiz está escondida. Existe um perigo aqui: podemos parecer frutíferos por fora, mas estar cultivando coisas perigosas por dentro.

Paulo escreve aos gálatas: o que se planta, se colhe. Não há neutralidade nisso. Não existe espaço para fingir que o que está sendo alimentado na mente e no coração não terá consequências. O problema é que muitos confundem colheita com recompensa. Acham que, se ninguém descobriu, está tudo bem; que, se o exterior está limpo, o interior não importa. No entanto, é necessário lembrar: Deus não se impressiona com aparência, pois conhece o solo!

Hoje, a pergunta não é o que você aparenta ser, é o que você tem sustentado secretamente? Qual pensamento tem cultivado? Qual desejo ruim tem alimentado? Qual raiz está crescendo, mesmo que você a chame de "fraqueza"?

A semeadura é uma responsabilidade pessoal! Saiba, portanto, que é possível mudar o que está sendo plantado! Isso começa com arrependimento real, não com explicações e justificativas. O que você tolera em segredo, vai dominá-lo no futuro. Toda escolha é uma semente. O que você escolhe depositar no seu solo hoje?

Oração

Senhor, sonda o meu coração com verdade. Mostra onde tenho alimentado o que já me mandaste abandonar. Não deixa que eu viva de aparência enquanto cultivo destruição. Ajuda-me a plantar o que é justo, mesmo que ninguém veja. Amém.

2 DE FEVEREIRO

Quando o solo é duro demais

"Passem o arado na terra que não foi preparada para plantar e não semeiem as sementes no meio de espinhos." (Jeremias 4:3)

Jeremias não estava conversando com pagãos ou estrangeiros, e sim com o povo de Deus – gente que conhecia as promessas, que frequentava o templo, que tinha história com o Senhor, mas que, mesmo assim, endureceu o coração! Então, Deus usa a imagem de um campo nunca arado. Um solo duro, fechado, impenetrável. Antes de falar sobre frutos, Ele fala sobre o chão, porque o problema não era a semente, mas o estado da terra.

Existe uma dureza que não se percebe de fora e que se instala aos poucos: na resistência à correção, na pressa em justificar erros, na falta de espaço para que Deus mexa no que está enterrado fundo demais. O coração vai ficando seco, ainda que esteja em ambientes espirituais – esse é o risco de viver perto do altar, mas longe da rendição.

"Passem o arado na terra que não foi preparada para plantar", diz o Senhor. Esse é um chamado ao confronto. À entrega que não fica na superfície. À decisão de abrir mão da autoproteção para que Ele trate as camadas mais difíceis. O Pai não trabalha em solo que se fecha, Ele respeita o espaço que o coração decide não entregar. Contudo, quando há disposição, mesmo que na dor, Ele faz tudo novo!

Hoje, talvez não seja dia de plantar, mas de rasgar a terra. De orar com mais verdade e deixar que o Espírito revele onde ainda existe dureza. O fruto virá, mas primeiro precisa haver espaço.

Oração

Senhor, se meu coração endureceu em alguma área, quebra essa terra com a Tua verdade. Eu não quero resistir ao Teu trato, nem viver de aparência. Prepara meu interior para receber a Tua Palavra e frutificar de verdade. Amém.

3 DE FEVEREIRO

Você está usando a verdade para curar ou ferir?

"Por que é que você vê o cisco que está no olho do seu irmão e não repara na trave de madeira que está no seu próprio olho?" (Mateus 7:3)

Temos uma tendência quase automática de identificar o erro alheio. É fácil apontar o que o outro devia ter feito diferente, difícil é encarar com humildade o que está desalinhado dentro de nós.

Quando Jesus falou sobre o cisco e a trave, não estava condenando a correção, mas a incoerência. Ele confrontou a hipocrisia de quem conhece a verdade, porém não a deixa entrar. De quem aprendeu a aplicar os princípios da Palavra nos outros, e não em si.

Com o tempo, corremos o risco de usar a verdade como escudo de vaidade espiritual, não como instrumento de cura. Ver o cisco não é o problema, não perceber a própria viga é. Pior é usá-la como argumento para justificar o próprio juízo.

As redes sociais criaram um palco para os "ditadores da verdade": gente que se posiciona com severidade, sem compaixão, com discursos afiados e corações intratados. Críticos de tudo, mestres de nada. Pessoas prontas para apontar, e relutantes em dobrar os joelhos.

Jesus nos chama a uma santidade que começa por dentro. Sim, precisamos nos posicionar contra o pecado, começando pelo nosso! Uma fé madura não foge do confronto nem o usa como arma, mas com responsabilidade.

Se sua fala é dura, mas sua vida não é rendida, cuidado — até mesmo a verdade, quando usada sem transformação, pode se tornar injusta. A Palavra só cumpre seu propósito quando primeiro nos cala e depois nos molda.

Oração

Senhor, não me deixe viver com uma fé que só aponta, mas não se dobra. Mostra-me com clareza onde ainda preciso mudar e dá-me um coração ensinável, rendido e responsável com aquilo que carrego. Faz com que minha vida fale antes da minha boca. Amém.

4 DE FEVEREIRO

Antes de pedir sucesso

"Peça a Deus que abençoe os seus planos, e eles darão certo." (Provérbios 16:3)

Tem muita gente frustrada orando por sucesso. Gente boa, esforçada, empenhada..., mas que não entende por que tudo parece travado. O texto é claro: o sucesso vem depois da consagração!

Infelizmente, costumamos envolver Deus no plano só depois de traçá-lo. Corremos atrás do resultado e, só quando batemos no limite, nos lembramos de dobrar o joelho. Aí vem a oração: "Senhor, abençoa isso aqui!", como se o Pai fosse apenas uma assinatura no fim de um projeto que nunca Lhe foi apresentado.

"Consagrar" é colocar diante dEle nossa vida por completo. Nosso comportamento é uma consagração, nossas conversas precisam ser uma consagração... Devemos perguntar: "O Senhor quer isso? Faz sentido para o Teu propósito em mim? Isso Te glorifica ou só realiza um desejo meu?"

É desconfortável pensar assim, eu sei, porque clamar antes de agir pode mudar completamente o caminho. Saiba, porém, que Deus não se opõe ao seu crescimento, entretanto se recusa a abençoar projetos para os quais só foi convidado depois que tudo já foi decidido. Inúmeros crentes vivem em ciclos de frustração por quererem o favor divino sem viver Seus princípios.

Peça a Deus que o abençoe, e então seus planos serão bem-sucedidos. Inverter essa ordem é plantar fora da terra. Pode até nascer, mas não se sustenta.

Oração

Senhor, antes de querer que algo dê certo, quero aprender a Te perguntar se faz sentido. Perdoa-me pelas vezes em que corri atrás de resultados sem Te incluir no início. Hoje, quero consagrar o que faço, o que sonho, o que planejo. Não apenas para ter sucesso, mas para ter paz. Amém.

5 DE FEVEREIRO

Quando Deus interrompe o seu ritmo

"As pessoas fazem muitos planos, mas quem decide é Deus, o Senhor." (Provérbios 19:21)

Em dezembro de 2022, eu estava muito animada e pronta para uma das maiores mudanças da minha vida! Eu tinha planos, caixas para fechar, uma casa nova para decorar, muitas ideias e um entusiasmo que me empurrava para a frente. Até que, cinco dias antes da mudança, quebrei o braço.

A sensação de inutilidade e o choque de não poder participar do que eu mesma havia organizado com tanto zelo me levou a uma grande frustração! Eu estava acostumada a colocar a mão na massa, mas Deus decidiu me ensinar que era o momento de frear. Ele queria me mostrar que nem sempre se trata da minha força e que depender dos outros não é sinal de fraqueza.

A mudança aconteceu, afinal. Eu assisti tudo com o braço imobilizado, sem controle, sem protagonismo. O Senhor estava reordenando algo dentro de mim que nenhuma mudança externa poderia fazer.

Muitas coisas que saem do nosso controle não visam nos prejudicar; às vezes, é a pedagogia do céu nos ensinando. O Pai sabia que meu coração precisava de silêncio para entender o impacto daquela mudança, e estar ocupada tiraria minha sensibilidade ao que Ele queria me mostrar.

Você também está vivendo uma interrupção? Algo que frustrou seus planos, desacelerou sua rotina ou fez com que se sentisse incapaz? Reflita um pouco sobre isso. Você está apenas lamentando o que não pode fazer ou está disposto a enxergar o que Deus quer tratar enquanto o desacelera?

Oração

Pai, obrigado por interromperes meu ritmo. Ensina-me a aceitar que o controle não me pertence e que a dependência não é limitação, é lugar de encontro Contigo. Que eu aprenda e confie que o Teu jeito é o melhor, mesmo quando não é o meu. Amém.

6 DE FEVEREIRO

Comece pela Presença

"Então Moisés respondeu: 'Se não fores com o teu povo, não nos faças sair deste lugar.'" (Êxodo 33:15)

Moisés liderava um povo difícil, de coração instável, que se voltava aos ídolos sempre que o tempo de espera apertava. Ainda assim, Deus reafirmava sua palavra de levá-los à Terra Prometida. Naquele momento, porém, algo mudou. O Senhor disse que não iria com eles, mas enviaria um anjo. Para muitos, isso seria suficiente. A bênção estava garantida! Mas Moisés não se contentou.

Costumamos começar o ano cheios de metas e sonhos. Buscamos eficiência, direção e produtividade. Se não tomarmos cuidado, vamos repetir o erro dos israelitas: querer a terra sem o Deus da terra. Há uma diferença enorme entre caminhar por propósito e por impulso, entre fazer porque é certo ou porque Ele mandou. A Presença é o que define o ritmo e o rumo da nossa jornada. Sem ela, até o que parece promissor pode se tornar pesado.

Talvez, você esteja prestes a tomar decisões importantes. Não comece com boas intenções; comece pela Presença. Antes de correr atrás do que é seu e de se empolgar com a oportunidade, pergunte ao Senhor se Ele te acompanha.

Enquanto não tiver respostas, espere – dar um passo sem Deus pode parecer movimento, mas não gera permanência. E permanecer em Deus, mesmo parado, é estar no caminho certo.

Oração

Pai, perdoa-me por Te procurar como recurso, e não como direção. Hoje decido não sair se o Senhor não for comigo. Ensina-me a discernir Tua presença e não me mover por ansiedade. Se for para ir, que seja Contigo. Se for para parar, que seja nos Teus braços. Eu escolho a Tua presença. Amém.

7 DE FEVEREIRO

O silêncio pode ser uma escolha errada

"Portanto, comete pecado a pessoa que sabe fazer o bem e não faz." (Tiago 4:17)

Alguns pecados não são evidentes; escondem-se no silêncio, na conversa ou decisão adiada, na verdade guardada por medo ou conveniência. Não fazer o bem, quando se sabe o que deve ser feito, é pecado. Essa omissão é sutil! Por fora, parece prudência; por dentro, é passividade. Esse é o tipo de erro que não aparece no escândalo, mas corrói aos poucos conforme o tempo passa e a consciência adormece.

Muitos relacionamentos estão se afundando porque alguém decidiu se calar. Muitos pais perderam o vínculo com seus filhos por acharem ser tarde demais. Muitos cristãos viram o erro crescer diante deles porque preferiram não se envolver.

No Reino, não existe meio-termo diante do mal. Quem cala, consente. Quem sabe e não age, coopera. É claro que há situações delicadas, que exigem sabedoria e tempo, contudo há outras em que a omissão custa caro.

Deus não nos chamou para ser espectadores do que está desmoronando. Precisamos ser resposta! Mesmo que doa, que nos exponha, que nos tire da zona de segurança.

Se hoje o Espírito Santo está trazendo à sua mente algo que você poderia ter feito, e não fez, não endureça o coração. Ainda dá tempo de se posicionar, falar, pedir perdão, retomar uma conversa necessária. A fé viva sempre se move; o bem que se sabe e não se pratica, pesa, e, com o tempo, paralisa.

Oração

Senhor, mostra-me onde o meu silêncio tem Te desonrado. Não quero me esconder atrás da omissão. Preciso de coragem para fazer o que é certo, mesmo que seja difícil. Que minha fé seja ativa, obediente e responsável. Amém.

8 DE FEVEREIRO

Levante-se e carregue o que o carregava

"Eu digo a você: levante-se, pegue a sua cama e vá para casa."
(Lucas 5:24)

Às vezes, o que precisa mudar não é a situação, é a nossa postura. O homem dessa passagem era paralítico. Quando Jesus o curou, ordenou: "Levante-se. Pegue a sua cama." Cristo poderia ter só restaurado a força daquelas pernas, mas pediu uma atitude prática, um movimento externo correspondente à cura. Com isso, ensinou sobre responsabilidade e sobre a certeza de que um novo ciclo exige novos comportamentos.

Aquela cama era o símbolo da paralisia, onde o homem passou anos de dor, frustração e espera. Agora, carregá-la era o testemunho visível de que algo havia mudado! Se você deseja um milagre do Senhor, precisa entender que é necessário mudar de comportamento. Toda cura exige uma nova mentalidade e postura.

Quantas vezes ficamos esperando que alguém nos ajude, nos veja, nos carregue, nos diga que estamos prontos. Como o ex-paralítico, acabamos falando mais sobre quem não nos ajudou do que sobre o que, de fato, queremos.

Jesus não perguntou quem o havia abandonado, mas o que ele queria! Tem milagre que já está liberado, o que falta é você se levantar, pegar sua cama, assumir a mudança e carregar seu testemunho!

Oração

Senhor, não quero justificar minha paralisia apontando quem não me ajudou. Se estás dizendo para me levantar, então me ajuda a obedecer. Dá-me coragem para deixar a velha postura e assumir a nova caminhada. Que até o que me lembrava da dor se transforme em prova da Tua cura. Amém.

9 DE FEVEREIRO

Volte ao primeiro amor

"Meu povo, eu lembro de quando você era jovem. Como você era fiel e como me amava quando éramos recém-casados! Lembro como me seguiu pelo deserto [...]." (Jeremias 2:2)

Há lembranças que doem, mas há outras que curam, porque revelam o quanto nos afastamos do que já foi real. Deus, por meio de Jeremias, falou ao povo que se lembrava... Ele não estava cobrando, estava sentindo. Essa é a fala de alguém que amou profundamente e viu o outro se distanciar com o tempo.

No começo, não havia recursos, nem caminhos claros, mas havia entrega no passo e uma confiança linda no invisível. Com o tempo, vieram as distrações. O povo se esqueceu, esfriou... O que era amor virou função.

Quem sabe essa também seja a sua história! Você ainda anda com Deus, porém já não vibra mais; faz o que é certo, porém sem ardor; cumpre suas funções, porém não se derrama na Presença. Esse versículo chega como um sussurro do céu: "Eu me lembro...", não do que você fez de errado, mas da sua intimidade; de quando confiava mesmo sem entender, se quebrantava ao orar e seguia a Deus por amor, não por controle ou respostas.

Essa lembrança não vem para acusá-lo, mas para resgatá-lo e chamá-lo de volta ao primeiro amor. Mais do que reviver um tempo bonito, é deixar o coração voltar a pulsar no secreto do seu quarto, apaixonado, dependente, leve e totalmente entregue ao Senhor.

Oração

Senhor, se Tu ainda lembras, também quero me lembrar. Quero recuperar o amor sem cálculo, a fé sem reservas, a obediência sem negociações. Restaura em mim o desejo de Te seguir como no início, quando bastava saber que era o Senhor quem estava à frente. Leva-me de volta à essência. Amém.

10 DE FEVEREIRO

Pare de esperar o cenário ideal

"Quem fica esperando que o vento mude e que o tempo fique bom nunca plantará, nem colherá nada." (Eclesiastes 11:4)

Nenhum chamado vem acompanhado de um cronograma perfeito. Abraão saiu sem saber o destino. Ester teve que se levantar em um momento de crise. Davi foi ungido e voltou para cuidar das ovelhas. A obediência, e não a oportunidade perfeita, é o que valida o propósito.

Talvez você esteja esperando o "momento certo", como se o propósito divino tivesse prazo indeterminado. A verdade é que o tempo está passando... Já vivi essas crises várias vezes, inclusive agora. "Será que isso é para mim? Será que estou apta? Hoje, compreendo que posso ter minhas dúvidas, mas não posso deixar de agir com confiança naquEle que me chamou. Então, sigo enfrentando o medo!

Esperar a oportunidade perfeita parece prudência, entretanto pode ser medo disfarçado, insegurança travestida de espiritualidade. Você pode até acreditar que tem tempo, todavia, enquanto posterga, vidas que poderiam ser impactadas pela sua obediência seguem no escuro.

O propósito é paciente, mas não eterno. Em algum momento, ele se move, encontra outra voz, outro coração disponível, outra pessoa que decide parar de esperar o cenário ideal e começa a obedecer apesar do medo.

Então, pare de esperar que as condições mudem. Mude você! Deus já colocou aí dentro tudo o que você precisa para começar. A hora, embora pareça imperfeita, é agora!

Oração

Senhor, perdoa-me pelas vezes em que usei o medo como desculpa e chamei de prudência o que, na verdade, era só paralisia. Quantas oportunidades colocaste diante de mim e eu deixei passar? Mais que sonhar, quero viver o que Tu sonhaste para mim. Amém.

11 DE FEVEREIRO

Reconstrua o que foi destruído

"Então contei a eles como Deus havia me abençoado e me ajudado. [...] Eles disseram: 'Vamos começar a reconstrução!' E se aprontaram para começar o trabalho." (Neemias 2:18)

Reconstruir não é começar de novo; é voltar ao lugar onde tudo caiu, fazer um inventário honesto dos escombros, assumir que algo falhou e dizer: "Vamos continuar." Neemias não teve uma visão e imediatamente tudo foi resolvido. Ele enfrentou oposição, dúvidas internas e muros desfeitos. Ainda assim, recomeçou!

Há quem veja a destruição e aceite a perda como definitiva, e quem, como Neemias, tenha sensibilidade para perceber que a mão de Deus segue ali, especialmente quando tudo o mais parece comprometido.

Recomeçar exige discernimento. Nem toda dor é sinal para parar, e nem toda perda é sinal de que o Pai se ausentou — às vezes, a perda é a permissão, e a dor é o solo onde o novo será plantado. Se Deus está lhe mostrando que ainda há algo a ser restaurado, não negocie com o medo nem adie com desculpas. A obediência não espera garantias, apenas responde à voz do céu.

Quem sabe você esteja diante das suas próprias ruínas: relacionamentos machucados, fé desgastada, emoções bagunçadas. Saiba que o projeto ainda é bom, porque vem de Deus. O chamado de hoje não é para remoer o que foi perdido, é para se dispor a reconstruir sob a bondosa mão do Senhor.

Oração

Deus, onde houver destruição, dá-me discernimento para reconhecer se ainda há um chamado para reconstruir. Livra-me da pressa de abandonar o que é difícil. Coloca minha fé onde ela precisa estar: na Tua mão, e não no resultado. Que minha obediência seja silenciosa, constante e firme, mesmo entre os escombros. Amém.

12 DE FEVEREIRO

Nem tudo que chamam de amor-próprio agrada a Deus

"Ninguém deve buscar os seus próprios interesses e sim os interesses dos outros." (1 Coríntios 10:24)

A Bíblia nunca mandou você se anular, mas também nunca ensinou que se amar é viver centrado em si. O amor-próprio, quando bem vivido, é saudável. É saber que você tem valor, que merece cuidado, que foi criado à imagem de Deus. Em contrapartida, quando essa consciência vira justificativa para ignorar, abandonar, controlar ou desprezar os outros, deixa de ser amor e vira idolatria do próprio eu.

Vivemos um tempo em que tudo precisa girar em torno daquilo que "nos faz bem". Com isso, perde-se o senso de responsabilidade com o outro. Pessoas encerram vínculos, quebram promessas, se isolam da comunhão, abandonam a família, e ainda dizem estar "se priorizando".

O Evangelho não se resume à autoconveniência; na verdade, fala de renúncia, reconciliação e serviço. O mesmo Jesus que se retirava para orar também lavava os pés dos discípulos. A fé que nos ensina a cuidar de dentro também nos chama a olhar para fora. Existe cura tanto na solitude quanto na maturidade do convívio.

Se o seu "amor-próprio" o afasta das pessoas, das responsabilidades e da comunhão, talvez o que esteja sendo alimentado seja seu ego. Deus não quer um coração blindado, mas tratado. Se amar é essencial, mas se isolar em nome disso não é o plano de Deus.

Oração

Deus, ajuda-me a ter equilíbrio. Que eu saiba cuidar de mim sem esquecer que fui chamado para viver em comunidade, para amar de forma responsável e para crescer em maturidade. Livra-me de tornar minha proteção pessoal uma desculpa para negligenciar quem o Senhor me confiou. Amém.

13 DE FEVEREIRO

O arrependimento abre a porta

"Então eu te confessei o meu pecado e não escondi a minha maldade. Resolvi confessar tudo a ti, e tu perdoaste todos os meus pecados." (Salmos 32:5)

Tem portas que não podem ser abertas com força, nem com fé, jejum ou estratégia. Só com arrependimento! Davi conhecia bem essa chave. Ele tentou esconder seu pecado enquanto seguia liderando, vivendo e orando normalmente. No entanto, sua alma sabia, e seu corpo sentia. O silêncio da culpa corrói por dentro, mesmo quando a aparência ainda se sustenta por fora.

No Salmo 32, antes de descrever o alívio que vem com a confissão, ele fala do peso que seca os ossos, tira o vigor e apaga a alegria. É por isso que a verdadeira libertação não começa com mudança de comportamento, e sim com a consciência do estado atual. Começa naquele momento em que, diante de Deus, finalmente paramos de fugir.

O arrependimento não é uma prova de que você falhou, mas um sinal de que você quer voltar. Toda vez que alguém volta com sinceridade, o Eterno perdoa, e isso não porque Ele minimiza o pecado, mas porque maximiza a graça!

Se existe culpa dentro de você, não a carregue mais; se existe algo escondido, traga à luz. A confissão cura o que o silêncio adoeceu. Hoje, a porta está aberta; do outro lado, existe alívio, restauração e recomeço. Abandone as justificativas e abra-a com seu arrependimento sincero.

Oração

Pai, Tu conheces cada parte de mim, até as que tento esconder. Não quero mais adiar. Confesso diante de Ti o que me pesa, o que me afasta, o que me prende. Perdoa-me. Toca onde só a Tua graça alcança e dá-me um novo começo. Amém.

14 DE FEVEREIRO

Pare de esperar que alguém faça por você

"O Senhor disse a Moisés: 'Por que você está me pedindo ajuda? Diga ao povo que marche.'" (Êxodo 14:15)

Orar é essencial, mas tem hora que Deus não quer ouvir a sua voz, e sim ver seus passos. O povo de Israel estava paralisado, e Moisés, como bom líder, fez o que muitos fariam: clamou. A resposta divina que ouviu deveria nos abalar, pois Sua repreensão deixou claro que existem situações em que continuar clamando é sinal de imaturidade.

Você já ouviu, já entendeu, já confirmou, entretanto continua parado, terceirizando a obediência, esperando um sinal novo quando o último ainda não foi seguido. A fé imatura vive à base de estímulo; a madura, por responsabilidade! Isso significa aceitar que existem coisas que ninguém vai fazer por você.

Tem ferida que ninguém vai curar no seu lugar. Tem ciclo que ninguém vai romper por você. Tem mudança que ninguém vai impor. Você precisa decidir! Existem pessoas que espiritualizam a própria estagnação. Dizem que estão esperando Deus, mas, na verdade, ignoram o que Ele falou. Fogem da responsabilidade se escondendo atrás de "orações", "esperas" e "processos" que viram desculpas.

O povo de Israel queria que Deus abrisse o mar com eles ainda parados, mas o milagre só aconteceu quando marcharam! A obediência é a chave que destrava o sobrenatural. Você pode ter todas as promessas, mas, se não agir como quem crê, continuará no mesmo lugar, só que com a consciência mais pesada.

Oração

Deus, eu reconheço que já esperei demais por respostas que já tinha. Hoje, não quero mais adiar a obediência. Fortalece-me para assumir minha responsabilidade espiritual. Que eu marche com fé, mesmo quando não vejo o caminho à frente. Amém.

15 DE FEVEREIRO

Obediência parcial é desobediência

"Samuel respondeu: '[...] É melhor obedecer a Deus do que oferecer-lhe em sacrifício as melhores ovelhas.'" (1 Samuel 15:22)

Saul não caiu porque ignorou a voz de Deus, mas porque achou que podia Lhe obedecer parcialmente e ainda manter Seu favor. Em suma, ele desobedeceu. Esse é o perigo da fé que se molda à conveniência: ela nos convence de que a intenção compensa a negligência. Precisamos entender que intenção sem obediência é ilusão espiritual!

A queda de Saul não foi repentina; começou no momento em que ele deixou de levar Deus a sério. O Pai ordenou que ele destruísse completamente os amalequitas e tudo o que lhes pertencia, só que ele filtrou essa ordem, poupando o rei inimigo e guardando o melhor do rebanho. Como se não bastasse, ainda tentou justificar seu erro com uma motivação religiosa: "Foi para oferecer em sacrifício."

O profeta Samuel foi sábio ao fazer uma das declarações mais fortes do Antigo Testamento: obedecer é melhor que sacrificar. O Eterno não se impressiona com gestos de devoção usados para encobrir a rebeldia.

Esse texto confronta nossa espiritualidade seletiva, aquela que obedece até o ponto em que não dói, não exige renúncia e não contraria o ego. Obedecer parcialmente é tentar manter Deus próximo sem abrir mão do controle. É querer o favor dEle sem submeter a própria vontade. Já sabemos, porém, que o Altíssimo não se relaciona por conveniência. Ele se revela a quem decide obedecer por inteiro!

Oração

Senhor, perdoa-me pelas vezes em que obedeci pela metade e ainda quis que me aceitasses como se fosse suficiente. Dá-me coragem para corrigir o que deixei incompleto. Tira de mim toda tentativa de negociar Tua vontade e ensina-me a obedecer com inteireza de coração. Amém.

16 DE FEVEREIRO

Sua boca está sabotando você

"Se você não quer se meter em dificuldades, tome cuidado com o que diz." (Provérbios 21:23)

É fácil falar demais quando estamos frustrados ou irritados. Reclamar virou hábito. Ironizar algumas situações parece mais prático que orar. Sem perceber, nos acostumamos a usar nossa boca como válvula de escape, e não como fonte de resolução. Em Provérbios, a sabedoria está relacionada à nossa fala — quem guarda a boca e a língua protege a própria alma.

O povo de Israel caminhou quarenta anos no deserto, e uma das causas mais recorrentes de atraso foi a murmuração. Eles viam o cuidado de Deus, mas se queixavam da comida. Recebiam livramento, mas reclamavam da demora. Tinham direção, mas a desonravam com palavras. A boca deles impediu o coração de amadurecer!

E se o mesmo estiver acontecendo com você? Não adianta pedir avanço com a boca cheia de críticas, ou orar por mudança se sua fala está alinhada com o medo e a murmuração. Reclamar é como estar em uma areia movediça: quanto mais reclamamos, mais nos afundamos.

Tem promessa que só vai chegar quando sua língua parar de refletir sua irritação e passar a transmitir o Reino. Não se trata de negar a dor, mas de decidir que o seu discurso será um reflexo da sua transformação em vez de um eco de incredulidade.

Palavras constroem caminhos ou erguem muros. Essa escolha sai da sua boca todos os dias.

Oração

Senhor, perdoe-me pelas palavras impensadas, pelas queixas repetidas. Ensina-me a falar com sabedoria, a silenciar quando necessário e a usar minha voz para semear fé, mesmo quando a realidade ainda não mudou. Amém.

17 DE FEVEREIRO

Eu não sinto mais como antes

"Eu lhes darei um coração novo e porei em vocês um espírito novo. Tirarei de vocês o coração de pedra, desobediente, e lhes darei um coração bondoso, obediente." (Ezequiel 36:26)

Você já se pegou pensando: "Eu não sinto mais como antes?" Você continua fazendo o que é certo, orando, frequentando os mesmos lugares, mas, por dentro, tudo parece mais automático e até sem sentido? O coração ainda acredita, mas não se emociona. A fé ainda existe, mas sem aquele fervor. A voz de Deus ainda é real, mas parece distante.

Calma! Isso pode ser cansaço. Dores não tratadas, decepções acumuladas e tempos difíceis podem ter roubado sua sensibilidade. O Senhor não exige o que você não tem forças para oferecer. Ele diz: "Vou te dar um novo coração"; não um remendado ou maquiado, um novo! Capaz de sentir outra vez e de crer com profundidade.

O coração de pedra é frio, resistente, impenetrável. O coração de carne é vulnerável e vivo. Uma fé viva exige um tipo de coração disposto a recomeçar. Hoje não se trata de esforço, mas de entrega. Você não precisa se consertar para voltar a sentir, só precisa dizer: "Senhor, eu aceito esse novo coração."

Oração

Deus, eu sei que meu coração mudou. Já não sou tão sensível como antes. Talvez eu tenha endurecido sem perceber. Hoje, não quero disfarçar. Quero começar de novo, por dentro. Dá-me um coração vivo, leve e puro. Que eu volte a sentir com verdade, a ouvir com profundidade, a Te responder com liberdade. Renova o meu interior. Amém.

18 DE FEVEREIRO

A fé não existe para deixá-lo confortável

"[...] vocês já deviam ser mestres, mas ainda precisam de alguém que lhes ensine as primeiras lições dos ensinamentos de Deus. Em vez de alimento sólido, vocês ainda precisam de leite." (Hebreus 5:11-12)

O autor de Hebreus não suaviza suas palavras. Ele escreve para uma comunidade que já conhecia a verdade, mas que havia se acomodado a uma fé rasa, preguiçosa e infantilizada. Eles tinham o conhecimento, mas não o praticavam. Ainda dependiam de um aprendizado quando já deveriam estar ensinando outros.

Quando nos acostumamos a viver pelo que sentimos e não pelo que cremos, permanecemos na imaturidade e na negligência espiritual. Muitos estão há anos dentro da igreja, e ainda precisam ser convencidos toda semana a orar, ler a Bíblia, perdoar e se posicionar. São pessoas que dizem "não estou sentindo" como justificativa para não obedecer.

É importante lembrar que o Evangelho nunca esteve ligado a sentir, mas a submeter-se. A fé bíblica é ativa, responsiva e fundamentada; não depende do ambiente, do clima, da música ou do incentivo. Ela nasce da convicção de quem sabe que Deus falou e por isso obedece.

Você pode passar anos frequentando grandes conferências e retiros espirituais, ouvindo boas pregações e nunca amadurecer. Crescimento espiritual não tem a ver com quanto você ouve, mas com quanto você aplica. Hoje é um bom dia para reconhecer onde você parou e decidir: "Vou continuar precisando de leite? Ou vou assumir a responsabilidade de amadurecer de verdade?"

Oração

Senhor, eu não quero mais viver de estímulo, mas de convicção. Perdoa-me pelas vezes em que usei a ausência de sentimento como desculpa para desobedecer. Fortalece-me para viver uma fé sólida, que responde à Tua Palavra com ação, não com apatia. Amém.

19 DE FEVEREIRO

A decepção é necessária

"Mas Jesus não confiava neles, pois os conhecia muito bem. E ninguém precisava falar com ele sobre qualquer pessoa, pois ele sabia o que cada pessoa pensava." (João 2:24-25)

Você já se decepcionou com alguém ou com alguma situação, certo? Todos nós já experienciamos esse sentimento dolorido, capaz de revelar onde colocamos nossas expectativas. A decepção nos ensina o que a ilusão nos impede de ver. É como se Deus dissesse: "Você precisa enxergar essa verdade, mesmo que doa agora, para não ser destruído depois."

Jesus conhecia os corações e sabia que os aplausos de hoje poderiam se transformar em acusações amanhã. Por isso, não se deixava enganar.

A decepção é o caminho da libertação. Enquanto tudo está perfeito, vamos nos iludindo, idealizando pessoas e transferindo para elas uma responsabilidade que só Deus pode carregar. Quando o desencanto chega, pode nos realinhar ao mostrar o que é humano, o que é falho, o que precisa ser ajustado em nós. A frustração que sentimos, em geral, não vem do erro do outro, mas da expectativa distorcida que construímos.

Tem decepções que nos protegem, que nos amadurecem e que nos reposicionam; todas têm algo a ensinar. Não fuja da dor da decepção; aprenda com ela sem perder a esperança de bons relacionamentos e de grandes projetos.

Jesus continuou amando, mesmo conhecendo o que havia nos corações. Ele espera o mesmo de nós: discernimento sem dureza e amor sem cegueira.

Oração

Senhor, ensina-me a lidar com as decepções sem me endurecer. Ajuda-me a enxergar onde eu projetei mais do que deveria, onde criei expectativas que só o Senhor pode cumprir. Se a frustração chegou, que ela sirva para me amadurecer, não para me amargar. Amém.

20 DE FEVEREIRO

Você está em guerra

"Corra a boa corrida da fé e ganhe a vida eterna. Pois foi para essa vida que Deus o chamou [...]." (1 Timóteo 6:12)

Se você pensa que ser cristão é viver uma caminhada no parque aos domingos, talvez ainda não tenha percebido como é o território em que está pisando. Nascer de novo não é um convite para uma vida mais confortável, é um alistamento para uma guerra invisível, constante e pessoal.

O Diabo não se incomoda com quem vive anestesiado. Basta você despertar, dar um passo na direção certa, e ele se move. Decida começar a orar com regularidade, e virão as distrações. Assuma o compromisso de ler a Palavra, e virá o cansaço. Comece a investir em outras pessoas, e virão as frustrações, o desânimo e os ataques.

Toda vez que você avança espiritualmente, algo se levanta para puxá-lo de volta. Não é coincidência, é resistência. O inimigo conhece o impacto de uma vida em santidade! Sabe que alguém alinhado com Deus carrega autoridade para romper ciclos e libertar gerações. Por isso, investe muito para que você retroceda.

Paulo nos chama a combater o bom combate da fé. O que o torna "bom" é o fato de ele já ter sido vencido na cruz! Você não luta pela vitória, luta a partir dela! O inferno não teme gritos, teme constância. A cada passo que você dá, o céu testemunha, mas o inferno também, então não recue. Você foi chamado para caminhar, avançar e permanecer, mesmo quando tudo em você quer parar.

Oração

Senhor, lembra-me todos os dias de que a minha fé não é um enfeite, mas uma arma. Ajuda-me a discernir quando o inimigo tenta me frear com distrações, medo ou cansaço. Não quero recuar se o Senhor já me chamou para avançar. Ensina-me a combater com fé. Quando eu me sentir cansado, lembra-me de que o combate é bom porque a vitória já é certa. Amém.

21 DE FEVEREIRO

A poda também é cuidado

"Todos os ramos que não dão uvas ele corta, embora eles estejam em mim. Mas os ramos que dão uvas ele poda a fim de que fiquem limpos e deem mais uvas ainda." (João 15:2)

Tem coisas que Deus corta que até entendemos... Estavam secas, nunca deram certo, não nos pertenciam mais. Mas e quando Ele poda o que estava indo bem e era tão promissor? É aí que a poda dói de verdade, porque mexe no que queríamos manter.

O texto de João nos ensina que Deus não poda para castigar, e sim para amadurecer. Frutificar é tanto produzir quanto sustentar o que foi gerado. Às vezes, a única forma de garantir que o fruto do próximo tempo seja mais saudável é aparar o excesso de agora.

Pode ser que você esteja vivendo exatamente isso: o ano começou bem, as expectativas estavam altas, as coisas estavam fluindo, e você estava firme, só que, de repente, algo foi cortado. Deus pausou você. Ele o reposicionou, expôs ou desacelerou quando você achava que era hora de acelerar. É difícil ver amor nisso!

A poda é a prova de que o Senhor está de olho no seu potencial, não só no seu presente. Ele corta o excesso para preservar a raiz. Embora seja difícil entender tudo nesse momento, você ainda irá perceber que a poda não é o fim da árvore, mas o preparo para uma nova estação.

Oração

Pai, confesso que não gosto de ser podado, porém sei que é melhor ser podado por amor do que crescer de qualquer jeito. Se o Senhor está me moldando, ajuda-me a confiar que é cuidado, não rejeição. Faz com que essa fase difícil produza frutos duradouros, que glorifiquem o Teu nome e que revelem quem o Senhor está me tornando. Amém.

22 DE FEVEREIRO

Ativismo não é intimidade

"O Senhor diz: 'Esse povo ora a mim com a boca e me louva com os lábios, mas o seu coração está longe de mim [...]'." (Isaías 29:13)

Há fases em que a vida espiritual parece muito ativa. A agenda está cheia de compromissos com a igreja, o ministério e os estudos bíblicos. Nosso corpo está envolvido e nossa fala é coerente. Mas, por dentro, algo está distante. O tempo com Deus começa a ser substituído pelas atividades sobre Deus. Aos poucos, a comunhão real dá lugar a uma repetição funcional.

Foi esse cenário que o Senhor denunciou por meio do profeta Isaías. As pessoas que se aproximavam com os lábios já O haviam afastado do coração. A devoção virou formalidade; a adoração, obrigação e intimidade, um ritual vazio.

Não é difícil cair nesse lugar, especialmente quando servir se torna parte da nossa rotina, quando a entrega pública deixa de nascer de uma vida pessoal com o Pai. Deus não se impressiona com nossos movimentos, mas se revela na sinceridade do nosso secreto. Hoje, Ele está nos chamando à intimidade, para que voltemos a ter com Ele, não só por Ele.

Voltar à Presença não exige performance, apenas disposição. Dê seu primeiro passo agora! Feche seus olhos, respire fundo e diga: "Senhor, eu também sinto saudade."

Oração

Pai, não quero viver uma fé apenas visível. Quero voltar à essência da Tua presença. Se em algum momento me perdi no ativismo, peço que me chames de volta com graça. Quero estar Contigo antes de fazer qualquer coisa por Ti. Amém.

23 DE FEVEREIRO

A comparação silenciosa está roubando você

"Então Pedro virou para trás e viu que o discípulo que Jesus amava vinha atrás dele. [...] O que diz, Senhor, a respeito deste aqui?" (João 21:20-21)

Depois de negar Jesus, Pedro é restaurado à beira do mar. O Mestre o chama, reafirma seu valor e renova sua missão. Logo depois dessa restauração, Pedro aponta para João e pergunta: "Senhor... e quanto a ele?"

Mesmo depois de ser tocado, perdoado e comissionado pelo Mestre, Pedro ainda se distrai, querendo saber o que vai acontecer com o outro discípulo. E então, vem a resposta: "Se eu quiser que ele viva até que eu volte, o que é que você tem com isso? Venha comigo!" (João 21:22). Cristo não desvia do assunto, mas faz com que Pedro se lembre de que o chamado é pessoal e o processo é individual.

Toda comparação parece sutil, mas pesa. Não começa com críticas, mas com observação. Você não fala, mas sente. Sem perceber, seu coração vai se enchendo de questionamentos que roubam sua paz. O problema é que a comparação não respeita o contexto: ela junta o seu bastidor com o palco do outro, pega o seu processo em formação e compara com o resultado pronto que o outro já viveu. Isso é injusto.

Ao se comparar, você perde duas coisas ao mesmo tempo: a leveza da gratidão e a clareza da missão, afinal ninguém consegue seguir Jesus olhando para o lado o tempo todo. A raiz da comparação é silenciosa; se crescer, afetará tudo. Ela faz você se esquecer do que Deus já confiou nas suas mãos e achar que está atrasado quando, na verdade, está sendo preparado.

Oração

Senhor, livra-me da comparação silenciosa que rouba minha alegria e distorce meu chamado. Ensina meu coração a seguir com fidelidade, sem olhar para o lado. Que eu celebre o que Tu fazes nos outros, mas jamais perca o foco daquilo que queres fazer em mim. Amém.

24 DE FEVEREIRO

Em quem você confia?

"Confio em Deus e o louvo pelo que ele tem prometido; confio nele e não terei medo de nada. O que podem me fazer simples seres humanos?" (Salmos 56:4)

Confiar é fácil até que a vida nos dê um motivo real para precisar fazer isso de verdade. Eu amo a forma como Davi se expressa nesse salmo. Sua confiança não nasce de um lugar confortável! Ele o escreveu enquanto fugia, cercado de inimigos, sem garantia de vitória.

Você pode colocar sua confiança em muitas coisas: no saldo da conta, na sua inteligência, em relacionamentos, em estratégias... No entanto, cedo ou tarde, tudo isso pode decepcionar. As pessoas podem mudar. O plano pode falhar. Você pode não dar conta. Confiar em Deus não é apenas a saída mais sensata, é a única, já que Ele é o único que enxerga o começo, o meio e o fim.

Talvez você esteja esperando que o Eterno faça exatamente como planejou e pense que confiar nEle significa obter o resultado que deseja. Na verdade, confiar é saber que, mesmo se o caminho for diferente, ainda assim será bom. O Eterno não é um prestador de serviço, é nosso bom Pai, e pais de verdade não cedem a todos os pedidos e agem com amor até quando dizem "não".

A confiança que Davi declara não depende das circunstâncias, pois nasce da convicção do caráter divino. Se hoje você se encontra em dúvida, inseguro, tentando se agarrar a qualquer coisa que pareça firme, respire fundo. Escolha, como Davi, confiar, não porque tudo está sob controle, mas porque Deus está com você.

Oração

Senhor, reconheço que minha confiança às vezes vacila. Ensina-me a confiar não nas garantias da vida, mas na Tua fidelidade. Mesmo quando não entendo o caminho, quero descansar na certeza de que Tu és bom, sábio e presente. Hoje, mais uma vez, eu escolho colocar minha confiança em Ti. Amém.

25 DE FEVEREIRO

O peso que não vale a pena carregar

"Não fiquem irritados uns com os outros e perdoem uns aos outros, caso alguém tenha alguma queixa contra outra pessoa [...]." (Colossenses 3:13)

Algumas dores nos marcam tão fundo que se tornam parte da nossa rotina emocional. A mágoa se acomoda, constrói um canto dentro de nós e sussurra: "Você tem razão em sentir isso." Talvez tenha mesmo! A dor foi real, a injustiça aconteceu, a ferida foi aberta. Mas por quanto tempo você quer carregar esse lamento?

Perdoar não é concordar com o que fizeram com você, é decidir que aquela ferida não será mais o centro da sua história. É ser corajoso, não passivo. Não há nada mais exigente do que confiar que Deus fará uma justiça melhor do que nossa raiva conseguiria! O perdão devolve para o Senhor aquilo que só Ele pode resolver com sabedoria e verdade.

Reter o perdão é se acorrentar à dor. Quem não perdoa, revive a cena, o trauma, a frase, o olhar. Cada vez que se revive, se fere de novo. Como aprendi uma vez: "Perdoe, não porque o outro merece perdão, mas porque você merece paz." Não espere sentir vontade, decida perdoar. Esse ato não apagará o que aconteceu, mas pode escrever o que virá. Quem escolhe viver com leveza, mesmo depois da dor, se torna um milagre ambulante da graça.

Oração

Senhor, Tu conheces cada ferida do meu coração. Carregar mágoas tem me esgotado. Quero escolher o caminho da paz, ainda que minha vontade grite por justiça. Ensina-me a confiar que Tu vês tudo, e que a Tua justiça é mais perfeita que o meu rancor. Dá-me coragem para soltar o que me prende ao passado. Hoje, entrego nas Tuas mãos o que me machucou. Amém.

26 DE FEVEREIRO

Aplicar é diferente de ouvir

"Não se enganem; não sejam apenas ouvintes dessa mensagem, mas a ponham em prática." (Tiago 1:22)

Tem gente que vive colecionando sermões, devocionais e vídeos de pregações sem colecionar frutos. Ouvir não é o mesmo que viver, afinal. Já percebeu como é fácil, durante uma mensagem, pensar: "Fulano precisava ouvir isso"? Desse modo, desviamos a flecha que deveria ter atingido o nosso próprio coração.

Nosso desafio real é fazer o certo depois que ouvimos a mensagem. O Diabo sabe disso e se inquieta com quem decide praticá-la! Às vezes, é no estacionamento da igreja que ele tenta roubar o que Deus plantou. Uma ofensa rápida, uma irritação desnecessária, um olhar torto... e pronto: o que era para ser uma semente, se torna uma lembrança superficial. E o solo do coração? Segue raso, duro, distraído.

Deus não quer admiradores da Palavra, quer discípulos. Quer quem ajusta o passo, muda a fala, vigia os pensamentos, se arrepende, recomeça e volta para o campo, a fim de aplicar tudo o que aprendeu. Seja honesto: o que você ouviu de Deus nos últimos dias tem feito alguma diferença prática na sua vida? Ou tem sido apenas um alívio momentâneo? O cristão que cresce é aquele que ouve, mastiga, engole e vive; aquele que faz da Palavra uma lente para olhar a si mesmo, e não uma lupa para analisar os outros.

Oração

Senhor, não quero apenas ouvir a Tua voz, quero obedecê-La. Que a Tua Palavra não seja um consolo momentâneo para meu coração cansado, mas uma direção firme para os meus passos. Confronta em mim todo hábito de religiosidade vazia e desperta um senso de responsabilidade prática com o que tenho aprendido. Dá-me coragem para aplicar o que sei e humildade para admitir o que ainda não vivo. Amém.

27 DE FEVEREIRO

Quando você esquece quem é, aceita qualquer coisa

"Ela não compreendeu que fui eu que lhe dei [...] muitos presentes de prata e de ouro, que ela ofereceu ao deus Baal." (Oséias 2:8)

O problema não é o que lhe oferecem, mas o que você esqueceu que não precisa aceitar. Você não foi feito para viver implorando atenção, aceitando migalhas de respeito, ou carregando fardos inúteis. Foi isso que aconteceu com o povo de Israel — Deus cuidou, alimentou e sustentou, porém, em algum momento, eles se esqueceram. Então, começaram a correr atrás do que nunca precisariam ter buscado.

O mesmo se repete quando você esquece quem é e começa a aceitar o que não combina com você, se envolve com gente que suga sua energia, permanece em lugares que o diminuem, aguenta palavras afiadas, aceita ficar em empregos que adoecem, permanece em relacionamentos que o anulam... Desse jeito, sua alma vai se moldando à escassez por não se lembrar do que Ele já lhe deu.

O Pai sustentou e cuidou de Israel, mas o povo se esqueceu disso e começou a negociar sua identidade por migalhas. Quando você esquece sua fonte, qualquer coisa vira proposta! Deus continua sendo o mesmo, a diferença está na consciência de quem caminha com Ele.

Você não nasceu para viver refém, nem de pessoas, nem de ideias, nem de sentimentos. Você foi feito com intenção! Seu valor não vem do que você fez, nem do que deixaram de lhe dar, e sim de Quem o formou.

Oração

Senhor, se em algum momento eu me esqueci de quem sou, lembra-me. Se aceitei viver com menos do que sonhaste para mim, desperta-me. Tira de mim a mentalidade de sobrevivência e me reconecta à Tua provisão. Eu não quero mais negociar minha identidade para caber onde o Senhor não me colocou. Amém.

28 DE FEVEREIRO

A excelência começa no secreto

"Quem é fiel nas coisas pequenas também será nas grandes; e quem é desonesto nas coisas pequenas também será nas grandes." (Lucas 16:10)

Tem coisas que parecem bobas demais para darmos importância, como jogar o papel na lixeira certa, não furar fila, devolver o troco a mais... Coisinhas. Foi por meio delas que Deus me ensinou o que é ter excelência. Ele não começou me falando sobre ministério, palco, grandes responsabilidades. Começou no simples. Nas escolhas que ninguém vê. Porque, para Ele, caráter não se prova na vitrine, mas nos bastidores.

Ser excelente tem menos relação com fazer tudo perfeitamente e mais com fazer o certo mesmo quando ninguém exige isso de você. Tem gente pedindo mais sem ter aprendido a cuidar do pouco. Quer influência, mas não se cala na fofoca. Quer crescimento, mas ainda se recusa a consertar pequenos desvios. Quer ministério, mas negligencia a obediência no privado. O Pai não entrega grandes coisas para quem trata com negligência as pequenas.

Examine suas escolhas mais simples: o modo como você responde, como age, como resolve questões cotidianas. É ali que o Eterno observa quem você realmente é e decide se pode lhe confiar mais.

Oração

Pai, ensina-me a viver com excelência nas coisas mais simples. Que eu não ignore o Teu Espírito quando Ele me confronta no secreto. Dá-me um coração sensível à Tua voz e disposto a mudar. Ajuda-me a ser fiel no pouco e a ser honesto quando ninguém está olhando. Que minha vida seja aprovada por Ti, antes de qualquer aplauso humano. Em nome de Jesus, amém.

ANOTAÇÕES

ANOTAÇÕES

Março

Temos um encontro marcado todo dia 1º às 8h.
Escaneie o QR code para acessar nossa
plataforma e participar da live deste mês!

Mais um mês, *mais uma oportunidade de Deus para você.*

Antes de começar as leituras deste mês, separe alguns minutos para olhar para dentro. Use este espaço com sinceridade e intencionalidade.

Em *Objetivos do Mês*, escreva o que deseja viver com Deus nos próximos dias. Pode ser uma mudança de hábito, uma área da vida que precisa de cura, algo que você queira desenvolver espiritualmente ou até mesmo um simples "quero permanecer firme". Não escreva com pressa. Escreva com fé.

Em *Motivos de Gratidão*, liste tudo aquilo que, mesmo singelo, merece ser lembrado com um coração agradecido. A gratidão transforma a sua forma de enxergar a vida — ela ancora você no que Deus já fez e prepara seu coração para o que Ele ainda vai fazer.

Objetivos do Mês

- ○ ______
- ○ ______
- ○ ______
- ○ ______
- ○ ______

Motivos de Gratidão

______

______

______

______

______

1º DE MARÇO

Corte pela raiz

"Portanto, deixem todo costume imoral e toda má conduta. Aceitem com humildade a mensagem que Deus planta no coração de vocês, a qual pode salvá-los." (Tiago 1:21)

Você já teve uma cutícula inflamada, daquelas que doem só de encostar e que parecem piorar quando ninguém vê? Você tenta aparar, esconder, proteger, mas a dor continua ali, porque o problema não é superficial, está na raiz. É exatamente isso que acontece com algumas dores da alma. Ofensas mal resolvidas, mágoas empurradas para debaixo do tapete, conversas que nunca aconteceram, perdões que nunca foram liberados... A gente se acostuma a conviver com a ferida; faz curativos, muda de assunto, ora superficialmente, e, quando algo ou alguém toca justo ali, tudo vem à tona!

Mais perigoso que não sentir dor é normalizá-la. É viver anos e anos com uma ferida emocional inflamada, achando que faz parte da vida cristã lidar com isso "de vez em quando". Jesus não morreu para nos dar uma vida suportável, mas plena! Isso inclui uma libertação completa, da raiz ao fruto.

Existem áreas da sua vida que continuam adoecidas porque você só tem aparado o excesso, sem remover a raiz. Você precisa fazer isso, porém não está sozinho. O Espírito Santo é perito em cirurgias internas!

Chegou a hora de parar de "empurrar com a barriga" e encarar o que precisa ser tratado. Pode doer e fazer chorar, mas a liberdade que vem depois é tão profunda que você vai se perguntar por que demorou tanto!

Oração

Senhor, não quero viver aparando sintomas. Mostra-me as raízes que precisam ser arrancadas. Dá-me coragem para tratar o que tem me ferido há tanto tempo. Não quero conviver com a dor que já me pediste para deixar. Opera em mim o que só o Teu Espírito pode fazer. Mesmo que doa por um momento, eu confio: a Tua cura é completa. Amém.

2 DE MARÇO

A vontade de Deus às vezes sussurra

"Eu sou o Senhor, seu Deus. Eu os ensino para o seu próprio bem e os guio no caminho que devem seguir." (Isaías 48:17)

O Senhor não vai escrever no céu com letras de fogo o que você deve fazer. Geralmente, Ele vai sussurrar e esperar que você esteja perto o suficiente para ouvir. Já ouvi de um grande homem de Deus que em nenhum dos momentos mais cruciais da sua caminhada o Pai lhe deu ordens espetaculares. O que Ele fez foi empurrá-lo gentilmente para agir com fé, tomar decisões, tentar, orar, se mover.

Há quem viva paralisado esperando o extraordinário enquanto o Eterno está chamando no cotidiano. Ele fala através de uma impressão no coração, de um incômodo, de uma porta fechada, de uma paz inexplicável. Nosso dia a dia esconde as respostas que esperamos. Se você esperar um anjo com uma espada flamejante toda vez que precisar tomar uma decisão, vai passar a vida inteira sem sair do lugar!

O Espírito Santo é um guia, mas não substitui sua responsabilidade de tomar atitudes. Se você não O ouve nas coisas pequenas, não espere grandes direções para os momentos importantes. Deus fala no campo da rotina, como fez com Davi; no silêncio, como fez com Elias; na estrada, como fez com Paulo. Será que você está esperando algo grandioso demais e por isso está perdendo os sinais mais simples?

Oração

Pai, ensina-me a perceber Tua voz mesmo nos detalhes. Livra-me da pressa por respostas espetaculares e dá-me sensibilidade para percebê-Lo no cotidiano. Que eu tenha coragem de obedecer, mesmo quando não houver confirmação visível. Ensina-me a escutar, mesmo quando tudo estiver em silêncio. Que eu não espere o extraordinário para fazer o essencial. Amém.

3 DE MARÇO

Encare-se com a verdade

"Examinem-se para descobrir se vocês estão firmes na fé." (2 Coríntios 13:5a)

O confronto com a verdade sobre nós mesmos é um ponto inevitável na jornada com Deus. Não me refiro àquela que contamos aos outros, nem à imagem bem polida que expomos nas redes sociais. Falo da verdade que conhecemos no silêncio, quando todas as distrações cessam e só restamos nós e o Espírito Santo.

Às vezes, preferimos gastar a vida tentando mudar o outro: o cônjuge que não melhora, o chefe que não reconhece, os filhos que não obedecem. Enquanto oramos por transformação alheia, esquecemos de clamar por nossa transformação interior. Não avançaremos no Senhor se continuarmos evitando o espelho! Você só chegará ao próximo lugar depois de admitir, com humildade, onde está.

O Pai não nos chama à culpa eterna, mas à responsabilidade — a primeira paralisa, a segunda liberta. O que importa não é a verdade sobre o passado da sua mãe, nem sobre o temperamento do seu cônjuge, nem sobre as feridas deixadas por alguém; é sobre quem você tem escolhido ser todos os dias apesar de tudo!

O Espírito Santo não ilumina para condenar, e sim para redimir. Então, se hoje o Senhor está acendendo uma luz em algum canto da sua alma, não fuja. Permita que Ele mostre onde você está, a fim de caminhar com os olhos abertos. Só a verdade revelada no íntimo pode curar aquilo que se repete em segredo.

Oração

Senhor, coloco-me diante do Teu espelho, sem máscaras. Que a Tua verdade venha sobre mim com graça e exatidão. Se há algo que tenho evitado encarar, mostra-me. Dá-me coragem para parar de apontar o dedo e começar a olhar para dentro. Sei que só posso ser transformado se aceitar ser moldado por Ti. Trabalha em mim, com Tua verdade que liberta. Amém.

4 DE MARÇO

Pare de desperdiçar o hoje

"Porque quem receber o descanso que Deus prometeu vai descansar de todos os seus trabalhos, assim como Deus descansou dos trabalhos dele." (Hebreus 4:9-10)

Em Hebreus 4, lemos que os israelitas nunca entraram no descanso de Deus por não terem crido — eles acreditavam por um tempo, mas depois desistiam, esquecendo-se das grandes coisas que o Senhor havia feito por eles. Voltavam a servir seus inimigos e então se arrependiam. O Pai os perdoava, e eles faziam tudo de novo!

Isso também pode estar acontecendo com você. Tem dias que a culpa grita alto. A mente repassa cada atitude errada, cada palavra que não deveria ter sido dita, cada decisão que poderia ter sido melhor. Você olha para cima e diz: "Oh, Deus! Eu estava uma grande bagunça ontem. Tive uma atitude ruim e falei um monte de coisas que não deveria. Sinto muito. Peço perdão."

Pare de desperdiçar o hoje se sentindo mal pelo ontem! O ontem já passou. Está na hora de mudar! Tudo que você pode fazer agora é aprender com seus erros e se arrepender. Não se instale na autopunição, pois isso não honra a cruz. O arrependimento verdadeiro nos move para a frente, não nos aprisiona no que passou. Siga adiante e envergonhe o diabo ao desfrutar deste dia!

Oração

Pai, obrigado por não me tratar segundo os meus erros, mas segundo a Tua misericórdia. Hoje, escolho deixar o ontem onde ele está: para trás. Recebo Teu perdão e descanso na certeza de que a Tua graça me basta. Dá-me sabedoria para aprender com as quedas e força para continuar caminhando. Que eu viva este dia com leveza, propósito e gratidão. Amém.

5 DE MARÇO

Nem tudo que nos prende é visível

"E Sansão orou ao Senhor, dizendo: 'Ó Senhor, meu Deus, peço que lembres de mim. Por favor, dá-me força só mais esta vez [...]'" (Juízes 16:28)

Quando pensamos em prisão, geralmente imaginamos correntes, grades, obstáculos externos. Com a história de Sansão, porém, somos ensinados que as piores amarras não são as feitas de ferro, mas as originadas de más decisões.

Sansão tinha um chamado e uma unção específica, contudo foi enfraquecido por fazer concessões. Um passo de cada vez, uma justificativa aqui, uma distração ali, até que já não havia mais aliança... O que o aprisionou não foi Dalila, foi ele mesmo, que ignorou repetidamente os limites que Deus tinha estabelecido para sua vida.

Esse é o tipo de prisão em que muitos vivem hoje. Não tem cela nem cadeado, ainda assim limita e sufoca. São comportamentos que se repetem, conversas que drenam, ambientes que puxam para baixo... Você percebe, e continua ali, se acostumando com a paralisia e sendo omisso. Assim, vive um ciclo que esvazia sua força, tudo por escolha própria.

Podemos aprender algo para além da tragédia de Sansão. Ele ora, mesmo cego e cercado, reconhecendo que só o Senhor poderia renovar o que perdeu. Se hoje você se sente preso após muitos erros supostamente imperdoáveis, saiba que ainda existe alternativa. Deus pode fortalecê-lo mesmo após a queda! A verdadeira força não vem de evitar todos os erros, mas de saber voltar para a dependência do Pai.

Oração

Senhor, há coisas que me prendem que eu ignoro. Acostumei-me com o que me limita. Peço-Te que me mostres o que ainda precisa ser quebrado. Não quero viver forte por fora e fraco por dentro. Quero ser restaurado na Tua presença! Se me fortaleceres de novo, prometo não desperdiçar essa chance. Amém.

6 DE MARÇO

Não se engane pelas vitrines do mundo

"Aí o Diabo levou Jesus para o alto, mostrou-lhe num instante todos os reinos do mundo e disse: '[...] Isto tudo será seu se você se ajoelhar diante de mim e me adorar.'" (Lucas 4:5-7)

Sabe quando você olha ao redor e se pergunta: "Por que as pessoas que estão vivendo vidas imorais são abençoadas?" Posso responder contando um segredo? O Diabo pode lhe dar bênçãos! Sabe como eu sei disso? Por causa do que ele disse a Jesus nos versos acima. Assim sendo, você não pode julgar se uma pessoa está andando com Deus ou não pelo quão abençoada ela é.

O Diabo não tem escrúpulos para "recompensar" quem se curva a ele, tanto que ofereceu a Jesus glória, fama e poder. Ainda hoje, ele nos faz a mesma proposta disfarçada de sucesso fácil, influência vazia e conquistas que não exigem renúncia. Todavia, essas "bênçãos" têm gosto amargo. São conquistas sem paz, posições sem propósito, posses que nunca bastam. Há sempre um vazio gritando por dentro! Onde Deus não está, não há descanso; a alma segue inquieta, por mais cheio que o bolso esteja.

A verdadeira bênção de Deus vem acompanhada de gratidão! A presença do Espírito Santo produz uma abundância que não se limita ao material – é paz no caos, contentamento na simplicidade e generosidade em tempos de escassez.

Não se engane pelas vitrines do mundo. A verdadeira medida de uma vida abençoada não é o que alguém tem, mas o quanto ela consegue abençoar os outros com o que tem. Aquilo que vem do Pai transforma por dentro antes de se mostrar por fora.

Oração

Senhor, abre os meus olhos para discernir o que é bênção real e o que é engano disfarçado. Não me deixes invejar os caminhos tortuosos que parecem mais fáceis. Planta em mim um coração grato, humilde e generoso. Que eu valorize mais a Tua presença do que qualquer conquista terrena. Que meu viver glorifique o Teu nome. Amém.

7 DE MARÇO

Estou crescendo

"Pois vocês sabem que, quando a sua fé vence essas provações, ela produz perseverança." (Tiago 1:3)

Nem toda dificuldade que enfrentamos é enviada por Deus, mas Ele é mestre em transformar cada provação em um campo fértil de crescimento! Logo, parte da razão pela qual Ele não remove todas as coisas ruins do nosso caminho sempre que queremos, é porque enfrentá-las nos dá prática na paciência, na fé, na perseverança, no domínio próprio e no amor. A melhor coisa a fazer quando estamos lidando com problemas ou sofrendo é dizer: "Eu estou crescendo! Vá em frente, Diabo, faça o seu melhor, ajude-me a crescer. Deus está trabalhando!"

O inimigo pode até ter sido o autor da provação, mas o Senhor será sempre o autor da sua maturidade! Ele aproveita cada curva da estrada, cada vento contrário, cada lágrima derramada no secreto, para forjar em você algo que o conforto jamais poderia produzir.

Da próxima vez que você se questionar "por que está tão difícil?", pergunte-se: "O que o Senhor quer me ensinar?" A dor não é o fim da história. A provação não é um castigo, é um treinamento. Você não está paralisado, está crescendo!

Oração

Senhor, ajuda-me a enxergar os desertos como salas de aula, e não como sinais de abandono. Ensina-me a crescer até quando dói, a confiar mesmo sem ver, a perseverar sem entender. Que cada provação produza em mim um coração mais firme, uma fé mais madura e um caráter mais parecido com o Teu. Eu declaro: estou crescendo. Amém.

8 DE MARÇO

Pare de se justificar

"Quem tenta esconder os seus pecados não terá sucesso na vida, mas Deus tem misericórdia de quem confessa os seus pecados e os abandona." (Provérbios 28:13)

A Bíblia é pontual ao nos mostrar que não existe transformação sem arrependimento. No entanto, podemos nos perder nessa ideia quando o que vemos hoje é uma geração que prefere explicar seus pecados a confessá-los — ao justificar o comportamento, racionalizar as escolhas e suavizar os erros, a pessoa se torna resistente à graça!

Quem encobre o que fez, não prospera. Não importa o quanto ore, oferte ou sirva. Enquanto tentar manter a imagem limpa e a consciência encoberta, não haverá avanço real.

A justificação pessoal é uma forma sutil de orgulho. É o impulso de defender o ego mesmo quando a consciência está acusando, o desejo de parecer "alguém bom" em vez de reconhecer que precisa de misericórdia.

Deus não trabalha em corações que se protegem do confronto. Enquanto você tenta parecer certo, o Espírito Santo não encontra espaço para agir. Enquanto você insiste em minimizar o erro, se distancia do arrependimento que transforma de verdade! Quanto mais você se justifica, mais se acostuma a viver no engano. Quanto mais confortável fica com a aparência, menos sensível fica à verdade.

Hoje, a Palavra nos convida a parar, a tirar a máscara, a abrir mão das explicações e simplesmente admitir: "Eu errei, eu pequei, eu preciso mudar." Essa postura, que parece fraqueza diante dos homens, é exatamente onde Deus começa a restauração verdadeira!

Oração

Senhor, não quero mais esconder o que precisa ser tratado, nem justificar o que me chamas a abandonar. Tira de mim todo orgulho e toda defesa do ego. Leva-me ao arrependimento que transforma não só por fora, mas também por dentro. Amém.

9 DE MARÇO

Deus vê o coração

"Eu o rejeitei porque não julgo como as pessoas julgam. Elas olham para a aparência, mas eu vejo o coração." (1 Samuel 16:7)

Quando comecei a me posicionar nas redes sociais, precisei vencer uma guerra silenciosa: a dos pensamentos autossabotadores. Por dentro, algo sempre me dizia: "Quem é você para ensinar?", "Você não tem um diploma teológico", "Você não é pastora". Eu olhava ao redor e me comparava. Via pessoas com títulos, formações, anos de púlpito, e lá estava eu, só com a minha história e a convicção de um chamado que queimava no peito.

Foi vivendo a obediência no cotidiano — amando minha família, aconselhando mulheres nas redes, gravando vídeos mesmo com medo, orando com quem precisava... — que entendi: o diploma era importante para mim, não para Deus. O Reino não é uma meritocracia de certificados, é um espaço para corações rendidos!

O Pai me treinou nas estações mais improváveis. Me lapidou em momentos que não foram postados. Me enviou quando eu ainda estava duvidando de mim. Ele não espera estarmos prontos segundo o padrão do mundo! O Pai quer nossa entrega real, nossa fidelidade nos bastidores, nossa ousadia de começar mesmo sem ter todas as credenciais.

Hoje, olho para trás com gratidão, não por ter me tornado quem eu "achava" que precisava ser, mas por ter entendido que fui chamada para ser exatamente quem Deus planejou. Isso não se aprende em um curso, se revela no altar da obediência diária.

Oração

Senhor, obrigado por ter me visto e por não exigir de mim um currículo. Perdoa-me por ter deixado o medo me parar e a comparação me paralisar. Hoje, reafirmo: minha confiança está em Ti. Usa-me como quiseres, onde quiseres, com o que eu já tenho. Contigo, eu sou suficiente. Amém.

10 DE MARÇO

Pense como Deus pensa

"[...] deixem que Deus os transforme por meio de uma completa mudança da mente de vocês. Assim vocês conhecerão a vontade de Deus, isto é, aquilo que é bom, perfeito e agradável a ele." (Romanos 12:2b)

Nós temos que aprender a pensar direito se quisermos viver direito! Se você tem o suficiente da Palavra em você, quando um pensamento errado vier imediatamente pode discernir: "Não é de Deus! Eu não vou perder meu tempo remoendo isso." Foi libertador perceber que não sou obrigada a pensar em tudo que surge na minha mente, pois nem todo pensamento é meu. Podemos decidir, com intenção, o que pensar!

Durante muito tempo, deixei minha mente me levar como uma folha ao vento para pensamentos de medo, culpa, comparação, julgamento. Até que a Palavra me ensinou que posso pensar por decisão, não por impulso, de modo que, pouco a pouco, a verdade se tornou o caminho mais natural do meu pensar. A partir de então, quando o pensamento errado chega, já não encontra tanto espaço. Quando a velha mentira bate, escorrega na verdade firmada em mim. E, mesmo que às vezes eu ainda escute as vozes do passado tentando me prender, agora eu sei como responder.

Não há liberdade sem verdade, nem verdade sem confronto – é por isso que o Evangelho não é apenas conforto, é transformação. É a luz que invade os pensamentos escuros e diz: "Isso aí não vem de Deus! Troque esse pensamento! Alinhe sua mente com o céu."

Oração

Pai, ensina-me a discernir meus pensamentos. Dá-me sabedoria para rejeitar o que não vem de Ti e coragem para pensar no que é verdadeiro, puro e digno. Não quero ser refém das mentiras do inimigo, mas um filho guiado pela Tua verdade. Que minha mente seja um lugar de paz, clareza e fé. Renova meus pensamentos. Em nome de Jesus, amém.

11 DE MARÇO

Pela graça e pela fé, não pela força

"[...] sem mim vocês não podem fazer nada." (João 15:5)

Há algo que só quem já se frustrou tentando fazer tudo sozinho consegue entender: a graça não é um prêmio, é uma ponte. Ela não vem como selo para os que acertam, mas como força para os que dependem. A graça é o favor de Deus que, em vez de nos eximir, nos impulsiona e capacita.

Jesus foi direto: "Sem mim, vocês não podem fazer nada." Nada! Não é "quase nada", não é "menos do que o ideal". É nada! Ainda que sejamos disciplinados, dedicados, esforçados, tenhamos rotinas sólidas e metas bem traçadas, se não for Ele o combustível por trás dos nossos passos, tudo se tornará peso.

A graça age onde nossa força acaba — não é uma desculpa para a preguiça, mas um alívio para o esgotamento. É a presença real do Espírito nos fortalecendo de dentro para fora, para que possamos fazer o que Deus espera, mesmo quando isso parece demais para nós. Porque, de fato, é demais sem Ele.

Não viva um cristianismo funcional, onde tudo depende da sua performance. Viva um cristianismo real: movido pela fé, sustentado pela graça, firmado na Presença. Antes de qualquer decisão, diga: "Senhor, não quero fazer nada por mim mesmo. Seja tudo em mim."

Oração

Senhor, declaro minha dependência. Não quero viver no automático, nem confiando apenas na minha disciplina ou força. Vem, Espírito Santo, e dá-me graça, não só o favor que não mereço, mas o poder que me capacita a viver de forma que Te agrade. Que minha vida seja movida pela fé, sustentada pela Tua presença, e nunca pela vaidade do meu esforço. Amém.

12 DE MARÇO

A dor é um alarme da alma

"Foi bom que eu tivesse sido castigado, pois assim aprendi os teus mandamentos." (Salmos 119:71)

A dor pode ser sua maior aliada! Uma pedra no sapato machuca, e é isso que diz que há algo errado; vou ter que parar, ficar descalça e tirar a pedra. Uma dor no ombro pode indicar uma inflamação que precisa ser tratada. Uma dor no casamento pode sinalizar uma negligência emocional. Uma dor nas relações interpessoais pode apontar para o orgulho ou para algumas expectativas irreais. Uma dor física pode esconder um cansaço que o corpo já não consegue disfarçar. E quantas vezes uma dor espiritual aponta para uma fé que virou rotina, para um coração sobrecarregado ou para um altar esquecido?

A dor avisa que tem algo a ser curado. Quem não escuta o alerta da alma corre o risco de se desviar silenciosamente da verdade. É triste perceber que a maioria de nós tenta anestesiar o incômodo se distraindo, racionalizando, correndo... Tudo para não encarar o que precisa ser tratado. No entanto, a dor ignorada, com o tempo, se transforma em uma cicatriz mal curada.

A maturidade espiritual passa, inevitavelmente, pelo enfrentamento sincero do que dói. Só quem ouve a dor pode encontrar a cura verdadeira. Hoje, não peça apenas que Deus tire sua dor. Peça que Ele revele o que ela está querendo lhe mostrar. A dor não é o fim do caminho, mas pode ser o começo de uma reconstrução.

Oração

Senhor, não quero fugir do que me machuca. Dá-me sensibilidade para perceber o que estás me mostrando por meio da dor. Revela o que precisa ser tratado, corrigido, curado. Que eu não viva anestesiado, mas desperto e disposto a tirar toda pedra do caminho, mesmo que isso exija de mim confronto e humildade. Que a dor me leve à Tua verdade. Amém.

13 DE MARÇO

Entre o cansaço e a promessa

"Mas tu não os abandonaste no deserto, pois a tua misericórdia é grande. Não retiraste nem a nuvem nem o fogo que de dia e de noite mostravam a eles o caminho." (Neemias 9:19)

Neemias está liderando um momento em que o povo de Israel, ao retornar do exílio, reconhece publicamente os erros do passado, inclusive a rebeldia e dureza de coração durante a travessia no deserto. Embora tenham feito muitos desvios, Neemias reconhece que Deus não os abandonou – a Presença continuou mesmo quando a obediência oscilou.

É importante lembrar que aquela travessia no deserto durou quarenta anos não porque era esse o plano original do Senhor, mas por consequência da incredulidade e da desobediência do povo. Eles tinham saído do Egito, mas o Egito não saiu deles. O Pai não os abandonou, mas também não os poupou da disciplina.

Esta é uma verdade que evitamos encarar: a presença de Deus não anula as consequências da nossa desobediência. Não é porque você sente a Presença que está tudo certo na sua vida. A compaixão divina é constante, bem como o chamado à responsabilidade pessoal.

Talvez você esteja cansado da caminhada e das idas e vindas causadas pelas suas próprias decisões ou pela repetição de ciclos internos que você já deveria ter vencido. Hoje, a Palavra convida você a parar, olhar para trás com sinceridade e perguntar: estou realmente avançando para a promessa ou estou apenas dando voltas no deserto da minha resistência a Deus? É hora de decidir se você quer andar em círculos mais um ano ou começar a atravessar para a terra que Ele prometeu.

Oração

Senhor, não quero romantizar esse deserto que dói, pesa e desgasta. Se ainda estás comigo, sei que posso continuar. Guia-me quando tudo parecer seco, aquece-me quando tudo parecer frio e faz-me lembrar que a Tua compaixão não me larga nem quando eu já larguei a mim mesmo. Amém.

14 DE MARÇO

Quando o zelo ultrapassa os limites

"É bom vocês terem um interesse sincero sempre e não somente quando estou com vocês." (Gálatas 4:18)

O zelo por Deus é coisa boa! Mas, quando é impulsivo, malconduzido ou motivado por vaidade espiritual, deixa de edificar e começa a atrapalhar. Paulo escreveu aos gálatas para corrigir uma comunidade que tinha começado bem, mas estava se perdendo pela religiosidade emocional. Aqueles cristãos se empolgavam com líderes que os influenciavam com aparência de espiritualidade, mas sem verdade; agiam com zelo, mas sem discernimento. Esse tipo de zelo é perigoso, porque disfarça a imaturidade com a devoção.

Quantas vezes, na intenção de "fazer algo por Deus", alguém atropela processos, ignora conselhos e toma decisões impulsivas? Quantas pessoas trocam a constância pela agitação, a profundidade pela performance e a comunhão pelo barulho? Isso tem sido recorrente!

Saiba, porém, que a maturidade espiritual não se mede pelo quanto alguém faz barulho, mas pelo quanto se mantém firme. Quem é maduro não se apressa em "fazer algo por Deus" só para se sentir útil ou validado, pois entende que nem tudo que parece urgência é direção e nem todo fogo é do Espírito (alguns são só agitação da alma).

Talvez você esteja animado, cheio de planos e de vontade de servir. Reflita, então, se seu zelo é fruto de sabedoria ou de ansiedade espiritual. Você está agindo porque Deus mandou ou porque precisa provar alguma coisa? Zelo com sabedoria frutifica, zelo sem sabedoria só desgasta.

Oração

Senhor, dá-me um coração fervoroso e maduro. Que meu zelo não me empurre para ações impensadas, mas guiadas pela Tua Palavra. Ensina-me a discernir a hora de falar, a hora de agir, a hora de parar. Que eu nunca confunda correria com obediência. Amém.

15 DE MARÇO

Sacuda isso e siga em frente

"No que depender de vocês, façam todo o possível para viver em paz com todas as pessoas." (Romanos 12:18)

Vamos encarar uma verdade: não importa o que faça, o quanto tente ou o quão bom seja, nem todo mundo gostará de você! Às vezes nos machucamos, deixamos isso nos parar e sangramos por meses, carregando maus sentimentos. No momento em que você se machuca, a melhor coisa que pode fazer é dizer para si mesmo: "Pessoas feridas ferem outras pessoas. Eu vou sacudir isso, não vou deixar entrar em mim. Deus, Tu podes me curar e fazer o melhor acontecer."

Mágoas, palavras duras e rejeições machucam, sim! Contudo, o problema não é ser ferido, é deixar a ferida inflamar. É segurar o que devia ser sacudido. É revisitar diálogos que deviam ter sido encerrados. Não alimente o ressentimento chamando isso de "processo". Chegou o tempo de parar de sangrar e dizer: "Senhor, cura-me. Eu não vou carregar mais isso."

Perdoar é escolher a leveza mesmo quando o outro não colabora. É perceber que guardar o que foi dito ou feito é armazenar lixo emocional. Então, da próxima vez que alguém tentar contaminá-lo com sua amargura, lembre-se: pessoas feridas ferem, mas pessoas curadas libertam. Sacuda isso! Entregue, confie e siga.

Oração

Deus, quero Te entregar o que me feriu. Não quero mais carregar ofensas, rejeições ou tentativas frustradas de agradar. Ensina-me a viver em paz até com aqueles que não desejam paz. Dá-me sabedoria para discernir o que devo guardar e o que devo sacudir. Cura qualquer raiz de mágoa e transforma meu coração em um lugar leve, livre e cheio da Tua graça. Amém.

16 DE MARÇO

Você está pronto para o novo?

"Ninguém põe vinho novo em odres velhos. [...] o vinho novo é posto em odres novos, e assim não se perdem nem os odres nem o vinho." (Mateus 9:17)

Há temporadas em que oramos pedindo a Deus algo novo: uma fase nova, novas conexões, um novo projeto, uma nova resposta. Mas será que já somos novos o suficiente para sustentar isso? O "odre velho" pode estar em várias áreas: uma mentalidade limitada, hábitos que não combinam com a vida que desejamos, uma forma ultrapassada de nos relacionar ou até uma resistência em aceitar que crescer dói.

Jesus usou a metáfora do vinho novo para mostrar que nem tudo que é bom pode ser recebido com o mesmo coração de ontem. Há bênçãos que exigem maturidade. Há respostas que só vêm para quem já tem estrutura para carregá-las.

Desenvolver uma nova mentalidade é parte do processo de parar de sabotar o próprio crescimento, de se posicionar, de dizer "não" para o que não se alinha mais. Mudar a maneira de pensar é permitir que Deus renove também a forma como nos movemos no mundo emocional, espiritual e profissional... É entender que o novo assusta, mas o velho já não serve.

O vinho novo exige disposição para desconstrução. Talvez você esteja sendo pressionado porque é na prensa que a essência é extraída. Só haverá vinho se houver entrega!

Oração

Senhor, prepara o meu interior para receber o novo que vem de Ti. Trabalha minha mente, minhas emoções, minhas atitudes. Não quero romper o processo por tentar carregar o Teu vinho com estruturas antigas. Dá-me sabedoria para crescer, coragem para desapegar e humildade para aprender. Que eu esteja pronto e inteiro para viver tudo o que já separaste para mim. Em nome de Jesus, amém.

17 DE MARÇO

O medo não lhe pertence

"Pois o Espírito que Deus nos deu não nos torna medrosos; pelo contrário, o Espírito nos enche de poder e de amor e nos torna prudentes." (2 Timóteo 1:7)

Muitas vezes, abrimos a boca para dizer que temos medo. Quando usamos o verbo "ter", falamos de posse, mas o medo é seu mesmo? Não foi Deus que lhe deu. Tiago diz que toda boa dádiva vem lá do alto, logo o medo não é um presente celestial, por isso não devemos chamá-lo de "nosso".

A Palavra nos lembra que Deus nos deu espírito de poder, amor e equilíbrio. Isso significa que temos acesso a uma mente renovada e sã, capaz de pensar corretamente e discernir entre os pensamentos que merecem espaço e os que precisam ser rejeitados. E o medo? Deve ser colocado para fora!

Alimentar uma mente saudável começa com as palavras que usamos. Em vez de dizer "eu tenho medo", diga "eu tenho fé". Em vez de declarar derrota, profetize coragem. Não se trata de negar a existência de ameaças ou incertezas, e sim de afirmar que o seu espírito é mais forte do que qualquer sombra que tente paralisá-lo.

Pensamentos vêm e vão — os bons devem ser cultivados; os maus, confrontados. Seja vigilante com o que você diz, porque sua boca pode estar construindo os muros onde o medo se esconde.

Oração

Senhor, hoje renuncio ao medo. Recuso-me a chamá-lo de meu! Dá-me uma mente renovada, corajosa e cheia da Tua verdade. Ensina-me a filtrar meus pensamentos pela Tua Palavra e a não me apegar ao que me limita. Eu declaro: tenho fé, tenho poder e tenho equilíbrio, porque tenho o Senhor comigo. Amém.

18 DE MARÇO

O problema não é a tempestade, é o que ela revela

"De repente, começou a soprar um vento muito forte, e as ondas arrebentavam com tanta força em cima do barco, que ele já estava ficando cheio de água. Jesus estava dormindo na parte detrás do barco, com a cabeça numa almofada [...]." (Marcos 4:37-38)

Jesus havia acabado de ensinar os discípulos sobre o Reino e logo depois os levou ao mar. Ele sabia o que viria. A tempestade não foi um imprevisto, foi um contexto pedagógico. Enquanto o barco balançava e as águas invadiam, o Mestre dormia.

Os discípulos lutavam para manter o controle fazendo o que sabiam, contudo, daquela vez, não bastava experiência. Eles se desesperaram! A primeira reação daqueles homens foi duvidar do cuidado de Jesus: "O senhor não se importa?"

A tempestade não gerou incredulidade, só expôs o quanto a fé deles ainda era instável. Estavam perto fisicamente, mas longe de entender Quem estava com eles. Faltava-lhes confiança!

O Pai não expõe nossas fraquezas para nos envergonhar. Ele permite certos confrontos para que enxerguemos o que precisa ser corrigido. O silêncio de Jesus naquele momento não significava indiferença. Era uma forma de ensinar. Era como se dissesse: "Vocês ainda acham que estão sozinhos?" Situações como essa revelam até onde vai nossa confiança. Dizer que crê é fácil enquanto tudo está sob controle. Quando o cenário vira, o que fica evidente é se a nossa fé depende de resultado ou de relacionamento.

Oração

Jesus, ensina-me a confiar no Teu silêncio. Quando eu não entender o que está acontecendo, não me deixe questionar o Teu caráter. Fortalece minha fé para que ela não desmorone quando o vento soprar. Ajuda-me a reconhecer quando a tempestade tem menos a ver com o mar e mais com o que está acontecendo dentro de mim. Amém.

19 DE MARÇO

Representantes de Deus

"Então ele disse: 'Vão pelo mundo inteiro e anunciem o evangelho a todas as pessoas.'" (Marcos 16:15)

Deus poderia ter usado anjos, manifestações sobrenaturais ou qualquer outro recurso para fazer Seu nome conhecido, mas escolheu pessoas comuns para representá-Lo: homens e mulheres imperfeitos, limitados e dispostos a viver de maneira diferente em um mundo que insiste em ser igual. Quando Jesus ascendeu aos céus, deixou para trás uma missão simples e poderosa: "Ide."

Nem todos vão subir em um púlpito, escrever livros, liderar ministérios ou ter grandes audiências, mas todos nós fomos comissionados. Quando Ele disse "vão pelo mundo todo", não falava apenas de geografias distantes, mas do espaço ao seu redor: seu lar, seu trabalho, suas redes sociais, sua roda de amigos.

Enquanto muitos esperam grandes sinais, Deus quer usar você com gestos simples e profundos: uma palavra de encorajamento, um ato de generosidade, uma postura íntegra... Representar o Altíssimo é andar diferente, é oferecer misericórdia quando o mundo exige desempenho.

Não raro, o Evangelho que as pessoas vão ler é a sua vida! A forma como você perdoa, escuta, responde e serve pode abrir mais corações do que qualquer discurso. Você não precisa fazer algo grandioso para viver seu chamado, apenas viva com propósito. Seja sal e luz! Seja o reflexo daquEle que o chamou.

Oração

Senhor, obrigado por confiar em mim para ser Teu representante neste mundo. Que minha vida reflita Teu amor, Tua verdade e Tua graça aonde quer que eu vá. Dá-me sensibilidade para enxergar as necessidades ao meu redor e ousadia para agir com fé. Que meu comportamento e minhas atitudes comuniquem quem Tu és, mesmo sem palavras. Amém.

20 DE MARÇO

Nem toda porta trancada é obstáculo

"Deus disse a Balaão: 'Não vá com eles [...]'." (Números 22:12)

Nem todo "não" que você ouve é prejuízo. Às vezes, é Deus o impedindo de ir onde você não tem mais nada para fazer. Balaque, rei de Moabe, enviou mensageiros para contratar Balaão, um profeta conhecido por suas palavras de peso espiritual. A proposta era tentadora: influência, recompensa e poder. Mas Deus foi claro: "Não vá." Só que Balaão hesitou! Talvez esperasse que o Senhor mudasse de ideia, ou que, com a motivação certa, convencesse o céu a ceder.

Essa história é mais comum do que parece. Nem sempre resistimos ao pecado escancarado. Costumamos insistir em oportunidades que parecem boas, mesmo quando Deus já nos deu uma direção. A pressa por querer fazer dar certo nos faz pegar um atalho; e, assim, acabamos dividindo nosso coração entre obediência e insistência.

A proteção divina pode ter cara de frustração: porta fechada, acesso negado, sonho adiado. Dói muito, eu sei! Entretanto, melhor é viver com uma porta fechada por Deus do que com o caminho livre e sem a bênção dEle.

Se hoje você está diante de uma resposta que parece dura e difícil, pare! Não tente forçar! Não negocie com aquilo que Deus já sinalizou que não é para você. Algumas interrupções são livramentos; existem "nãos" que salvam a sua história.

Oração

Pai, ensina-me a aceitar o Teu "não" como cuidado, e não como castigo. Se houver alguma área da minha vida onde eu ainda insisto em seguir por conta própria, confronta-me com clareza. Tira do meu coração a pressa de chegar onde o Senhor nunca me enviou. Se a porta está fechada, ajuda-me a discernir Tua proteção. Eu quero seguir a Tua vontade, mesmo quando ela interrompe a minha. Amém.

21 DE MARÇO

Santidade é um processo

"Portanto, todos nós, com o rosto descoberto, refletimos a glória que vem do Senhor. Essa glória [...] vai nos tornando cada vez mais parecidos com o Senhor, que é o Espírito." (2 Coríntios 3:18)

A santidade não é uma medalha para poucos, é um processo diário para todos os que se rendem ao Espírito. O mesmo Deus que nos chama à santidade é o que nos capacita para vivê-la. Ele não exige perfeição, mas entrega; não quer performance, mas um coração moldável. A santidade é uma semente, e, como toda semente, precisa de tempo, espaço e cuidado para crescer.

É o Espírito Santo que realiza essa obra dentro de nós. Ele nos consola quando caímos, nos ensina quando estamos confusos, nos alerta quando nos desviamos. Ele é amigo, professor e presença fiel. Acima de tudo, Ele nos transforma. Aquilo que hoje ainda é luta, amanhã pode ser testemunho, porque o Espírito não desiste de quem Deus ama.

O mais lindo de tudo isso é saber que o Senhor se importa demais para nos deixar como estamos. Ele nos encontra na bagunça, porém não nos abandona ali. Ele planta virtude onde antes havia egoísmo, cultiva mansidão onde havia raiva, ensina domínio próprio onde só havia descontrole. Esse é o milagre do processo de santificação!

Oração

Espírito Santo, obrigado por estar comigo em cada passo da jornada. Molda o meu coração, transforma a minha mente e renova o meu caráter. Que eu não resista ao Teu toque, nem fuja da Tua correção. Faz crescer em mim as sementes que plantaste. Eu Te entrego hoje o que ainda não consigo mudar sozinho, crendo que és fiel para completar a boa obra. Amém.

22 DE MARÇO

Quando você faz tudo certo e ainda dá errado

"Mas Josias não voltou atrás; ele não quis dar atenção ao aviso que Deus estava dando por meio do rei Neco. [...]. Josias morreu e foi sepultado nos túmulos dos reis." (2 Crônicas 35:22, 24)

Josias era um rei jovem e diferente. Ele temia a Deus, restaurou a adoração verdadeira em Judá, derrubou altares pagãos, renovou a aliança com o Senhor e liderou com muita coragem. Tudo indicava que sua história terminaria com honra e paz, entretanto seu fim chegou no campo de batalha de forma inesperada.

Josias decidiu enfrentar o rei Neco, do Egito, mesmo tendo sido alertado de que aquela guerra não lhe dizia respeito. O resultado foi sua morte. Essa história parece com a nossa em certos momentos. Quando estamos firmes, fazendo tudo com sinceridade, obedecendo, e, de repente, algo desmorona, nos perguntamos: "Onde foi que eu errei?"

Não é porque fizemos quase tudo certo que podemos ignorar a voz dEle em áreas específicas. A fidelidade de ontem não substitui a sensibilidade de hoje. Nenhuma boa intenção é suficiente para garantir que estamos sempre no caminho certo.

O que aconteceu com Josias foi excesso de autoconfiança. Ele não discerniu que, embora estivesse bem-intencionado, estava entrando em algo que Deus não o havia chamado para enfrentar. Se você está vivendo algum tipo de frustração mesmo depois de ter obedecido, não se culpe, mas reflita com honestidade: será que o desejo de fazer o bem o impediu de perceber que essa batalha não era sua?

Deus não recompensa esforço fora da vontade dEle. Ele honra quem O ouve e continua ouvindo até o fim.

Oração

Senhor, eu não quero obedecer parcialmente. Dá-me sensibilidade para discernir quando a minha vontade está se disfarçando. Se houver alguma direção que ignorei por achar que sabia o suficiente, mostra-me. Corrija os meus passos antes que eu pague caro por uma escolha precipitada. Amém.

23 DE MARÇO

A melhor parte muda com a estação

"Mas apenas uma é necessária! Maria escolheu a melhor de todas, e esta ninguém vai tomar dela." (Lucas 10:42)

Jesus estava na casa de Marta. Sua presença enchia o ambiente, mas Marta estava ocupada com muitas tarefas. Enquanto isso, Maria sentou-se aos Seus pés, ouvindo cada palavra, pois entendeu que, naquela hora, a melhor parte não era a cozinha, era o coração em silêncio.

Nem sempre a melhor parte será parar tudo. Às vezes, a estação exige movimento, decisão, organização, plantio. Em outras, a melhor parte é mesmo o recolhimento, a escuta, o descanso. A sabedoria está em discernir que tempo é esse!

Quantos de nós insistem em ser Marta quando Deus nos chama a ser Maria? Quantas vezes tentamos nos calar quando o momento é de agir? A maturidade nos ensina que a melhor parte não é uma fórmula, é uma escolha alinhada com o céu e com a estação atual. Há momentos de recomeçar, outros de consolidar. Há dias de arregaçar as mangas, e outros em que a única tarefa é sentar-se aos pés de Jesus. A confusão nasce quando tentamos viver todas as partes ao mesmo tempo, carregando pesos que não foram designados para o hoje.

Que o Espírito nos ensine a reconhecer o tempo. Que saibamos identificar o que é prioridade agora, sem culpa, comparação e agitação desnecessária. Porque a melhor parte de hoje pode não ser a mesma de ontem, e isso não é inconstância, é obediência.

Oração

Senhor, dá-me olhos espirituais para discernir o tempo que estou vivendo. Ensina-me a escolher a melhor parte para hoje, seja ela o silêncio ou a ação, o descanso ou a construção. Livra-me da comparação e da cobrança que me fazem perder o foco. Eu quero Te seguir em paz, com sabedoria e sensibilidade. Guia minhas escolhas e fortalece meu coração. Amém.

24 DE MARÇO

Uma fé limpa começa com uma consciência limpa

"Conserve a sua fé e mantenha a sua consciência limpa. Algumas pessoas não têm escutado a sua própria consciência, e isso tem causado a destruição da sua fé." (1 Timóteo 1:19)

Não existe travesseiro mais pesado do que uma consciência acusadora. Não importa o quanto da Bíblia você saiba, quantas orações faça, ou quantas boas obras pratique; se há algo mal resolvido entre você e Deus, sua alma não encontra repouso!

A consciência limpa não nasce da perfeição, mas da sinceridade. O Eterno não espera que sejamos impecáveis, mas que sejamos íntegros. Se há algo que precisa ser confessado, confessemos. Se há alguém a quem precisamos pedir perdão, peçamos. Se estamos lutando com um vício ou comportamento, levemos isso diante do Pai com humildade e persistência. A culpa não precisa ser sua morada; pode ser o ponto de partida para a sua cura.

Uma fé poderosa não se constrói com técnicas espirituais, e sim com um coração em paz diante de Deus. Quando há paz interior, há liberdade para confiar e para orar com ousadia. A vergonha paralisa, e a culpa adoece, porém a verdade liberta.

Hoje, Deus está chamando você para essa liberdade! Mais que usar você, Ele quer restaurar sua essência! Nada é mais valioso do que uma fé viva que nasce de uma consciência em paz.

Oração

Senhor, quero preservar minha fé e viver com uma consciência limpa diante de Ti. Se há algo que me afasta da Tua presença, mostra-me com clareza. Dá-me coragem para consertar o que precisa ser consertado e liberdade para seguir com o coração leve. Tua graça me fortalece, e eu creio que posso viver de forma íntegra Contigo. Amém.

25 DE MARÇO

Celebre seu progresso

"Pois eu estou certo de que Deus, que começou esse bom trabalho na vida de vocês, vai continuá-lo até que ele esteja completo no Dia de Cristo Jesus." (Filipenses 1:6)

Quem ama a Deus geralmente carrega um desejo constante de mudança. Queremos amadurecer, melhorar nossas atitudes, ser mais parecidos com Jesus. Isso é bom, desde que não se transforme em cobrança. Quando olhamos para o que ainda precisa ser consertado com tanta intensidade, esquecemos do quanto já avançamos.

Durante muito tempo, fui especialista em me sabotar. Me criticava com dureza, não por ser quem eu era, mas por não ser quem eu queria me tornar. Me comparava com uma versão futura de mim mesma e me acusava por não ter chegado lá ainda. Isso me impedia de enxergar meus pequenos avanços e de agradecer por eles.

O caminho da fé é feito de passos nem sempre largos, mas contínuos. Cada vez que você escolhe se calar para manter a paz, se manter firme quando tudo que queria era fugir, ou se levantar da cama em um dia difícil, isso importa e deveria ser celebrado — você não está mais no mesmo lugar!

Focar somente as falhas distorce a realidade. Não é humildade, é ingratidão. Em contrapartida, reconhecer o progresso não é orgulho, é gratidão. É saber que, sem Ele, você nem teria saído do lugar. Celebrar cada fase é uma forma de dar glória a Deus pelo que Ele já está fazendo!

Então, respire, olhe com mais compaixão para a sua jornada, agradeça. Isso também é maturidade espiritual.

Oração

Senhor, obrigado por não desistir de mim e por continuar a boa obra que começou. Livra-me da autocrítica paralisante e ensina-me a reconhecer o quanto já fui transformado. Que eu não espere minha versão final para Te glorificar. Quero aprender a celebrar o Teu agir em cada detalhe do processo. Em nome de Jesus, amém.

26 DE MARÇO

O tempo não cura o que não foi confessado

"Enquanto não confessei o meu pecado, eu me cansava, chorando o dia inteiro." (Salmos 32:3)

Davi sabia o peso de viver em silêncio diante do próprio erro. Ele não ignorava Deus, nem deixou de crer, mas, por um tempo, tentou seguir em frente como se nada tivesse acontecido. Ele carregava a culpa e continuava a reinar.

Só que a alma não mente. A aparência pode estar firme, porém, quando há pecado não confessado, o coração sangra por dentro. O versículo lido é a descrição de alguém que acreditou que o silêncio resolveria o que só a verdade podia curar. É comum pensar que o tempo ameniza tudo, mas ele não cura o que o arrependimento não alcançou. O que é ignorado não é superado, apenas fica oculto, corroendo lentamente o que antes era vivo.

O Pai não nos chama para viver sob condenação, pois nos convida a uma liberdade que exige verdade. A restauração que Deus oferece começa na exposição sincera do que preferimos esconder! Não existe liberdade real onde ainda se preserva o disfarce.

Algumas estagnações não vêm da ausência de direção, mas da decisão de manter escondido o que já deveria ter sido tratado. O que tem bloqueado o avanço da sua vida pode ser a falta contínua de verdades confessadas. O silêncio prolongado intoxica a alma. Se for esse o seu caso, não adie mais. Diga com clareza: "Senhor, aqui está. Não quero mais esconder aquilo que desejas transformar."

Oração

Deus, eu não quero mais fingir que está tudo bem quando sei que algo ainda me prende. Perdoa o meu silêncio, minhas tentativas de seguir em frente ignorando o que precisa ser tratado. Ensina-me a confessar com verdade e a viver com leveza novamente. Amém.

27 DE MARÇO

Quando Deus o ajuda, Ele também o move

"Portanto, a fé é assim: se não vier acompanhada de ações, é coisa morta." (Tiago 2:17)

É muito comum que nossa primeira reação diante de um desafio seja orar. Isso está certo, porque buscar o Senhor deve ser sempre o primeiro passo. Mas há uma diferença entre pedir socorro e realmente desejar ser ajudado.

Muitas vezes, o que estamos pedindo a Deus é que Ele resolva tudo por nós! No entanto, Ele não costuma agir onde existe passividade. Quando oramos pedindo ajuda, precisamos estar preparados para levantar e cooperar com a direção que Ele nos der. A ajuda dEle vem em forma de instrução, de oportunidade, de confronto e de coragem para dar o próximo passo.

Você pode estar pedindo mudança, mas o Senhor pode responder com um comando; pode estar pedindo libertação, mas Ele pode exigir um posicionamento; pode estar pedindo restauração, mas Ele pode apontar para o perdão. Deus não vai fazer aquilo que espera que você faça. Ele é parceiro, não substituto!

A fé verdadeira não paralisa, e sim ativa. Por isso, quando você disser: "Senhor, me ajuda", esteja disposto a obedecer e pronto para agir. A resposta divina quase sempre virá com uma tarefa! Deus não vai fazer coisa alguma por nós enquanto estivermos sentados sem fazer nada.

Oração

Senhor, perdoa-me por tantas vezes esperar que o Senhor faça tudo por mim enquanto eu fico parado, esperando milagres sem mover um dedo. Ajuda-me a entender que a Tua ajuda também exige ação. Dá-me discernimento para ouvir Tua voz e coragem para obedecer, mesmo quando for difícil. Que eu seja ativo na fé e pronto a cooperar com o que o Senhor está fazendo. Amém.

28 DE MARÇO

O que você foca, cresce

"Porque nós não prestamos atenção nas coisas que se veem, mas nas que não se veem. Pois o que pode ser visto dura apenas um pouco, mas o que não pode ser visto dura para sempre." (2 Coríntios 4:18)

O ambiente ao nosso redor pode ser barulhento. Problemas gritam, frustrações chamam pelo nosso nome... Há dias em que parece que tudo está desorganizado dentro e fora de nós, mas há um princípio espiritual que muda a forma como caminhamos na vida: o foco.

Aquilo que você escolhe enxergar, cresce. Se você se fixa nas suas falhas, elas parecerão maiores. Se você se prende ao que não tem, o vazio parecerá ainda mais fundo. Se você passa a valorizar as pequenas ações de Deus em seu interior, algo se transforma!

O Eterno está agindo mesmo quando as circunstâncias ainda não mudaram. Ele está amadurecendo você, limpando seus pensamentos, restaurando sua identidade, ensinando-o a permanecer de pé. Isso deve ser celebrado — não o que os olhos veem, mas o que só o Espírito pode revelar.

Olhe com mais atenção. Algo bom está acontecendo aí dentro! Mesmo que pareça pequeno, é precioso. Se você focar a confusão, ela cresce; se focar o processo divino, é o céu que cresce dentro de você! Se você cultivar esse foco, o que está fora perderá força e o que está dentro enraizará.

Oração

Senhor, ajuda-me a tirar os olhos do que falta, do que dói, do que ainda não foi resolvido. Ensina-me a enxergar o que o Senhor já está fazendo dentro de mim. Quero fixar meus olhos no invisível, no que é eterno, na transformação que começa em silêncio. Dá-me um coração grato e olhos sensíveis para reconhecer minhas pequenas vitórias. Amém.

29 DE MARÇO

Nem toda oportunidade é bênção

"Então eles disseram a Davi: 'Esta é a sua oportunidade! [...]' Então disse aos seus homens: 'O Senhor Deus me livre de fazer algum mal ao meu senhor, que ele escolheu como rei! [...]'." (1 Samuel 24:4, 6)

Davi tinha tudo a seu favor! Estava escondido numa caverna quando então entrou Saul, o homem que o perseguia injustamente havia anos! Para os soldados de Davi, era claro: "É Deus! Ele lhe entregou Saul!" A oportunidade parecia perfeita! Era sua chance de se livrar do inimigo e assumir o trono que lhe estava prometido.

Mas Davi recuou. De fato, nem toda chance favorável vem de Deus. Nossa "melhor oportunidade" pode ser, na verdade, nosso maior teste. Quantas vezes, diante de algo aparentemente ideal, somos tentados a chamar de bênção o que, no fundo, é armadilha disfarçada de avanço? É fácil confundir conveniência com direção. Esse homem entendeu algo que muitos deixam escapar: Deus não contradiz o próprio caráter para cumprir Suas promessas. A honra que Ele constrói não é baseada em atalhos.

Entenda: toda oportunidade que exige que você fira seus valores não é bênção! A porta que o afasta da obediência não foi aberta pelo céu, foi apenas tolerada para revelar seu coração.

O que está diante de você? Um convite, uma proposta, uma resposta "rápida" para o que você esperou por tanto tempo? Antes de dar um passo, pergunte-se: "Isso me foi dado pelo Senhor ou apenas permitido por Ele para me testar?"

A pressa abre atalhos, mas a maturidade escolhe permanecer no caminho certo, mesmo quando exige espera.

Oração

Senhor, ensina-me a discernir entre o que parece certo e o que realmente vem de Ti. Não quero tomar decisões apenas pelo que me soa favorável. Quero seguir o Teu tempo com integridade, ainda que o caminho seja mais longo. Prefiro obedecer em silêncio do que colher os frutos apressados de uma escolha precipitada. Amém.

30 DE MARÇO

Fé é saber esconder e saber soltar

"Ela viu que o menino era muito bonito e então o escondeu durante três meses." (Êxodo 2:2b)

Quando o Faraó decretou a morte dos recém-nascidos hebreus, Joquebede não entrou em pânico, nem se conformou. Ela acreditava na vida que carregava, mesmo diante de um cenário de morte, e criou uma estratégia para proteger o menino. Por três meses, escondeu seu filho com coragem e sabedoria.

Talvez você também esteja enfrentando alguns decretos de morte que não são físicos, mas emocionais, espirituais ou familiares. Quem sabe, como Joquebede, precise aprender a guardar em silêncio aquilo que Deus confiou a você. Existem promessas que precisam ser escondidas por um tempo, longe dos olhares que não as entenderiam.

Por outro lado, também chega o momento em que esconder não é mais possível, e a fé precisa dar um novo passo: soltar. Joquebede discerniu que o tempo havia mudado. Quando não era mais seguro escondê-lo, ela colocou seu filho no cesto e o entregou ao rio sem saber o que aconteceria, mas sabendo em Quem confiar.

Às vezes, a fase muda, e você precisa soltar o controle, a expectativa, o medo, precisa confiar que o mesmo Deus que esteve presente no esconderijo também está presente na travessia. Sua fé precisa amadurecer para proteger quando é hora de guardar e liberar quando é hora de entregar. Fé não é segurar para sempre; também é soltar quando Deus diz: "Agora é Comigo."

Oração

Pai, dá-me sabedoria para entender o tempo de cada coisa. Que eu tenha coragem para proteger quando for necessário e ousadia para soltar quando for a hora. Livra-me da ansiedade de controlar tudo e ensina-me a confiar que continuas no comando. Amém.

31 DE MARÇO

Você está amadurecendo ou se justificando?

"O tolo mostra toda a sua raiva, mas quem é sensato se cala e a domina." (Provérbios 29:11)

Nem tudo que é comum deve ser normalizado. Com o tempo, vamos nos acostumando a conviver com padrões emocionais que entristecem a Deus e passamos a justificá-los com frases prontas: "Sempre fui assim", "É o meu jeito mesmo", "Deus conhece o meu temperamento", "Ele sabe que eu tenho uma personalidade forte". De fato, o Senhor nos conhece, mas também nos chama à transformação. A Palavra é clara: o insensato dá vazão à ira, o sábio, não!

Domínio próprio não é uma questão de personalidade, é fruto do Espírito, e, onde o Espírito governa, o comportamento muda. Uma vida espiritual saudável se revela no modo como se reage quando não está tudo bem, na forma como se trata os outros durante o conflito, e na humildade para perceber que, às vezes, o problema é interno e precisa ser confrontado com a verdade.

Justificar comportamentos desequilibrados em nome da autenticidade é uma forma sutil de orgulho. Com o passar do tempo, é fácil se acostumar com áreas não tratadas, desde que estejam bem justificadas. Mas justificativas não geram fruto, só atraso.

Crescer em Cristo não é apenas ser consolado por Ele, é se permitir ser moldado, pois o Evangelho não veio só para nos consolar, e sim para nos confrontar e transformar. Todo coração que se rende, cedo ou tarde, se transforma. Você tem crescido ou apenas aprendido a se explicar melhor?

Oração

Senhor, não quero mais me esconder atrás de justificativas. Se há em mim atitudes que entristecem o Teu Espírito, confronta-me com amor e transforma-me com graça. Que meu temperamento não seja uma desculpa para a estagnação, mas um campo fértil para o Teu domínio. Amém.

ANOTAÇÕES

Abril

Temos um encontro marcado todo dia 1º às 8h.
Escaneie o QR code para acessar nossa
plataforma e participar da live deste mês!

Mais um mês, *mais uma oportunidade de Deus para você.*

Antes de começar as leituras deste mês, separe alguns minutos para olhar para dentro. Use este espaço com sinceridade e intencionalidade.

Em *Objetivos do Mês*, escreva o que deseja viver com Deus nos próximos dias. Pode ser uma mudança de hábito, uma área da vida que precisa de cura, algo que você queira desenvolver espiritualmente ou até mesmo um simples "quero permanecer firme". Não escreva com pressa. Escreva com fé.

Em *Motivos de Gratidão*, liste tudo aquilo que, mesmo singelo, merece ser lembrado com um coração agradecido. A gratidão transforma a sua forma de enxergar a vida — ela ancora você no que Deus já fez e prepara seu coração para o que Ele ainda vai fazer.

Objetivos do Mês

- ○ ______________________
- ○ ______________________
- ○ ______________________
- ○ ______________________
- ○ ______________________

Motivos de Gratidão

____

____

____

____

____

1º DE ABRIL

O custo invisível da mentira

"Vocês são filhos do Diabo e querem fazer o que o pai de vocês quer. [...] Quando o Diabo mente, está apenas fazendo o que é o seu costume, pois é mentiroso e é o pai de todas as mentiras." (João 8:44)

Muitos fazem piada com a mentira no dia de hoje, afinal é o chamado Dia da Mentira. Mas, para quem leva o Evangelho a sério, não há espaço para brincar com aquilo que destrói relacionamentos, compromete a integridade e fere a comunhão com Deus.

Mentir não é só dizer algo falso; é esconder, distorcer, exagerar, omitir e manipular. Por trás de toda mentira, existe uma raiz de medo, orgulho ou insegurança e um rastro de prejuízos emocionais, espirituais e até físicos.

A mentira nunca vem sozinha: nos afasta da luz, compromete nossa paz, nos obriga a sustentar versões falsas e nos coloca em aliança com aquele que é chamado na Bíblia de "pai da mentira". Em outras palavras, ao mentir, nos desconectamos do caráter divino e nos aproximamos da natureza do inimigo.

Quantas mentiras você tem alimentado sobre sua realidade? Talvez você diga que seu casamento está sem solução, quando, na verdade, o que falta é comunicação e humildade. Talvez justifique um corpo adoecido culpando a "genética" quando, na verdade, são hábitos desgovernados. Talvez diga que não consegue prosperar, quando, na verdade, gasta mais do que ganha, procrastina ou evita o confronto com suas finanças.

A verdade é urgente, ainda que seja desconfortável. Viver na verdade é caminhar em liberdade. Pode custar mais no início, mas é sempre libertador.

Oração

Senhor, purifica meu coração e meus lábios. Que a verdade seja minha linguagem diária, ainda que me confronte. Livra-me da tendência de maquiar, esconder ou omitir. Que meu compromisso com a verdade seja maior do que meu medo da rejeição. Que minha vida seja vivida diante da Tua luz, com integridade e coragem. Amém.

2 DE ABRIL

Nem sempre eu sinto, mas eu sei

"Pois, se o nosso coração nos condena, sabemos que Deus é maior do que o nosso coração e conhece tudo." (1 João 3:20)

Quantas vezes você já começou o dia se sentindo desmotivado, sem energia, sem fé; sem vontade de ser gentil, de orar, de perdoar, de tentar de novo? Nossos sentimentos são reais, mas não devem nos governar; eles nos visitam, mas não devem ter autoridade para decidir nosso rumo, afinal oscilam demais! Se vivermos por eles, passaremos a vida inteira parando e voltando.

Eu já passei por isso. Já deixei de fazer o que era certo só porque eu não estava sentindo que deveria. Já fiquei paralisada esperando um ânimo que nunca chegou. Até que entendi que ser maduro não é sentir que está pronto, é escolher agir mesmo sem sentir.

Você pode amar sem estar com vontade. Pode perdoar sem ter superado tudo. Pode seguir em frente mesmo com o coração apertado. Isso porque você não é o que sente! Você é o que decide ser todos os dias, inclusive nos mais caóticos.

Pare um instante e reflita: quais atitudes você tem deixado de tomar porque está esperando sentir vontade? Que conversas, decisões ou recomeços estão parados aí dentro porque você ainda não "se sente pronto"? Que tal decidir fazer o que é certo hoje, mesmo sem vontade?

Oração

Senhor, eu sou grato porque és maior do que meus sentimentos. Nem sempre me sinto forte, nem sempre tenho vontade de fazer o que é certo, mas sei que posso escolher obedecer. Ajuda-me a não ser guiado pelas minhas emoções, mas pela Tua Palavra. Dá-me sabedoria para perceber quando estou me deixando paralisar pelo que sinto. Hoje, eu escolho Te seguir, com ou sem vontade. Amém.

3 DE ABRIL

Queimados, mas não amargurados

"Tomem cuidado para que ninguém abandone a graça de Deus. Cuidado, para que ninguém se torne como uma planta amarga que cresce e prejudica muita gente com o seu veneno." (Hebreus 12:15)

Ser ferido é inevitável, faz parte da experiência humana. O que muda tudo é o que a gente faz com essa dor. Tem quem se feche, se vingue, carregue tudo calado como se fosse forte, e tem quem transforme a dor em amargura sem perceber. A amargura é traiçoeira — entra de mansinho, com uma conversa despretensiosa ou um desabafo "inocente" que se repete por semanas. Quando menos se espera, ela vira um "filtro"; tudo o que você vê, ouve e sente começa a passar pelo filtro do ressentimento!

É por isso que o texto de Hebreus não fala apenas sobre cuidar da própria alma, mas também de ajudar o outro a não se perder da graça. Não raro, nosso papel na vida de alguém é puxá-lo de volta antes que o coração dele se endureça! A dor faz parte do caminho, mas, se não houver vigilância, ela contamina a perspectiva e endurece o coração.

Quando a amargura se instala, transborda nas palavras, nos conselhos, nas reações. Por isso, cuidar da própria alma é também um ato de responsabilidade com os que estão por perto. Amar alguém pode ser interromper o ciclo da queixa e, com sabedoria, lembrar: continuar preso ao que feriu não cura, só prolonga o que já deveria ter terminado. Quem ama não alimenta a dor do outro, mas confronta com amor e ajuda a limpar a ferida. A graça só alcança quem tem coragem de soltar a mágoa.

Oração

Senhor, ajuda-me a manter o coração livre de qualquer raiz de amargura. Não quero viver carregando mágoas disfarçadas de conversas. Dá-me sabedoria para cuidar das minhas feridas e também para ajudar quem está ao meu redor a cuidar das deles. Que eu seja um canal de cura, não de contaminação. Em nome de Jesus, amém.

4 DE ABRIL

Permissão para não ser perfeito

"Mas, onde aumentou o pecado, a graça de Deus aumentou muito mais ainda." (Romanos 5:20)

Já carreguei um peso que Deus nunca colocou sobre mim. Eu achava que, para ser usada por Ele, precisava ser impecável. Me cobrava demais e tinha muitas críticas a meu respeito. Sempre que algo dava errado, eu me sentenciava: "Você ainda não está pronta." Até que um dia, orando, ouvi algo que transformou minha maneira de caminhar: "Eu lhe dou permissão para cometer erros."

Isso me quebrou! O Senhor não estava dizendo que meu pecado era leve ou insignificante, e sim me ensinando que não espera perfeição. Enquanto eu estiver disposta a aprender, Ele estará disposto a me moldar.

Foi aí que entendi que, se eu pudesse ser perfeita, não precisaria de Jesus. Mas eu preciso. Todo dia! E tudo o que Ele espera é que eu não desista de caminhar só porque tropecei. O verdadeiro fracasso não está em errar, mas em parar de tentar – isso eu decidi que não faria mais.

Talvez hoje você esteja frustrado com um erro que cometeu, se sentindo incapaz e inadequado, ou tentando esconder suas fraquezas para manter uma aparência de força. E se eu lhe dissesse que é justamente nessa vulnerabilidade que Deus quer agir? Não para envergonhar você, mas para usá-lo com graça!

Jesus não veio para os que dão conta de tudo, mas para os sobrecarregados e imperfeitos que desejam viver em santidade. Calma... Um passo de cada vez.

Oração

Deus, agradeço por sentir Tua graça até mesmo no meu limite.. Ajuda-me a não viver sob o peso da autocrítica, mas sob a leveza da Tua verdade. Ensina-me a continuar, mesmo quando falho. Que eu nunca me esconda da Tua presença, mas me entregue, crendo que o Senhor me aperfeiçoará no caminho. Amém.

5 DE ABRIL

Você não precisa responder tudo o que ouve

"Não fique escutando tudo o que os outros dizem, pois poderá ouvir o seu empregado falar mal de você." (Eclesiastes 7:21)

Ouvir algo que contraria, fere ou distorce a verdade tem o poder de inquietar até os mais pacíficos. Nosso instinto natural é reagir, buscar explicações, esclarecer os fatos, apresentar argumentos, talvez até revidar com a mesma intensidade, entretanto sabedoria e instinto nem sempre caminham juntos.

Eclesiastes nos dá um conselho simples: há momentos em que "fingir-se de bobo" é sinônimo de maturidade e sabedoria. Não se trata de negar a dor que certas palavras causam, mas de recusar-se a ser guiado e ficar ofendido por elas. Há situações em que silenciar é a forma mais assertiva de preservar a alma!

Sei que o tempo em que vivemos estimula respostas rápidas e defesas instantâneas, mas nem tudo que é dito merece espaço em sua mente e no seu coração; nem toda opinião precisa ser debatida. O Espírito Santo nos convida a um tipo de domínio que vai além do autocontrole — é a habilidade de filtrar o que chega até os ouvidos para que não contamine o coração. Fazemos isso simplesmente ignorando!

Precisamos reconhecer que existem batalhas que não merecem nosso foco e desgaste, e palavras que não precisam de resposta, e sim de discernimento. Se algo o feriu hoje, não se apresse em reagir. Ore antes de decidir o que vale ser dito e o que é melhor deixar passar.

Oração

Senhor, Tu conheces o que ouvi e o que senti. Peço sabedoria para reagir com equilíbrio e coragem para escolher o silêncio quando ele for mais digno do que qualquer resposta. Guarda o meu coração das palavras que não edificam e dá-me discernimento para saber o que deve ser respondido e o que pode ser ignorado. Amém.

6 DE ABRIL

Nem toda bênção é visível no começo

"Assim, os israelitas derrotaram Moabe naquele dia. E houve paz na terra de Israel durante oitenta anos." (Juízes 3:30)

A vitória sobre Moabe pode parecer só mais um relato de conquista em meio a tantos outros no Antigo Testamento, contudo a última frase do versículo é o que revela seu real impacto: a terra teve paz por oitenta anos. O texto não fala de um milagre imediato, nem menciona um grande livramento diante dos olhos; o que veio depois da obediência foi silêncio, paz e estabilidade.

Talvez seja exatamente isso que muitos desprezem: o tipo de bênção que não faz barulho. Aquela que se manifesta aos poucos, nas pequenas coisas do dia a dia, em um ambiente mais leve, na rotina menos agitada. Várias pessoas ainda confundem o agir de Deus com grandes manifestações, entretanto, às vezes, a resposta do céu vem em forma de constância, disciplina e equilíbrio. Tem bênçãos que não chegam com euforia, mas com estabilidade, e isso também é favor do Pai!

A paz que sustenta o dia de hoje pode ser fruto da obediência de ontem e a resposta de uma oração que você até já se esqueceu que fez. Por isso, se sua vida estiver parecendo calma demais, simples demais, normal demais, agradeça. Deus pode estar estabelecendo algo duradouro. Não subestime os dias "comuns", pois eles escondem o processo que sustenta o seu futuro.

Oração

Senhor, ensina-me a perceber Tua mão nas coisas que não fazem barulho. Dá-me sensibilidade para reconhecer as vitórias que não aparecem nas redes, mas mudam tudo dentro de mim. Que eu valorize a paz que vem da Tua presença, mesmo quando ela não vem acompanhada de emoção. Amém.

7 DE ABRIL

Não confunda intensidade com profundidade

"Este povo com a sua boca diz que me respeita, mas na verdade o seu coração está longe de mim." (Mateus 15:8)

É possível levantar as mãos, chorar durante a adoração, falar sobre Deus com paixão e, ainda assim, estar longe dEle por dentro. Jesus deixou isso claro: o problema não era a forma como o povo se expressava, mas a distância entre o discurso e o coração deles.

Hoje, é fácil viver a fé no modo performático. Existe ambiente, música, estímulo... A pergunta que fica é: o que acontece quando ninguém está olhando? Porque a intensidade pode até emocionar, mas é a profundidade que transforma.

Deus não se impressiona com volume, e sim com verdade e coerência entre o que se fala e o que se vive. Será que a nossa fé está se mantendo firme mesmo nos dias em que não há aplauso, emoção ou visibilidade? A maturidade espiritual não grita, simplesmente permanece; não precisa se provar, pois carrega fruto.

Talvez você esteja cansado de seus altos e baixos na fé. O que falta não é mais intensidade nos cultos, é mais profundidade nos hábitos. Menos busca por sensações, mais permanência na Palavra. Hoje, Deus não o chama para ser impactante, mas para ser enraizado.

Oração

Deus, eu não quero viver uma fé de aparência. Não quero ser intenso por fora e raso por dentro. Ensina-me a ter coerência entre o que eu falo e o que eu vivo. Que minha devoção não dependa de estímulos externos, mas de um relacionamento verdadeiro Contigo. Desfaz em mim toda performance vazia. Eu não quero só Te emocionar nos cultos, quero Te agradar com minha obediência em segredo. Amém.

8 DE ABRIL

Presentes com nome de gente

"Algumas amizades não duram nada, mas um verdadeiro amigo é mais chegado que um irmão." (Provérbios 18:24)

Nem todo presente de Deus chega em forma de milagre. Às vezes vem com nome, CPF e a capacidade de entender o que nem sempre conseguimos pôr em palavras. De fato, existem amizades que nos são dadas como respostas não porque merecemos, mas porque precisamos.

Depois de viver tanto desprezo, deslealdade e desequilíbrio, o coração se acostuma a estar em alerta. Então, quando aparece alguém que ama de graça, sem interesse, com honra, não por carência, mas por caráter, a gente estranha. Parece bom demais para ser verdade, mas é só graça manifestada em forma de gente.

Há amizades que curam feridas que terapia nenhuma conseguiu tocar. Há presenças que reorganizam dentro da alma aquilo que os traumas bagunçaram. É por isso que algumas conexões não se explicam, se discernem. São encontros que o Senhor promove para nos lembrar que ainda dá para confiar, amar e construir junto.

Se você ainda vive preso ao medo de não ser suficiente, talvez esteja afastando pessoas que foram enviadas para ajudá-lo a crescer. Nem toda distância emocional é proteção. Às vezes, é só um reflexo do quanto se desacostumou com o amor que não cobra, mas cuida. Se existe alguém ao seu lado insistindo em amar você, mesmo com suas falhas, isso não é casual. É graça. Receba!

Oração

Senhor, obrigado por não desistir de mim nem nas minhas decepções, nem nas minhas defesas. Sei que ainda vale a pena confiar. Se houver pessoas que foram enviadas por Ti para me ajudar a crescer, dá-me olhos para reconhecê-las. Cura em mim as marcas de amizades passadas e dá-me sabedoria para honrar aqueles que hoje escolhem caminhar comigo. Que eu seja resposta para alguém. Amém.

9 DE ABRIL

Quando o medo da rejeição paralisa

"[...] Se o mundo odeia vocês, lembrem que ele me odiou primeiro."
(João 15:18)

Eu imagino que vários dos que estão lendo este devocional já foram rejeitados em algum momento. Foi doloroso. Agora, você não confia nas pessoas por inteiro. Talvez, nem saia mais de casa e viva triste porque deixou o medo de ser rejeitado novamente controlar você.

Hoje, porém, é preciso lembrar que até Jesus foi rejeitado. Ele, que era perfeito, foi ignorado, questionado e traído. Apesar disso, não deixou que a dor mudasse Sua missão e ainda disse que, quando alguém rejeita os enviados dEle, também rejeita o próprio Deus que os enviou.

Não deixe que o medo de se relacionar com as pessoas controle sua vida! Você nunca terá os avanços que o Pai deseja se continuar se preocupando demais com o que os outros pensam. A dor da rejeição pode ter deixado marcas, mas não precisa ditar os próximos passos. Quem vive tentando evitar feridas, acaba também evitando viver.

Vire essa chave, entregue esse medo nas mãos do Pai e volte a caminhar! A missão que Ele lhe confiou é maior do que as opiniões que o paralisam. Não foi o "sim" das pessoas que o chamou, foi o "vai" de Deus. Se Ele disse que é para ir, não se esconda mais. Respire fundo, levante-se. Ainda tem muita coisa boa esperando por você!

Oração

Senhor, eu entrego a Ti cada marca deixada pela rejeição. As palavras que doeram, os olhares que me apagaram, as portas que se fecharam... Nada disso define quem eu sou. Ajuda-me a lembrar que fui escolhido, amado e enviado por Ti. Que o medo de ser rejeitado não me impeça de viver o Teu propósito. Cura meu coração e dá-me coragem para avançar mesmo quando a aprovação dos outros não vier. Amém.

10 DE ABRIL

Quando Deus diz "não"

"Há caminhos que parecem certos, mas podem acabar levando para a morte." (Provérbios 14:12)

Há orações feitas com tanta insistência que, por vezes, quem ora perde a sensibilidade de discernir se determinado pedido realmente se alinha com a vontade de Deus. É bíblico pedir, buscar, bater; o próprio Jesus ensinou isso! Mas também é bíblico aceitar que o "não" do Eterno é definitivo.

Se o céu ainda está em silêncio, siga orando. Continue batendo à porta. Contudo, se a resposta já foi dada e foi negativa, tenha maturidade para não forçar um "sim" por conta própria. Insistir além do limite é como construir um caminho que parece certo, mas no fim traz sofrimento.

Talvez o que lhe falte não seja fé para perseverar, mas para aceitar. Fé para confiar que Deus sabe o que faz. Que Ele enxerga perigos onde você só vê desejo. Que o tempo dEle é bom, perfeito e agradável, ainda que o nosso coração relute.

É natural desejar com intensidade, todavia a maturidade se manifesta quando, diante da frustração, escolhemos confiar; quando o coração declara: "Senhor, se for da Tua vontade, eu recebo. Se não for, eu entrego." Crer não é só esperar o milagre. É aceitar o caminho que o Pai escolher.

Será que você está entendendo os "nãos" de Deus ou está cavando os "sins"? Pense nisso hoje.

Oração

Senhor, livra-me de seguir por caminhos que parecem bons aos meus olhos, mas me afastam da Tua vontade. Dá-me discernimento para reconhecer o Teu "não" como cuidado, não como castigo, e força para soltar o que não me entregaste. Que o meu coração descanse na certeza de que tudo que vem de Ti é melhor do que aquilo que desejo sem Ti. Amém.

11 DE ABRIL

Tocado ou transformado?

"Assim o meu povo se ajunta em grande número para ouvir o que você tem para dizer, mas eles não querem pôr em prática o que você diz [...]." (Ezequiel 33:31)

Ezequiel foi levantado por Deus em um tempo de dureza. Embora estivesse exilado, o povo continuava espiritualmente insensível. Eles ouviam o profeta, admiravam sua eloquência, se emocionavam com suas palavras, mas era só isso. Deus mesmo disse: "Eles gostam de ouvir sobre mim, mas não querem se parecer Comigo."

Atualmente, também temos igrejas cheias de ouvintes sensíveis e corações endurecidos. Pessoas que sabem onde está o erro, reconhecem que precisam mudar, mas nunca passam do arrependimento emocional à obediência prática. Ser tocado é fácil: uma música ou um momento de intensidade podem fazer isso. No entanto, ser transformado envolve decisão e verdade.

É necessário fazer algumas renúncias, recalcular rotas e manter a constância. Custa obedecer quando já não se sente mais nada. É por isso que Jesus não disse que felizes são os que ouvem a mensagem de Deus, mas aqueles que obedecem a ela (Lucas 11:28).

O que você tem feito com o que o Senhor já lhe falou? Essa palavra virou memória ou mudança de comportamento? Ouvi-Lo é um privilégio, mas só a obediência gera frutos e transforma por inteiro nossa vida.

Oração

Deus, não quero ser apenas alguém que Te ouve, mas alguém que Te obedece. Tantas vezes já fui tocado pela Tua Palavra e permaneci no mesmo lugar... Perdoa-me pelas vezes em que admirei a verdade, mas não me rendi a ela. Por favor, quebra a dureza do meu coração. Que meu arrependimento não seja só emoção, mas transformação. Que aquilo que ouço de Ti não se perca na minha memória, mas se torne prática no meu dia a dia. Amém.

12 DE ABRIL

O "de repente" de Deus

"Mas na estrada de Damasco, quando Saulo já estava perto daquela cidade, de repente, uma luz que vinha do céu brilhou em volta dele." (Atos 9:3)

Você já percebeu que existem situações que parecem imutáveis e pessoas que, aos nossos olhos, já não têm volta? Corações bastante endurecidos, histórias desastrosas demais para recomeçar... Eu acho lindo que Deus não se submete ao nosso senso de possibilidade.

Saulo era o tipo de pessoa que ninguém imaginava sendo transformado. Ele não só perseguia cristãos como fazia disso sua missão! E foi justamente no caminho para mais um ataque que Deus interrompeu sua jornada com um "de repente". Luz, voz e mudança. Não foi gradual a sua transformação, mas radical!

Às vezes, o que Ele está prestes a fazer na nossa vida não será fruto de um processo visível, e sim de um mover repentino. Não subestime o poder de um "de repente". O Senhor ainda entra em caminhos escuros, ainda brilha em corações endurecidos, ainda derruba argumentos, e ainda ergue novos começos.

Talvez hoje você esteja orando por alguém e já tenha pensado: "Não vai mudar nunca." Quem sabe essa pessoa seja você mesmo. Lembre-se, então, de que não há nada nem ninguém que Ele não possa transformar! Continue crendo. Continue louvando, mesmo que em cadeias emocionais, espirituais ou físicas. À meia-noite, no ponto mais escuro, Ele continua fazendo portas se abrirem... de repente.

Oração

Senhor, eu creio no Teu poder de mudar histórias. Ensina-me a não desistir de pessoas, de processos, nem de mim. Que eu tenha fé para esperar o Teu tempo e coragem para viver as mudanças que o Senhor deseja realizar. Eu Te entrego tudo o que ainda parece travado confiando que, a qualquer momento, o Teu mover pode acontecer. Amém.

13 DE ABRIL

O orgulho que veste roupa de santidade

"Deus é contra os orgulhosos, mas é bondoso com os humildes." (Tiago 4:6)

O orgulho espiritual é silencioso e perigoso. Às vezes, se veste de "compromisso com a verdade". Entretanto, por trás de palavras fortes, existe um coração que já não se deixa ensinar. É possível expressar a verdade de maneira correta, mas com a motivação errada – pela vaidade e necessidade de estar certo –, desagradando a Deus.

O Pai se opõe aos orgulhosos, Tiago deixou isso claro! Mais que os desaprovar, Ele os enfrenta. É como se, em vez de nos proteger, Ele colocasse obstáculos no nosso caminho enquanto o orgulho nos governa. Isso é sério! É o posicionamento do Senhor contra toda pretensão de independência.

Talvez, se for honesto consigo mesmo, vai admitir que o orgulho já se infiltrou na sua vida de forma sutil – na maneira como você reage às críticas, na resistência em ser confrontado ou na pressa em ensinar sem estar disposto a aprender. A boa notícia é que Deus repele ao orgulhoso, mas atrai o humilde.

O Reino não precisa de pessoas perfeitas, precisa de pessoas moldáveis. Se você tiver coragem de se prostrar, Deus vai levantar você do jeito certo: com graça, presença e verdade.

Oração

Senhor, livra-me do orgulho sutil, aquele que se disfarça de zelo, mas resiste ao Teu ensino. Que meu coração seja ensinável, sensível à Tua correção e pronto a ouvir mais do que a falar. Se em algum momento a vaidade tomou o lugar da reverência, perdoa-me. Se eu insisti em brilhar quando deveria apenas refletir a Tua luz, confronta-me com amor e realinha-me com a Tua vontade. Amém.

14 DE ABRIL

Líder de si mesmo

"Quem não sabe se controlar é tão sem defesa como uma cidade sem muralhas." (Provérbios 25:28)

Você seguiria alguém como você?

Muitos desejam influenciar, impactar e ser uma referência, mas esquecem que toda liderança começa no espelho. Não adianta pregar sobre domínio próprio quando se perde a cabeça por qualquer contrariedade. Não adianta falar sobre saúde emocional quando não se vigia nem os próprios pensamentos. Liderança sem autoliderança é ilusão. Paulo entendeu isso quando escreveu: "[...] com esse rigor, eu me disciplino para que, quando prego o evangelho aos outros, não me torne um reprovado." (1 Coríntios 9:27)

Como alguém pode afirmar que seu corpo é templo do Espírito Santo se, na prática, não dá exemplo algum disso? A pessoa se alimenta com tudo que faz mal, negligencia os sinais da própria saúde e, mesmo consciente do que precisa mudar, simplesmente ignora. Vive como se não tivesse ouvido os alertas. Em resumo, não aprendeu a liderar a si mesmo e nem conduz os próprios pensamentos... Seu temperamento a domina, suas decisões são impulsivas, e sua rotina reflete seu desgoverno.

Antes de liderar qualquer coisa, seja uma casa, um ministério ou um projeto, você precisa aprender a se governar. Quem sabe o maior exemplo de autoridade que você possa dar seja começar a obedecer a verdade que já conhece.

Oração

Senhor, ajuda-me a ser coerente com aquilo que prego e acredito. Ensina-me a liderar a mim mesmo antes de tentar guiar qualquer pessoa. Que meu corpo, meus pensamentos e minhas decisões reflitam a Tua presença em mim. Que eu não viva de aparência, mas de obediência. Dá-me domínio próprio, constância e coragem para fazer o que é certo, mesmo quando ninguém estiver olhando. Amém.

15 DE ABRIL

Quando Deus nos testa

"O Anjo disse: — Não machuque o menino e não lhe faça nenhum mal. Agora sei que você teme a Deus, pois não me negou o seu filho, o seu único filho."' (Gênesis 22:12)

Nem sempre o que se repete na nossa vida é um retrocesso; pode ser um teste. Foi isso que aconteceu com Abraão. Deus pediu o que ele mais amava: Isaque, o filho da promessa. Ainda que estivesse ciente de que o patriarca Lhe obedeceria, Deus permitiu todo o processo: o caminho até Moriá, a lenha cortada, o altar erguido, o cutelo amolado. Até que, no último instante, o céu interrompe o sacrifício!

O Eterno não queria o filho, queria o coração do pai; não precisava do sacrifício humano, isso não combina com Sua natureza, porém queria que Abraão entendesse que a promessa não pode ocupar o lugar de Quem prometeu.

Às vezes, algumas pessoas voltam, situações se repetem, portas se fecham... Não porque Deus está nos punindo, mas porque está testando a firmeza da nossa fé e o lugar que Ele ocupa em nossas decisões, a fim de sondar nosso coração e nos fazer mostrar se determinada área foi vencida. Ele não quer apenas nos tirar da dor, quer ver o que a dor nos ensinou.

O que parece um ataque pode ser o Eterno lhe dizendo: "Voltei aqui só para ver se o teu coração ainda está preso nesse lugar." Se estiver, Ele não o condena, mas o convida a colocar de novo suas prioridades em ordem. Deus quer ser o primeiro, sempre.

Oração

Senhor, Tu conheces meu coração melhor do que eu mesmo. Sabe o quanto já caminhei e quantas vezes ainda tropeço nas mesmas coisas. Se estás permitindo que situações retornem, ajuda-me a discernir que não é castigo, mas um convite à maturidade. Quero Te amar mais do que amo as Tuas promessas. Quero Te seguir mesmo quando não entendo. Ensina-me a passar pelas provas com um coração firme e livre. Amém.

16 DE ABRIL

Motivações enganosas

"Eu, o Senhor, examino os pensamentos e ponho à prova os corações. Eu trato cada pessoa conforme a sua maneira de viver, de acordo com o que ela faz." (Jeremias 17:10)

Em 2019, decidi voltar a estudar. Entrei para o cursinho com uma meta clara: cursar medicina. Sabia o quanto era concorrido, mas era o que eu queria. Eu estava determinada, motivada e convicta.

Enquanto aprofundava meu relacionamento com Deus e fazia terapia, uma luz começou a iluminar partes escondidas do meu coração. Comecei a perceber que aquela busca intensa pelo diploma não era um sonho legítimo, era uma forma de buscar aprovação! A medicina não era o chamado, era a resposta ao meu desejo de ser reconhecida. Eu queria que as pessoas me vissem e me valorizassem, por isso tentava provar o meu valor.

O caminho parecia nobre, mas não autêntico. A motivação por trás da ação dizia mais do que o próprio plano. Deus não queria apenas uma profissional bem-sucedida. Ele queria que eu entendesse quem eu era nEle. Quando isso aconteceu, deixei de lado o diploma idealizado e comecei a abraçar minha verdadeira missão.

Se você estiver em um caminho bom, mas sentindo peso demais para continuar, talvez não seja o "fazer" que precise mudar, mas o "porquê". Pergunte a Deus: "Minha motivação está alinhada com a Tua vontade?" Às vezes, Ele não muda os planos, mas realinha os porquês, e isso muda sua vida por inteiro.

Oração

Senhor, sonda o meu coração. Mostra onde minhas motivações estão desalinhadas, se estou tentando agradar mais aos outros do que a Ti. Não quero caminhar pela estrada certa com um coração equivocado. Ensina-me a agir com propósito, não por vaidade ou por busca de aceitação, mas por convicção da minha identidade em Ti. Que minha missão nasça da Tua voz, e não da expectativa dos outros. Amém.

17 DE ABRIL

A aparência não sustenta as raízes

"Por fora vocês parecem boas pessoas, mas por dentro estão cheios de mentiras e pecados." (Mateus 23:28)

Jesus nunca se incomodou com a presença de pecadores. Não hesitou em sentar-se à mesa com Zaqueu, um cobrador de impostos. Não teve receio de impedir o apedrejamento de uma mulher surpreendida em adultério. Também não reprovou a mulher que lavou Seus pés com lágrimas e os enxugou com o cabelo. Entretanto, algo que Jesus não tolerava era a hipocrisia.

É curioso observar que as palavras mais duras que saíram da boca do Mestre não foram dirigidas aos pecadores, mas aos religiosos que fingiam santidade enquanto mantinham o coração distante de Deus. Ele condenou a aparência de piedade que não carrega fruto. Quantas vezes hoje também nos deparamos com essa imagem ou até nos tornamos alguém assim? Gente que fala como crente, se veste como crente, canta como crente, mas cuja vida não reflete santidade.

Jesus nunca procurou santos com alta performance. Ele quer gente de verdade. Raiz antes de folha. Fruto antes de discurso. Não é a aparência que sustenta a fé, mas a integridade. Ser cristão não é parecer, é ser.

Talvez o maior milagre que pode acontecer hoje não seja um cego voltar a enxergar, mas um religioso voltar a sentir, a amar o que é simples, e se despir da sua vaidade espiritual. Jesus não o chamou para encenar uma fé que impressiona. Seja verdadeiro!

Oração

Senhor, livra-me da tentação de parecer algo que ainda não sou. Que eu tenha coragem de ser sincero diante de Ti e de viver aquilo que prego. Ensina-me a gerar frutos reais, que nascem do arrependimento e da intimidade Contigo. Não quero apenas folhas, Senhor. Quero raiz, verdade e transformação. Amém.

18 DE ABRIL

Comece o dia com verdade

"E o que ele manda é isto: que creiamos no seu Filho, Jesus Cristo, e que nos amemos uns aos outros, como Cristo nos mandou fazer." (1 João 3:23)

Tem dias em que o corpo levanta, mas a alma fica. O despertador toca, mas por dentro tudo parece mais difícil. Foi nesse tipo de cenário que aprendi a formar um hábito transformador: todas as manhãs, antes de sair da cama, eu declaro: "Eu te amo, Senhor. Eu amo a minha vida. Eu amo a mim mesma. Eu amo as pessoas." Isso não tem a ver com autoestima inflada, e sim com aceitar quem fui feita em Cristo.

Não amo meu eu caído, que ainda tropeça, vacila e se irrita com bobagens. Aprendi, porém, a amar aquilo que Deus está construindo dentro de mim e a forma como Ele me vê. Se o Senhor, que sabe tudo a meu respeito, não se escandalizou quando me encontrou, por que eu deveria viver com vergonha de ser quem sou?

Às vezes, achamos que o Pai só se aproxima depois que estamos "prontos", no entanto Ele nos ama no meio da bagunça. E continua amando, mesmo quando ainda não estamos lapidados. Ele não se surpreende com nossas fraquezas, só espera que abracemos a verdade de que já somos amados, aceitos e transformados em Cristo. Quando você entende isso, até a maneira de se tratar muda!

Então, da próxima vez que acordar, antes de olhar para seu celular, respire fundo e declare: "Eu sou amado por Deus e escolho viver esse dia com verdade e amor." Você é amado não por ser perfeito, mas porque Ele é.

Oração

Pai, obrigado por me amar mesmo antes de eu me amar. Ensina-me a olhar para mim com os Teus olhos, sem as lentes da culpa, da comparação e da rejeição. Quero começar meus dias lembrando quem sou em Ti. Que eu viva cada manhã com a coragem de me amar como Tu me amas, e que esse amor transborde para os outros. Amém.

19 DE ABRIL

Desacelere para ouvir

"Se vocês se desviarem do caminho, indo para a direita ou para a esquerda, ouvirão a voz dele atrás de vocês, dizendo: 'O caminho certo é este; andem nele.'" (Isaías 30:21)

A maioria de nós aprendeu a orar pedindo direção: "Senhor, o que devo fazer com essa situação?", "Como resolver esse problema?", "Qual caminho seguir?". Essas são perguntas que nascem do desejo de acertar. O problema é que, frequentemente, fazemos esses questionamentos com pressa. Oramos e já queremos nos levantar com uma resposta pronta, como se Deus fosse um assistente pessoal sempre disponível para nos dar comandos imediatos.

Isaías nos lembra que ouviremos uma voz atrás de nós dizendo: "O caminho certo é este; andem nele." É triste perceber que nosso ritmo frenético tem nos tornado surdos para o que o Espírito está falando. Precisamos desacelerar, ficar um pouco mais, diminuir o passo, escutar sem o celular na mão, parar de correr para responder e aprender a repousar para discernir.

Deus fala, sim, mas no tempo dEle, e não no nosso. Se você se sente perdido ou confuso, talvez não seja por falta de direção, mas pelo excesso de ruído. Dê espaço entre suas tarefas e se silencie. Você precisa confiar que Ele é um bom Pai que não tem prazer em deixá-lo sem resposta.

Oração

Senhor, ensina-me a diminuir o passo. Em meio ao barulho da minha rotina, quero aprender a Te escutar com clareza. Dá-me sensibilidade para perceber Tua voz. Ajuda-me a confiar que, se eu me calar um pouco mais e esperar em Ti, a direção virá. Obrigado por ser um Pai presente, que ainda fala, guia e cuida. Eu quero andar Contigo, no Teu ritmo e na Tua vontade. Amém.

20 DE ABRIL

Fé ou medo, quem está no controle?

"A pessoa faz os seus planos, mas quem dirige a sua vida é Deus, o Senhor." (Provérbios 16:9)

Algumas decisões têm o poder de mudar o curso inteiro da nossa vida. Nem sempre elas são tomadas com calma, sabedoria ou oração. Vez ou outra, nos baseamos em sentimentos descontrolados de medo, ansiedade, raiva ou necessidade de aprovação.

Quantas vezes uma má escolha nasceu de uma emoção mal administrada? Palavras ditas no impulso, relações iniciadas ou rompidas sem reflexão, dívidas assumidas por carência ou pressa... E o resultado? Anos de arrependimento por algo que poderia ter sido evitado se os sentimentos estivessem no lugar certo.

A verdade é que a fé e o medo são opostos. O medo nos faz recuar, distorce nossa visão, nos coloca em defesa constante. Já a fé nos move com coragem, ainda que diante do invisível. O medo abre espaço para que o inimigo semeie dúvidas no coração, e isso gera insegurança e paralisia. A fé abre espaço para que Deus construa propósito e direção!

Hoje, a pergunta não é: "O que eu devo fazer?", mas: "De qual fonte estou tomando minhas decisões? Do medo ou da fé? Do descontrole ou da confiança? Do impulso ou da direção?". A melhor coisa que você pode fazer hoje é pausar, respirar e orar. Entregue a Deus suas decisões, dúvidas e urgências. Deixe Ele assumir o comando.

Oração

Senhor, eu não quero mais tomar decisões com base no medo, na ansiedade ou na dor. Dá-me discernimento e equilíbrio para escolher com sabedoria, mesmo quando tudo parecer urgente. Que a minha fé seja maior do que o meu medo. Que Tua voz seja mais alta que as minhas emoções. Eu Te entrego minhas escolhas, meus caminhos e minha confiança. Amém.

21 DE ABRIL

Receba antes de fazer

"O que é que Deus quer que a gente faça? – perguntaram eles. – Ele quer que vocês creiam naquele que ele enviou! – respondeu Jesus." (João 6:28-29)

Você recebe o amor de Deus como um presente ou como um pagamento pelo seu esforço? Em João 6, os discípulos fazem uma pergunta que ainda está em muitos corações hoje. Em outras palavras, queriam saber qual é o caminho para merecer Sua aprovação. Jesus, com uma resposta simples, inverte a lógica: "Ele quer que vocês creiam naquele que Ele enviou."

Parece pouco? Para quem cresceu ouvindo que é preciso se esforçar, se sacrificar e se provar para ser amado, essa resposta soa até estranha. Mas o Evangelho não se baseia no desempenho. A ordem de Jesus não é "faça para merecer", é "creia para viver". A fé não nasce da culpa, mas da confiança, e dela brotam boas obras.

O problema é que a religião nos ensinou que só somos aceitos quando cumprimos todos os requisitos. Só que o amor de Deus não é salário, é dom, é dádiva, logo, não se conquista, se recebe. Quando você entende isso, tudo muda: orar deixa de ser uma obrigação, servir deixa de ser um peso e viver para o Pai deixa de ser um esforço exaustivo e passa a ser um privilégio constante.

Você não precisa fazer mais para Deus amá-lo mais. Ele já decidiu amar você por inteiro! Creia. A partir dessa fé, viva. Quem vive pela graça, naturalmente frutifica.

Oração

Senhor, ensina-me a crer antes de tentar merecer. Que eu não confunda amor com recompensa, nem graça com obrigação. Ajuda-me a receber o Teu amor como um dom real e presente, não como um prêmio distante. Que a minha fé seja viva e confiante, e que minha vida responda a esse amor com entrega, alegria e gratidão. Amém.

22 DE ABRIL

Você é a Bíblia que o mundo lê

"Portanto, estamos aqui falando em nome de Cristo, como se o próprio Deus estivesse pedindo por meio de nós. Em nome de Cristo nós pedimos a vocês que deixem que Deus os transforme de inimigos em amigos dele." (2 Coríntios 5:20)

Eu fui criada em um lar cristão. Cresci ouvindo sobre Deus, frequentando a igreja e participando de ministérios. Para quem via de fora, eu estava indo bem. Todavia, por dentro, vivia cansada, derrotada, cheia de dúvidas e reações que não combinavam com aquilo em que eu dizia acreditar.

Eu sabia falar de Deus, mas não conhecia de verdade o que Ele havia dito. Sem essa base, qualquer vento me derrubava. Meu ponto de virada foi quando percebi que ser cristã é conhecer a Palavra e permitir que ela molde nosso coração e transforme nosso caráter.

Um dos grandes problemas da fé moderna é que muitos dizem amar a Deus, mas desconhecem o que Ele pensa e ensina e como age. São sinceros, porém vivem derrotados porque não têm a verdade como base. O mundo os observa e não vê Cristo refletido em suas atitudes.

Deus nos chamou para sermos embaixadores do Reino. Isso significa que a única Bíblia que muitos lerão é a nossa vida: nossas palavras, decisões, reações; a forma como perdoamos, como lidamos com a dor, como tratamos quem nos fere... Isso só será possível se a Palavra estiver viva em nós não apenas na teoria, mas na prática.

Seja intencional. Comece hoje mesmo! Abra a Bíblia. Leia com fome. Permita que Deus fale. Quanto mais você conhecer a Palavra, mais se parecerá com o Autor.

Oração

Senhor, eu não quero ser apenas alguém que Te conhece de ouvir falar. Dá-me sede pela Tua Palavra. Ajuda-me a ir além da religiosidade e a viver de forma coerente com aquilo que creio. Que a minha vida seja um reflexo fiel do Teu amor, da Tua verdade e da Tua graça. Usa-me para reconciliar outros Contigo, começando pelo meu exemplo. Amém.

23 DE ABRIL

Cansado do que Deus nunca pediu

"Entreguem todas as suas preocupações a Deus, pois ele cuida de vocês." (1 Pedro 5:7)

Parte da exaustão que você vem sentindo é fruto do acúmulo de responsabilidades que talvez nunca devessem ter sido suas. Relatórios, pesos emocionais, preocupações alheias, cobranças internas... Sem perceber, você entra em um modo de vida em que a fé e a fadiga caminham juntas, mas a paz desapareceu faz tempo.

Pedro nos convida a lançar nossa ansiedade sobre Deus, mas antes diz: "Portanto, sejam humildes debaixo da poderosa mão de Deus para que ele os honre no tempo certo" (1 Pedro 5:6). Ou seja: entregar a ansiedade é um ato de rendição e humildade. É necessário reconhecer que existem cargas que você insiste em manter por medo de desapontar os outros ou por orgulho, para não parecer fraco.

Talvez esse cansaço seja fruto de uma vida em que tudo precisa passar, ser resolvido e ser controlado por você. Onde está o Pai nesse processo? Será que Ele realmente pediu que você abraçasse tantas coisas?

Nossa maturidade também se mostra nas renúncias, no discernimento de saber quando algo é uma tarefa ou mais uma distração disfarçada de responsabilidade. Não é pecado admitir que não consegue. Pecado é continuar fingindo que dá conta enquanto o coração é consumido por dentro.

Hoje, o Senhor está estendendo as mãos para lhe ensinar o que deve ser deixado! Acredite: o descanso verdadeiro começa quando você entende que nem tudo que pesa precisa continuar no seu comando.

Oração

Senhor, eu sei que carrego mais do que preciso. Muitas vezes, o que chamo de força é só medo de deixar ir. Ajuda-me a confiar no Teu cuidado a ponto de entregar tudo de verdade. Mostra-me o que é meu papel e o que eu preciso deixar nas Tuas mãos. Amém.

24 DE ABRIL

Você está acostumado?

"Estejam alertas, fiquem firmes na fé, sejam corajosos, sejam fortes." (1 Coríntios 16:13)

A maioria das quedas não começa com um erro escancarado, mas com tolerância e pequenas concessões. O problema é que, com o tempo, a consciência vai se adaptando — o que antes incomodava, agora é parte da rotina; o que era pecado, agora é chamado de "fraqueza"; o que antes era motivo de oração, agora é motivo de justificativa.

Paulo sabia o quanto era fácil se acomodar a um evangelho morno. Por isso nos chama a atenção! O perigo não está somente em cair, mas em perceber que já está no chão. Alguns hábitos podem convencer a alma de que está tudo bem quando Deus já falou que não está.

De tempos em tempos, precisamos perguntar a nós mesmos: "O que o Senhor já me mostrou que estou fingindo não ter visto?" Não adianta camuflar o erro com palavras brandas e o coração continuar pesado.

Cuidado para não perder sua sensibilidade. Quando algo começa a nos afastar da Presença, ainda que seja pequeno, já é grande demais. O que hoje não tem "nada a ver", amanhã pode se tornar o motivo de um pecado que você jurou que nunca cometeria. Volte para o lugar da verdade, para a Presença que limpa. Onde há arrependimento sincero, há sempre um recomeço disponível.

Oração

Espírito Santo, se em algum momento normalizei o que já condenaste, confronta-me com amor. Desperta em mim o arrependimento verdadeiro. Não me deixa andar em um evangelho morno. Leva-me de volta à santidade, à pureza e à sensibilidade à Tua voz. Em nome de Jesus, amém.

25 DE ABRIL

Você saiu, mas não se libertou

"[...] Saia dessa cidade, meu povo! Saiam todos dela para não tomarem parte nos seus pecados e para não participarem dos seus castigos!" (Apocalipse 18:4)

Há momentos em que Deus nos tira de lugares, vínculos e realidades que não combinam com o propósito dEle para nós. Mudamos de ambiente, de rotina, de ciclo, e achamos que isso basta. Contudo, é necessário entender que a libertação verdadeira vai além da geografia.

Israel saiu do Egito, mas o Egito demorou para sair de Israel. A Babilônia foi deixada para trás, mas Deus ainda precisou chamá-los ao arrependimento: "Saia dessa cidade, meu povo." Essa era uma convocação para romper, de fato, com tudo aquilo que ainda os prendia por dentro.

Muita gente se engana achando que já foi liberta só porque mudou de cenário, no entanto, ainda carrega a saudade do passado, hábitos antigos e valores distorcidos. Segue obedecendo por fora, mas negociando no íntimo. É exatamente na vontade de viver o novo sem abrir mão do velho que muitos travam. Bem, não existe liberdade parcial. Ou você rompe com o que contamina, ou continua vivendo preso por dentro.

Mais do que longe do ambiente errado, o Senhor nos quer limpos por dentro, com princípios e valores sólidos, convicções firmes e raízes curadas. Hoje, talvez sua prisão seja esse apego invisível que precisa ser tratado. O Pai não está pedindo força, mas rendição.

Oração

Senhor, obrigado por ter me libertado. Sei, porém, que ainda existem coisas que preciso deixar saírem de dentro de mim. Rompe com todo laço que ainda me amarra ao que já passou. Que eu não viva apenas afastado do passado, mas completamente livre para viver o Teu propósito. Amém.

26 DE ABRIL

Sua alma não está cansada, está mal alimentada

"[...] O ser humano não vive só de pão, mas vive de tudo o que Deus diz." (Mateus 4:4)

Tem dias em que tudo parece demais. Você se esforça, tenta manter o ritmo, cumpre seus compromissos... mas, por dentro, está cada vez mais difícil. O corpo funciona no automático, enquanto a alma sente um peso estranho, um cansaço que o sono não resolve. Não é só exaustão física. É como se algo estivesse desnutrido por dentro.

Jesus sabia o que era passar fome no deserto, estar sem pão e sem conforto no meio da tentação. Assim, nos ensinou algo essencial: não se vive só do que alimenta o corpo. A alma também precisa de sustento, o qual vem da Palavra de Deus.

Costumamos tentar resolver tudo com força e produtividade, deixando de lado aquilo que nos renova de fato. Vamos empurrando com a barriga, nos distraindo com outras coisas, esperando que o tempo organize o que só o Pai pode restaurar. Só que a alma mal alimentada enfraquece, começa a se irritar mais facilmente, perde o foco e desanima das coisas eternas.

Talvez o que você esteja precisando hoje não seja parar tudo, e sim recomeçar de um jeito mais leve, abrindo a Bíblia sem pressa e falando com Deus sem máscaras. Volte ao básico, onde a Presença sustenta e a Palavra limpa o cansaço acumulado. Nem sempre é o corpo que está cansado; às vezes, é a alma que só precisa voltar a se alimentar direito.

Oração

Deus, eu reconheço que tenho deixado minha alma sem alimento. Tenho corrido tanto, tentando dar conta de tudo, que acabei deixando de lado aquilo que mais me sustenta: a Tua presença. Ajuda-me a voltar com simplicidade. Sem cobrança, mas com fome. Amém.

27 DE ABRIL

Sem autorização

"E essa pequena e passageira aflição que sofremos vai nos trazer uma glória enorme e eterna, muito maior do que o sofrimento." (2 Coríntios 4:17)

"Eu não vou aguentar!" Quantas vezes você já começou seu dia assim? Parece que tudo vem de uma vez: notícias ruins, portas fechadas, desordem em tudo o que seus olhos alcançam. A pressão aumenta, o coração cansa e a vontade é de parar. Mas há uma verdade que precisa se levantar mais alto do que qualquer sentimento que tente dominá-la: nenhuma tribulação tem autorização para destruir você. Nenhuma!

A Palavra é muito clara: a tribulação produz algo em nós, e não é destruição – é glória! Ela não tem permissão para acabar com seus sonhos, fé e futuro, pois só pode trabalhar em você fortaleza, paciência e perseverança. No entanto, isso só acontece quando você para de enfrentar tudo sozinho.

A ausência de um relacionamento com Deus pode tornar a luta mais dolorosa do que precisa ser. Quem está aos pés do Pai escuta coisas que fortalecem a alma. Ele sussurra no íntimo: "Ei, filho... ei, filha... isso não tem poder sobre você. Pode até parecer o fim, mas sou Eu quem escreve o seu recomeço."

Talvez você esteja no meio da dor, sentindo-se esmagado. Quero lhe dizer que aquilo que o aperta hoje pode ser o que vai preparar você para o que Deus está prestes a liberar. Essa situação não tem autorização para destruí-lo. Creia que há glória sendo gerada mesmo onde os olhos não veem!

Oração

Pai, hoje eu me lembro de que as lutas não vêm para me derrubar, mas para me lapidar. Ensina-me a olhar para as tribulações como pontes, não como paredes. Quando meu coração enfraquecer, que a Tua voz me lembre: "Isso não tem poder para lhe destruir.". Dá-me perseverança, paciência e uma fé firme, mesmo diante dos ventos contrários. Amém.

28 DE ABRIL

Vamos falar sobre você

"O senhor não se importa que a minha irmã me deixe sozinha com todo este trabalho? Mande que ela venha me ajudar." (Lucas 10:40)

Em algum momento, nossas orações correm o risco de se tornar repetições: "Deus, muda aquela pessoa", "Deus, por que ela é assim?", "Senhor, olha o que ele está fazendo comigo!". Então, o céu silencia sobre o outro e começa a falar sobre você. Você pede alívio, Ele oferece amadurecimento. Você clama por mudança externa, Ele propõe uma reforma interna.

Foi o que aconteceu na casa de Marta e Maria. Marta se incomodava com a postura da irmã, Maria. Queria Jesus envolvido em sua queixa, esperava apoio. Mas Ele não cedeu. Não tirou Maria de onde ela estava. O que precisava ser ajustado não era a posição dela, mas o foco de Marta.

Quantas vezes você já gastou energia pedindo que Deus interferisse no comportamento de alguém, quando o que Ele queria mesmo era tratar o seu coração? A resposta dEle muda quando sua oração muda. Em vez de falar do outro, fale mais de você. Fazer isso não é ignorar o problema, é perceber que o Senhor lida com o que realmente importa. Quando nosso coração é alinhado, nossa alma encontra descanso ainda que o mundo ao redor continue do mesmo jeito.

Oração

Senhor, hoje quero parar de Te contar o que os outros estão fazendo comigo e começar a ouvir o que desejas fazer em mim. Ajuda-me a tirar os olhos do comportamento alheio e a colocá-los no meu próprio coração. Se há orgulho, mágoa, comparação ou autocomiseração em mim, revela-me com clareza. Muda o que precisa ser mudado aqui dentro. Eu me coloco em Tuas mãos para ser moldado com verdade e graça. Amém.

29 DE ABRIL

O limite é a visão

"Depois que Ló foi embora, o Senhor Deus disse a Abrão: — De onde você está, olhe bem para o norte e para o sul, para o leste e para o oeste. Eu vou dar a você e aos seus descendentes, para sempre, toda a terra que você está vendo." (Gênesis 13:14-15)

Às vezes, ficamos tão focados em um problema que ele se torna o único cenário diante dos nossos olhos. A dor ocupa a tela da mente. A escassez toma o lugar principal do nosso coração. Sem perceber, andamos olhando para o chão, para o que falta, para o que não veio, para o que machuca. Mas Deus nos chama a erguer os olhos.

Foi assim com Abrão. Ele estava em um lugar de separação, em meio à incerteza, quando o Senhor lhe disse: "Erga os olhos. Tudo o que você for capaz de ver, isso Eu te darei."

O que você tem escolhido enxergar? O problema ou a promessa? O medo ou a direção? A demora ou a fidelidade divina? Nossa visão limita ou libera o que o Eterno quer realizar! O problema nunca limitou Deus, mas a nossa incredulidade pode limitar o que estamos dispostos a viver. Se enxergarmos pouco, receberemos pouco. Se só virmos dor, não enxergaremos propósito. Se só virmos obstáculos, perderemos de vista o destino.

Talvez hoje seja o dia de parar de alimentar sua mente com imagens de fracasso, de abandono e de derrota, e voltar a olhar para aquilo que o Pai já lhe prometeu. Lembre-se de que, mesmo em meio ao caos, Ele continua sendo bom.

Oração

Senhor, abre os meus olhos. Ajuda-me a deixar de olhar para o chão da dúvida e a levantar o rosto para contemplar as Tuas promessas. Tira da minha mente os cenários de medo e derrota que tenho alimentado e me faz enxergar o que Tu vês. Eu não quero viver limitado pelo que vejo com meus olhos naturais. Quero viver pela fé, com os olhos voltados para aquilo que já disseste que farás. Amém.

30 DE ABRIL

Saia de onde Deus já saiu

"E, se em alguma casa ou cidade as pessoas não quiserem recebê-los, nem ouvi-los, saiam daquele lugar. E na saída sacudam o pó das suas sandálias, como sinal de protesto contra aquela gente." (Mateus 10:14)

Pare de insistir com quem não o quer! Se valorize! Pior do que não ser correspondido é olhar no espelho e não reconhecer mais quem você é. Não se perca tentando caber. Não silencie sua verdade só para não incomodar. Não insista em ficar em lugares que Deus não quer que você fique. Isso não está ligado a orgulho, está ligado a identidade. A entender que há ambientes bons, mas que não são seus; e que há pessoas incríveis, mas que não foram enviadas para andar com você.

Você tem que ir onde é celebrado, não onde é tolerado. Você não foi chamado para implorar atenção, nem para lutar por migalhas emocionais. Jesus foi claro: "Se ninguém receber vocês, sacudam até a poeira dos pés e sigam em frente." Talvez hoje Deus só esteja dizendo: "Chega!"

Chega de tentar provar seu valor em lugares que não o enxergam. Chega de tentar forçar sua permanência onde Ele já liberou sua partida. Chega de dar o que é precioso a quem só oferece descaso. O seu valor não diminui só porque alguém não conseguiu enxergá-lo, e o seu destino não será adiado pelas portas que se fecharam. Ao contrário, será acelerado se você tiver coragem de bater a poeira dos pés e continuar.

Oração

Senhor, dá-me coragem para sair dos lugares dos quais já foste embora. Ajuda-me a reconhecer quando algo acabou, mesmo que o meu coração ainda queira insistir. Ensina-me a valorizar a identidade que me deste e a andar apenas por caminhos que foram abertos pela Tua mão. Que eu não confunda rejeição com direção e que, acima de tudo, eu permaneça onde a Tua presença permanece. Amém.

ANOTAÇÕES

ANOTAÇÕES

Maio

Temos um encontro marcado todo dia 1º às 8h.
Escaneie o QR code para acessar nossa
plataforma e participar da live deste mês!

Mais um mês, *mais uma oportunidade de Deus para você.*

Antes de começar as leituras deste mês, separe alguns minutos para olhar para dentro. Use este espaço com sinceridade e intencionalidade.

Em *Objetivos do Mês*, escreva o que deseja viver com Deus nos próximos dias. Pode ser uma mudança de hábito, uma área da vida que precisa de cura, algo que você queira desenvolver espiritualmente ou até mesmo um simples "quero permanecer firme". Não escreva com pressa. Escreva com fé.

Em *Motivos de Gratidão*, liste tudo aquilo que, mesmo singelo, merece ser lembrado com um coração agradecido. A gratidão transforma a sua forma de enxergar a vida — ela ancora você no que Deus já fez e prepara seu coração para o que Ele ainda vai fazer.

Objetivos do Mês

- ○ ______________________
- ○ ______________________
- ○ ______________________
- ○ ______________________
- ○ ______________________

Motivos de Gratidão

____

____

____

____

____

1º DE MAIO

Quando ninguém acredita

"Até os irmãos de Jesus não criam nele." (João 7:5)

Você já se sentiu desacreditado? Como se todos à sua volta enxergassem apenas seus defeitos, suas limitações e seus erros do passado? É doloroso perceber que, às vezes, as pessoas mais próximas são as primeiras a duvidar daquilo que Deus colocou dentro de você.

José sonhou com um futuro grande, e os próprios irmãos o ridicularizaram. Davi foi ignorado pelo próprio pai quando o profeta Samuel chegou à sua casa. Até Jesus, em Nazaré, não conseguiu fazer muitos milagres porque não acreditavam nEle.

Não espere que todos reconheçam o que você carrega para dar o primeiro passo! Não negligencie os pequenos começos por falta de validação. O que Deus confiou a você não depende da aprovação humana. A incredulidade alheia não anula a promessa, nem diminui o que o céu declarou sobre sua vida.

É no silêncio da rejeição que o Senhor nos ensina a permanecer firmes. Ele prova nosso coração antes de cumprir a promessa. Mesmo que ninguém acredite em você, Deus acredita pois Ele mesmo depositou fé aí dentro! Às vezes, Ele intencionalmente deixa que desacreditem para que, quando tudo acontecer, ninguém diga que foi obra de mãos humanas. Será para a glória dEle!

Oração

Senhor, entrego a Ti cada dúvida lançada sobre mim. Sei que vês além das aparências. Ajuda-me a continuar mesmo sem aplausos, sem validação, sem reconhecimento. Fortalece-me no secreto. Que a minha confiança não esteja nas pessoas, mas em Ti. Eu creio: se Tu me prometeste, basta. Amém.

2 DE MAIO

Gerar no espírito antes de ver com os olhos

"Por isso eu afirmo a vocês: quando vocês orarem e pedirem alguma coisa, creiam que já a receberam, e assim tudo lhes será dado." (Marcos 11:24)

No início do seu ministério, o pastor David Yonggi Cho enfrentava grandes limitações: não tinha uma bicicleta para se locomover, nem uma mesa para estudar, nem um globo para orar com foco por nações. Ele orava todos os dias pedindo por essas coisas, porém nada acontecia. Até que, em oração, ouviu o Espírito confrontá-lo: "Você quer uma bicicleta? De que tipo? Qual marca? Qual cor?"

Nesse momento, Cho entendeu que sua fé estava sendo genérica. Tudo mudou quando ele descreveu com precisão o que queria: uma bicicleta americana, uma escrivaninha com gavetas, um globo grande com base de madeira. Visualizou tudo em oração e começou a declarar pela fé que já havia recebido. Algum tempo depois, cada item chegou exatamente como ele havia imaginado! Quando perguntado como conseguiu, respondeu: "Eu os gerei no espírito, por meio da fé."

Será que nossas orações não têm sido vagas demais? Será que oramos pedindo, mas sem fé, sem visualização? Nem sempre é Deus que não quer nos dar. Às vezes nós é que não sabemos o que queremos. Como reconhecer o cumprimiento de uma promessa se ela não era clara?

Fé não é crer em algo genérico, é ver antes de ter; é gestar no espírito o que ainda não existe no natural e declarar, com confiança, que aquilo que se espera vai chegar, porque Deus é fiel para cumprir.

Oração

Senhor, ensina-me a orar com clareza e fé. Ajuda-me a deixar de lado as orações vagas e começar a declarar com ousadia aquilo que o Senhor colocou em meu coração. Quero aprender a gerar no espírito antes de ver com os olhos. Dá-me visão, direcionamento e ousadia para crer como quem já recebeu. Amém.

3 DE MAIO

Não se trata do que eu quero

"Portanto, meus irmãos, por causa da grande misericórdia divina, peço que vocês se ofereçam completamente a Deus como um sacrifício vivo, dedicado ao seu serviço e agradável a ele [...]." (Romanos 12:1)

Existe uma linha tênue entre a fé e a exigência, entre confiar que Deus pode tudo e tentar usá-Lo como um "solucionador de problemas". Sem perceber, passamos mais tempo dizendo o que Ele deveria fazer do que perguntando o que quer de nós.

O verdadeiro crescimento acontece quando temos coragem de perguntar: "O que queres de mim?" O Eterno não é como um Papai Noel espiritual sentado no céu esperando nossas exigências. Podemos pedir qualquer coisa, pois Deus quer fazer por nós. Mas isso não é tudo. Temos que ir mais fundo, e dizer: "Deus, eu quero ser o que queres que eu seja. Desejo que me uses, pois quero representá-Lo bem. Faz o que tiver que fazer, , leva-me aonde queres que eu vá, e assim servirei o Teu reino enquanto estou aqui". Eu o desafio a orar assim!

Essa oração é um divisor de águas, afinal revela que você não está tentando controlar o céu com seus desejos, mas se rendendo à vontade divina. É perigosa, porque pode mudar seus planos, mas também é gloriosa, porque muda seu propósito.

Está disposto a fazer esse tipo de oração? Está preparado para viver menos pela expectativa das bênçãos e mais pela obediência ao chamado? O maior presente que você pode receber do Pai é ser moldado por Ele para cumprir a sua missão.

Oração

Senhor, eu tenho tantos pedidos e desejos, mas hoje escolho ir além. Não quero viver esperando o que receber. Quero ser disponível para ser usado. Molda-me, confronta-me, realinha-me. Tira de mim o que me afasta do Teu propósito e coloca em mim aquilo que glorifica o Teu nome. Eu quero ser um instrumento útil nas Tuas mãos. Amém.

4 DE MAIO

Deus é a sua porção

"Tu, ó Senhor Deus, és tudo o que tenho. O meu futuro está nas tuas mãos; tu diriges a minha vida." (Salmos 16:5)

Nós nos acostumamos a entender as coisas espirituais, mas o que é o privilégio de ter Deus em nossas vida? Quando temos qualquer problema, podemos orar, sabendo que Ele nos ouve, nos ama e quer nos ajudar!

A familiaridade com o espiritual, quando não é regada com reverência, nos adormece. Sabe, eu trabalho arduamente, como você. Há uns anos, bastante cansada, questionei: "Deus, o que vou ganhar com isso?" Se você ocupa a posição de pai, mãe, cônjuge, empregado ou encarregado de um ministério, está sempre se doando. Por isso, às vezes sentimos como se nos devessem algo.

Nunca vou me esquecer do que ouvi do Senhor quando não era tão familiarizada com as Escrituras: "Eu sou a sua porção." Veja que interessante: Ele é a primeira coisa que recebemos! Temos que ficar muito felizes com isso, pois não há nada mais completo do que Ele. A presença dEle não é apenas companhia, é recompensa. Ele é a fonte, o sustento e o destino.

Se você está cansado, esgotado, se perguntando se vale a pena continuar se doando..., antes de olhar para os resultados, lembre-se da Fonte. Antes de buscar a recompensa, reconheça o privilégio de já ter o maior presente: o próprio Deus ao seu lado.

Oração

Pai, perdoa-me por tratar a Tua presença como algo comum. Que nunca me falte reverência pelo privilégio de tê-Lo na minha vida. Nos momentos em que me sentir vazio, cansado ou sem retorno, lembra-me de que és a minha porção. Ensina-me a desfrutar da Tua presença mais do que de qualquer promessa. Que eu nunca me acostume com o milagre de ser Teu. Amém.

5 DE MAIO

Hoje pode ser o dia

"Este é o dia da vitória de Deus, o SENHOR; que seja para nós um dia de felicidade e alegria!" (Salmos 118:24)

Acordamos todos os dias e seguimos o fluxo, ativando o piloto automático. Mais parece que sobrevivemos. A mente até ora, mas com uma expectativa baixa: "Deus, se puder, faz alguma coisa..." Já pensou se sua atitude mudasse? E se acordasse dizendo: "Hoje é o meu dia de recompensa! Deus vai se mostrar na minha vida. Ele vai falar comigo. Algo de bom vai acontecer! Hoje pode ser o dia em que o meu filho vai mudar, em que o meu amigo será salvo, em que as minhas costas vão parar de doer, em que a minha enxaqueca terá fim!"

A fé não ignora a realidade, porém insiste em lembrar quem é Deus até quando os olhos só enxergam o contrário. A fé se veste de esperança antes mesmo de a resposta chegar, porque sabe que o Senhor não precisa de um cenário perfeito para agir.

Talvez, você esteja esperando há muito tempo por algo e já tenha aceitado que "não vai ser agora". Entretanto, Deus não trabalha com conformismo, Ele trabalha com fé! O seu papel é levantar todos os dias crendo que o céu não está em silêncio e que, sim, hoje pode ser o dia!

Oração

Senhor, livra-me da rotina que me rouba a esperança. Dá-me uma fé viva e renovada a cada manhã. Mesmo quando não vejo nada mudando, que eu continue declarando: "Hoje pode ser o dia." Confio que estás agindo, mesmo no silêncio. Prepara o meu coração para reconhecer os Teus sinais e continuar firme na expectativa da Tua bondade. Em nome de Jesus, amém!

6 DE MAIO

Seu valor não depende de reconhecimento

"É perigoso ter medo dos outros, mas confiar no SENHOR dá segurança." (Provérbios 29:25)

Muitas vezes, colocamos nosso bem-estar nas mãos dos outros. Esperamos que nos elogiem, aprovem nossas decisões, nos incentivem, nos entendam. Quando isso não acontece, nos frustramos e nos ressentimos, como se a responsabilidade de nos fazer bem fosse deles.

Esse é um dos efeitos mais sutis da insegurança emocional: ela transforma nossos relacionamentos em campos minados. Quem convive conosco começa a "pisar em ovos", com medo de nos ferir ou desagradar, e nós passamos a medir nosso valor pela frequência dos elogios que recebemos.

Quando eu sentia que precisava de incentivo, ficava com raiva do meu marido se ele não me ajudasse. Hoje, eu vou para Deus e peço a Ele! Honestamente, não é aquela coisa sobrenatural: "Uh, orei, já me sinto encorajada!" O Senhor age em nós por meio de pessoas, mas se tentamos forçar isso, já não é mais incentivo, é dependência, e ela cria relacionamentos adoecidos, com cobranças, silêncios e ressentimentos desnecessários.

O dia em que você parar de esperar que as pessoas alimentem a sua segurança e for até Deus buscar o que está faltando, terá uma virada de chave. Ninguém vai suprir plenamente a nossa carência emocional. Só o Senhor pode fazer isso de maneira estável, sem manipulação e expectativas frustradas.

Oração

Senhor, ensina-me a não colocar na mão das pessoas aquilo que só o Senhor pode me dar. Cura minhas carências disfarçadas de exigência, minhas expectativas frustradas e minha busca por validação constante. Que a minha alegria não dependa do aplauso de ninguém. Quando eu sentir falta de apoio, que meus olhos se voltem primeiro para Ti. Amém.

7 DE MAIO

Domínio que gera paz

"As pessoas que têm a mente controlada pela natureza humana acabarão morrendo espiritualmente; mas as que têm a mente controlada pelo Espírito de Deus terão a vida eterna e a paz." (Romanos 8:6)

Uma das maiores demonstrações de amor à sua família é cultivar o domínio próprio, ser alguém emocionalmente estável, confiável e que não sofre de oscilações de humor, pois quem convive com você percebe quando precisa medir palavras ou adivinhar que versão sua irá encontrar naquele dia...

Já vivi isso. Meu marido, por exemplo, me confessou que antes de me ligar, pensava: "Como será que ela vai estar hoje?" Nem eu sabia. Eu acordava e, sem perceber, deixava que meus pensamentos, muitas vezes influenciados pelo inimigo, ditassem meu estado emocional. Por muito tempo, vivi governada pela mentalidade da carne, com emoções desordenadas, desejos frustrados e expectativas irreais.

Todavia, o Espírito Santo nos convida a uma forma diferente de viver. Uma mentalidade guiada por Ele traz vida e paz, as quais alcançam quem nos acompanha. Deus está nos chamando para crescer, para amadurecer emocionalmente, para sermos cheios do Espírito em nosso cotidiano: enquanto preparamos o café, educamos nossos filhos ou reagimos a um desafio. É nessa vida comum que o domínio próprio faz a maior diferença. Esse é o domínio que gera paz.

Oração

Senhor, transforma a minha mente. Que eu não seja guiado pelas minhas emoções inconstantes, mas pelo Teu Espírito. Ensina-me a ter domínio próprio, a silenciar o caos interior e a responder com sabedoria. Que minha casa sinta os frutos da paz que plantas em mim. Faz de mim uma pessoa que transmite vida, mesmo nos dias difíceis. Em nome de Jesus, amém.

8 DE MAIO

Para cada bagunça que você entrega

"Pois sabemos que todas as coisas trabalham juntas para o bem daqueles que amam a Deus, daqueles a quem ele chamou de acordo com o seu plano." (Romanos 8:28)

Você não precisa temer ser tarde ou ter errado demais. A verdade do Evangelho é esta: não há nada que esteja além do alcance do Redentor! Deus é especialista em pegar a maior bagunça e usá-la como matéria-prima para um milagre.

Ele nos comprou de volta com o sangue de Cristo, e tudo que está sob o sangue pode ser restaurado. Nada é irreversível para aquEle que venceu a morte. Mesmo aquilo que você causou, injustificável ou irreparável em um primeiro momento, pode ser trabalhado pelo Eterno. Ele mistura os ingredientes da graça, da verdade e do tempo, e o que parecia ser seu fim se torna um novo começo.

Você não precisa esconder seus defeitos dEle. Ele já os viu; o que quer é que você os renuncie. Com humildade e arrependimento, diga: "Deus, aqui está. Eu não sei como arrumar. Não sei como seguir. Mas Te dou tudo." E Ele, com mãos de Pai, acolhe e começa o trabalho silencioso e profundo de fazer nascer vida onde você só via ruína.

Esse é o Deus a quem servimos. O Deus que transforma túmulo em jardim. O que hoje é culpa, amanhã pode ser testemunho. O que hoje é dor, amanhã pode ser cura para outros. Não subestime o que o Pai pode fazer com um coração totalmente entregue. É nEle que o milagre começa.

Oração

Senhor, eu Te dou as partes quebradas da minha história. Aquilo que estraguei, que perdi, que já não sei como restaurar. Creio que nada é grande demais para o Teu poder redentor. Não quero mais esconder minhas falhas, nem carregar esse peso sozinho. Toma tudo em Tuas mãos. Que o Teu amor transforme em milagre aquilo que eu só consigo ver como fracasso. Amém.

9 DE MAIO

A verdade sobre mim é o que me liberta

"E conhecerão a verdade, e a verdade os libertará." (João 8:32)

Engana-se quem pensa que só precisa ser liberto quem está em pecado evidente. Na verdade, todos nós precisamos da libertação do engano. Satanás não precisa nos prender com correntes visíveis se puder nos manter cegos sobre nós mesmos. Ele é o grande enganador. Por isso, temos pontos cegos. Assim como em um carro usamos mais de um espelho para ver melhor; na vida, precisamos recorrer ao Espírito Santo para enxergar além do que conseguimos.

Não é a verdade sobre os outros que nos liberta, é a verdade sobre nós! E encarar isso exige coragem. É mais fácil pensar: "Se fulano estivesse ouvindo isso, seria perfeito para ele!" e esquecer que, se Deus permitiu que você estivesse aqui lendo este devocional, quer falar com você!

Tudo o que Satanás quer manter nas sombras — para manipular, distorcer e acusar —, Deus deseja trazer para a luz — para curar! Aquilo que está escondido tem poder sobre você, mas o que é exposto diante do Pai perde a força de o atormentar.

A verdade só liberta quando nos dispomos a olhá-la no espelho. Quando isso acontece, algo muda. O Eterno não rejeita quem se achega com o coração quebrantado. Ele já sabe de tudo, porém, quando confessamos, abrimos espaço para que Ele aja com profundidade.

Oração

Senhor, mostra-me os pontos cegos da minha vida, as áreas que evito olhar, mas que precisam da Tua luz. Não quero mais viver em negação, nem dar ao inimigo espaço para me atormentar com o que escondo. Eu assumo, me responsabilizo e Te entrego. Que a verdade sobre mim me liberte, porque quero andar em plena luz. Amém.

10 DE MAIO

Quem afaga seu erro não ama sua alma

"Quando somos corrigidos, isso no momento nos parece motivo de tristeza e não de alegria. Porém, mais tarde, os que foram corrigidos recebem como recompensa uma vida correta e de paz." (Hebreus 12:11)

Nem todo elogio vem de um coração amoroso, e nem toda repreensão é para o mal. O maior sinal de que Deus ainda está investindo em nós pode ser Sua correção. Toda exortação vinda do céu é um lembrete: "Eu te amo demais para te deixar continuar desse jeito." Quem não se importa, afaga até na queda. Quem o ama de verdade, confronta-o não para envergonhá-lo, mas para restaurá-lo.

Já percebeu que tem gente que o elogia mesmo quando você não está bem? Você fez escolhas erradas, está percorrendo caminhos tortuosos, e mesmo assim ouve: "Está tudo certo, continua!" Isso não é amor, é descaso. O amor verdadeiro diz: "Amigo(a), não ficou bom. Isso está errado. Você precisa mudar." O amor que vem de Deus fala a verdade, mesmo quando ela dói, e faz isso para salvar.

Igualmente, quando o Pai nos corrige, está dizendo: "Eu ainda vejo potencial em você." O silêncio divino pode ser um sinal de que seu coração está endurecido. Quando o Espírito Santo cutucar você, louve-o por isso! Ele ainda o está tratando como filho!

Aprenda a reconhecer o amor nos alertas de Deus. Ele não nos confronta para nos expor, mas para nos alinhar. Assim como uma amiga sincera diz que a nova cor do cabelo não deu certo, Deus diz quando nossa alma precisa de retoque. O céu não bajula. O céu forma. E toda formação passa pela verdade.

Oração

Senhor, obrigado por me amar o suficiente para me corrigir. Não quero resistir a Tua voz, nem fugir da verdade. Ajuda-me a reconhecer a correção como cuidado e a exortação como amor. Livra-me do orgulho que rejeita o confronto e dá-me um coração aberto aos ensinamentos. Que eu nunca troque a verdade por elogios vazios. Amém.

11 DE MAIO

Fiel no meio

"Meus irmãos, sintam-se felizes quando passarem por todo tipo de aflições. Pois vocês sabem que, quando a sua fé vence essas provações, ela produz perseverança." (Tiago 1:2-3)

Começar algo novo é empolgante. Uma ideia nasce, o coração acelera, os olhos brilham; parece que nada pode nos parar! Mas o verdadeiro desafio não está no início cheio de motivação, nem no final, onde os frutos aparecem. A verdadeira provação está no meio. É nela que muitos desistem! O meio é silencioso, ardiloso, solitário.

Talvez você esteja exatamente entre o sonho e a realização; entre o "vai ser lindo" e o "não sei mais se vai dar certo". Muitos param aí porque não foram ensinados a atravessar — foram preparados para começar, mas não para persistir. Queriam força imediata, mas o que Deus está desenvolvendo é a perseverança!

Os discípulos enfrentaram isso em Marcos 4. A ordem foi clara: "Passem para o outro lado." No meio do caminho, porém, surgiu a tempestade. Jesus estava no barco, sim, porém dormia. E eles, no desespero, pensaram estar sozinhos. O que eles não sabiam é que a presença de Jesus, mesmo em silêncio, é garantia de chegada!

Se você está no meio, resista! Não é hora de abandonar o processo! Deus não o chamou para começar algo só por empolgação, mas para formar seu caráter na travessia. Atravesse lembrando que Jesus continua no barco da sua vida.

Oração

Senhor, fortalece-me no meio do processo. Quando o ânimo vai embora e as vozes se calam, lembra-me de que Tu estás no barco. Ensina-me a confiar mesmo quando não sinto, a continuar mesmo quando não vejo, a persistir mesmo quando tudo em mim quer parar. Que a minha fé não dependa do cenário, mas da certeza de que Tu estás comigo. Amém.

12 DE MAIO

Nem todos vão até o fim com você

"Pois agora vou fazer uma coisa nova, que logo vai acontecer, e, de repente, vocês a verão. Prepararei um caminho no deserto e farei com que estradas passem em terras secas." (Isaías 43:19)

Nem todos os que começam com você estão destinados a permanecer ao seu lado até o fim. Essa é uma das verdades mais dolorosas e maduras da vida, especialmente quando Deus começa a nos levar para lugares mais altos. Não raro, o crescimento exige separação, não porque os outros sejam maus ou inferiores, mas porque existem lugares que são reservados apenas para você.

Quem tem um chamado, um ministério ou um negócio, provavelmente já viveu esse tipo de "luto", que envolve a gratidão por quem o ajudou no início, mas também o discernimento de que aquele vínculo não pode acompanhá-lo para o próximo nível. Isso dói. Dói, porque você ama essas pessoas e tem uma história com elas, porém está em um ponto que exige mais do que lealdade emocional; exige obediência.

Jesus enfrentou isso. Quando Seu discurso ficou mais duro, vários discípulos O deixaram. Seguir o propósito eterno significa caminhar com menos gente e com mais clareza. O seu destino em Deus não pode ser negociado para manter companhias desnecessárias. É importante saber o que você consegue fazer e reconhecer o que os outros não conseguem fazer por você. Não é ingratidão, é maturidade. Honre seu passado, mas não se prenda a ele. O Deus que o levou até aqui continua à frente, chamando você para um novo nível.

Oração

Senhor, dá-me discernimento para saber a hora de seguir sem olhar para trás. Ajuda-me a honrar quem me acompanhou até aqui, mas a não me apegar a ponto de travar o Teu mover. Que meu coração seja grato, mas não preso. E que eu tenha coragem de seguir para onde o Senhor está me chamando, mesmo que isso custe encerrar alguns vínculos. Amém.

13 DE MAIO

A fé se fortalece em movimento

"Sem fé ninguém pode agradar a Deus [...]." (Hebreus 11:6a)

Na Bíblia, vemos exemplos de pouca fé, de fé crescente e até grande fé, o que nos mostra até onde ela pode ir. Mas assim como os músculos se desenvolvem com exercício, a fé se fortalece no campo da prática, não basta escutar os milagres dos outros.

Você quer ter uma fé forte? Então precisa usar a que já possui! Às vezes, esperamos ter uma fé "de gigante" para, então, dar um passo, mas é justamente esse passo que desencadeia o crescimento da fé. O que você tem hoje é suficiente para o movimento de hoje. Como a parábola dos talentos, quem investe o que tem, recebe mais. Quem enterra, perde até o que recebeu.

Sua fé pode ser usada de pelo menos três maneiras simples, mas poderosas: orando, declarando e agindo. Orar com fé é mais do que pedir a Deus, é confiar que Ele ouve e responde. Declarar é alinhar-se com aquilo que o céu já afirmou. E agir é se mover como quem crê. Fé que não ora, não declara e não age, é só intenção sem vida.

Não se engane achando que orar é se trancar em um quarto por horas. Embora momentos profundos de oração sejam preciosos, também podemos cultivar um espírito de oração ao longo do dia enquanto dirigimos, lavamos a louça, fazemos reuniões ou conversamos com alguém. A fé se nutre da constância, não apenas da intensidade momentânea.

Oração

Senhor, quero crescer na fé. Não quero viver com uma fé fraca, passiva, teórica. Ensina-me a exercitar a fé que já depositaste em mim. Que eu seja alguém que ora com convicção, declara com ousadia e age com coragem. Aumenta minha fé à medida que eu caminho; que minha confiança em Ti cresça a cada novo passo. Amém.

14 DE MAIO

A gratidão é um antídoto para o mau humor

"E sejam agradecidos a Deus em todas as ocasiões. Isso é o que Deus quer de vocês por estarem unidos com Cristo Jesus." (1 Tessalonicenses 5:18)

A gratidão não é apenas uma virtude bonita, é uma arma espiritual poderosa. Ela muda o ambiente, desarma o mau humor, quebra a cadeia da reclamação e silencia o inimigo. O Diabo sabe que o cansaço físico e emocional nos deixa mais vulneráveis, e, então, nos ataca com pensamentos venenosos, tentando minar nossa alegria.

Se está se sentindo sobrecarregado, mal-humorado ou emocionalmente sugado, pare por um momento e comece a agradecer: "Senhor, obrigado pelo teto sobre minha cabeça. Obrigado pela oportunidade que tive hoje. Obrigado porque, mesmo cansado, estou vivo, em paz e Contigo." A gratidão não muda as circunstâncias de imediato, mas muda o espírito com que você as encara.

Davi fazia isso. No meio do aperto, dizia: "Que todo o meu ser louve o SENHOR, e que eu não esqueça nenhuma das suas bênçãos!" (Salmos 103:2). Ele sabia que a ingratidão abre espaço para a murmuração e que a gratidão prepara o ambiente para a presença de Deus.

Da próxima vez que sentir o peso da exaustão, do desânimo ou do isolamento, lembre-se: o inimigo quer sua reclamação, mas o Pai espera sua gratidão. Quando você escolhe agradecer, mesmo sem vontade, afugenta as trevas com luz.

Oração

Deus, ensina-me a ser grato mesmo quando estou cansado, frustrado ou sozinho. Livra-me da armadilha da reclamação e ajuda-me a manter meu coração alinhado com o Teu. Que a minha gratidão seja um escudo contra o desânimo e uma declaração de fé diante do inimigo. Obrigado por tudo, até pelas pequenas coisas que eu esqueço de valorizar. Amém.

15 DE MAIO

Excelência não é perfeição

"E tudo o que vocês fizerem ou disserem, façam em nome do Senhor Jesus e por meio dele agradeçam a Deus, o Pai." (Colossenses 3:23)

A excelência não vem de bandeja para ninguém. Se depender da nossa carne, vamos sempre preferir o caminho mais fácil e rápido. O problema é quando o "está bom assim" vira padrão e, sem perceber, nos acostumamos a fazer tudo pela metade.

Tem horas em que parece que o mundo inteiro está andando em marcha lenta, sem propósito, sem esforço, e isso começa a parecer normal. Mas não é. Se existe alguém que deveria viver com excelência, somos nós, que conhecemos a verdade e dizemos amar a Deus.

Sei que viver assim exige decisão diária. Tem dias que estamos cansados, desanimados, frustrados, e aí vem aquela vontade de fazer o mínimo. É quando devemos decidir se seremos guiados pela vontade ou pela convicção. Quem se deixa levar pela vontade, muda de ideia a cada vento; quem vive com propósito, aprende a constância.

Você não precisa ser perfeito, apenas inteiro. Entregue o seu melhor, com coração, intenção e verdade, mesmo que pareça pequeno e que ninguém aplauda. No fim, tudo se resume a quanto o Senhor é digno da nossa entrega.

Oração

Deus, eu não quero viver pela metade. Ajuda-me a ser fiel no pouco, a fazer bem feito até o que parece simples. Ensina-me a Te honrar nas pequenas coisas, a escolher a excelência quando a mediocridade parecer mais fácil. Que o que eu fizer, por menor que seja, possa ser feito com verdade. Amém.

16 DE MAIO

A escolha que faz crescer

"Mas eu digo a vocês que estão me ouvindo: amem os seus inimigos e façam o bem para os que odeiam vocês." (Lucas 6:27)

Talvez você conviva com alguém que não o trata bem, que o ignora, despreza e até prejudica. Agora, imagine essa pessoa passando por uma dificuldade: o carro dela quebrou, de modo que ela ficou sem meios para ir e voltar do trabalho. O que vem ao seu coração ao saber disso? Um pensamento sutil, talvez: "Bem feito." E se, em vez disso, você se oferecesse ajuda, mesmo que isso lhe custe tempo, esforço e desconforto?

Não é natural fazer o bem a quem nos feriu. A carne quer distância, quer justiça própria, quer ver o outro pagar pelo que fez, porém Jesus nos convida a viver de forma diferente. Ele nos ensina a abençoar quem nos amaldiçoa e a estender a mão para aqueles que já nos deram as costas.

A verdade é que essas atitudes doem. Elas nos confrontam ao revelar nossa vontade de retribuir na mesma moeda. Contudo, toda vez que escolhemos fazer o certo, mesmo que pareça injusto, crescemos por dentro — cresce a humildade, o domínio próprio, a semelhança com Cristo. Não se trata de o outro merecer, mas de se tornar alguém mais parecido com o Mestre. Deus vê, sabe e honra aqueles que Lhe obedecem. Nunca se encontra paz na vingança. Em contrapartida, o amor tem o poder de transformar o outro, e, acima de tudo, nosso próprio coração.

Oração

Senhor, ajuda-me a vencer o mal com o bem. Tira do meu coração o desejo de revidar, de ver o outro pagar. Ensina-me a ser generoso mesmo com quem não corresponde. Que meu caráter não dependa do comportamento alheio, mas da Tua voz em mim. Quero crescer cada vez que escolher o caminho do amor. Amém.

17 DE MAIO

Entregar-se é mais poderoso do que tentar se resgatar

"[...] Pai, nas tuas mãos entrego o meu espírito! Depois de dizer isso, ele morreu." (Lucas 23:46)

Já percebeu que é mais fácil dar conselhos do que segui-los? Quando alguém chega quebrado, parece que seu discernimento aflora, as palavras vêm. Mas quando é com você, tudo embaça. É como se estivesse debaixo de um peso que só você carrega. E tem dificuldades para carregá-lo!

Há um motivo para isso. Deus nunca quis que a força que nos dá fosse usada para resgatar a nós mesmos, mas para alcançar o outro. Isso é desconcertante, porque desmonta a lógica do autocontrole e da autossuficiência. Também é libertador, pois nos permite parar de lutar com nossas próprias mãos.

Jesus não desceu da cruz, não tentou escapar; Ele se entregou. Com as últimas forças que tinha, o corpo rasgado, o céu em silêncio. Ele olhou para o alto e disse: "Pai, nas Tuas mãos Eu entrego o Meu espírito." E foi. O que veio depois? A morte não venceu. O inferno não reteve. Cristo foi levantado! Não porque tentou sair do caos, mas porque se rendeu dentro dEle. Ao entregar-se, venceu!

Talvez o caminho não seja tentar entender nem consertar tudo, e sim declarar: "Deus, eu entrego", confiando que o Pai é capaz de fazer o que você nunca conseguiria fazer sozinho: ressuscitar o que já estava dado como perdido.

Oração

Pai, eu admito: não sei me resgatar. Já tentei, já lutei, já me debati. Quanto mais tento, mais me afundo. Então, hoje, sem reservas, eu me entrego. Entrego minha confusão, minha fraqueza, a angústia que não sei nomear. Entrego minha vontade de resolver tudo sozinho. Como Jesus fez, coloco meu espírito nas Tuas mãos e confio que, mesmo em silêncio, o Senhor ainda governa. Amém.

18 DE MAIO

A causa à qual se entrega molda você

"Depois disse a todos: — Se alguém quer ser meu seguidor, que esqueça os seus próprios interesses, esteja pronto cada dia para morrer como eu vou morrer e me acompanhe." (Lucas 9:23)

Todo mundo está se entregando a alguma coisa; alguns, à fama; outros, ao poder. Há os que vivem por prazer e uns poucos que vivem por convicção. Nenhuma vida é neutra.

Hitler tinha um compromisso inegociável — seu nome, até hoje, carrega o peso da destruição que alimentou. William Wilberforce também tinha um compromisso inegociável, mas com a justiça. Ele dedicou décadas à abolição da escravidão na Inglaterra. Sofreu, foi ridicularizado, porém não recuou e milhões foram libertos. Existe um princípio: você se torna aquilo a que se dedica.

Jesus olhou para a multidão e disse: "Se quiser me seguir, negue-se." Não adie. Não negocie. Negue-se. Não é deixar de existir, mas abrir mão da ilusão de que viver girando em torno de si é liberdade. Não é! O ego exige muito e entrega pouco.

Viver para Cristo é ser livre. Negar-se, tomar a cruz e segui-Lo parece um péssimo negócio para quem olha de fora; soa como perda e sacrifício inútil. O que poucos entendem é que essa cruz não é um fardo, é uma entrega que purifica e esvazia o que é raso para dar lugar ao que é eterno.

O discipulado não começa com rendição. Quem tenta salvar a própria vida, se perde; quem se esvazia, encontra espaço para receber o que realmente vale a pena. No fim das contas, todo mundo serve a algo. Sua vida está sendo gasta pelo quê?

Oração

Jesus, tenho medo de perder o controle e de negar minhas vontades. Ajuda-me. Não quero girar em torno de mim mesmo. Ensina-me o que significa tomar a cruz sem reclamar, andar Contigo sem reservas, viver por um propósito maior que o meu conforto. Amém.

19 DE MAIO

Pensar certo é mais espiritual do que parece

"E também todo orgulho humano que não deixa que as pessoas conheçam a Deus. Dominamos todo pensamento humano e fazemos com que ele obedeça a Cristo." (2 Coríntios 10:5)

Nossa mente não é apenas uma arena de pensamentos, é o ponto de partida de nossas decisões, palavras, vícios e reações. Aonde a mente vai, o corpo segue. Se os pensamentos forem deixados livres, cedo ou tarde vão ditar o tom da nossa vida.

Seja sincero: já teve um dia em que você se permitiu remoer uma injustiça, revisitando o que alguém disse ou o que fizeram pelas suas costas? Às vezes, não foi nem grande coisa, mas você alimentou aquilo, contou para alguém e, quando percebeu, estava intoxicado. O pensamento não ficou só na cabeça, escorreu para o coração e virou mágoa, amargura, raiva. O pecado encontrou solo fértil porque você não o combateu na mente!

Deus nos deu outra economia: primeiro você crê, depois você vê. Isso vale inclusive para vencer o pecado. Você não espera "sentir" sua liberdade; você se posiciona como alguém livre. É espiritual dizer para a sua mente o que ela precisa ouvir, em vez de deixar que ela diga quem você é.

Você pode estar enfrentando uma batalha real, uma compulsão, uma dependência, um padrão emocional destrutivo. Enquanto repetir isso como identidade, estará fincando raízes onde o Senhor já declarou liberdade. Há poder em dizer: "Eu não sou isso", não pela força do pensamento positivo, mas porque há uma nova verdade maior: Cristo em você.

Oração

Senhor, ensina-me a pensar como alguém que já foi liberto. Não quero mais viver guiado por pensamentos que me arrastam para longe do Teu propósito. Confronta as mentiras em que acredito. Tira de mim a linguagem da derrota e da autoimagem quebrada. Planta em mim a Tua verdade, até que ela se torne minha convicção. Amém.

20 DE MAIO

A Palavra é o remédio certo para a ferida certa

"Com a sua palavra, ele os curou e os salvou da morte." (Salmos 107:20)

Há dores que não aparecem em exames, mas inflamam a alma. Ninguém está imune: orgulho, ciúmes, inveja, medo, vícios... Às vezes, você sabe que algo está errado, mas tem dificuldade de saber o que fazer com isso.

É comum tentar cobrir essas dores com distrações, religiosidade ou discursos, porém nenhum Band-Aid resolve uma fratura interna. Quando a dor é na alma, o remédio precisa alcançar mais fundo. Deus, com a paciência de um médico que conhece cada nervo exposto, nos prescreve a única coisa que realmente pode operar cura: a Palavra. Ela não é um texto bonito para dias ruins, nem autoajuda. Ela é viva. Penetra onde nem você consegue tocar. Revela o que está escondido, mas também regenera. E Deus não limita as doses!

Assim como na vida física usamos o remédio certo para o lugar certo, também na vida espiritual precisamos aprender a aplicar a Palavra com precisão. Se a luta é contra o orgulho, vá às Escrituras e leia sobre humildade até que seu coração amoleça. Se é contra a inveja, alimente-se de promessas sobre contentamento e identidade. Se é contra o ciúme, mergulhe na segurança de quem você é em Cristo. Cada parte do seu interior tem um tratamento específico na Palavra, e o Espírito Santo sabe exatamente onde aplicá-la.

Oração

Jesus, Tu és o Médico da minha alma. Mostra-me quais áreas em mim ainda precisam de cura. Ajuda-me a usar Tua Palavra não como adorno, mas como remédio. Que eu não me canse de voltar a ela, mesmo quando parecer repetitivo. Faz da Tua verdade o meu tratamento diário. Em nome de Jesus, amém.

21 DE MAIO

Se precisa forçar, talvez Deus não esteja ali

"O SENHOR Deus diz: 'Eu amaldiçoarei aquele que se afasta de mim, que confia nos outros, que confia na força de fracos seres humanos.'" (Jeremias 17:5)

É fácil ler certas histórias da Bíblia e julgar. Chamamos de tolice, impaciência, incredulidade. Se formos sinceros, porém, assumiremos que muitos de nós fazemos o mesmo, mas com roupas modernas e um vocabulário mais polido. Pegamos ideias humanas, batizamos com o nome de Deus e chamamos de "direção". O nome disso? Obras da carne. Tentativas humanas de cumprir uma promessa sem depender do Espírito.

Sabe qual é o sintoma mais claro disso? A frustração. Por mais que se esforce, o resultado nunca satisfaz. Você ora, mas secretamente está tentando convencer Deus a se curvar aos seus planos.

Já vivi isso mais vezes do que gostaria de admitir. Tentei mudar pessoas e consertar situações com minha própria lógica. Contudo, o Espírito não se move onde há resistência à Sua liderança. Quando eu insisto, acabo cansada, irritada e impaciente. Nada dá certo. No fundo, eu sei: Deus nunca me pediu para fazer aquilo daquele jeito.

Às vezes, o que parece persistência é controle. O Pai, por amor, permite que falhemos não para nos punir, mas para nos ensinar. Ele quer formar em nós a sensibilidade de quem sabe reconhecer quando algo é dEle e quando é apenas humano. Viver pelo Espírito é caminhar com leveza, mesmo em meio à luta.

Oração

Pai, ajuda-me a perceber quando estou tentando forçar o que só pode nascer pelo Teu Espírito. Livra-me da ansiedade disfarçada de zelo, da manipulação disfarçada de fé. Ensina-me a caminhar com discernimento, não com pressa. Que eu tenha coragem de parar quando eu estiver forçando e liberdade de seguir quando for o Senhor guiando. Amém.

22 DE MAIO

O caminho de volta ao que você sempre foi

"Ó SENHOR Deus, em ti eu busco proteção; livra-me da vergonha de ser derrotado. Tu és justo; eu te peço que me ajudes [...]." (Salmos 31:1-2)

Talvez você esteja em uma fase da vida em que tudo parece empacado. Você amadureceu, estudou, correu atrás, porém toda tentativa de avançar lhe deixa apenas cansado. "Será que sou preguiçoso? Desorganizado? Incapaz? Tem algo errado comigo?", são suas perguntas. E pronto, você caiu na armadilha, pois passa a viver a partir dessas mentiras em que acreditou.

Quando alguém se desconecta da sua identidade original, tudo adoece: a visão, o caráter, as escolhas, os relacionamentos, o destino. O problema não é falta de esforço, mas fica difícil para o fruto crescer longe da raíz. O que parece bloqueio externo é, na verdade, o eco de uma mentira antiga que você ainda não desmontou.

Entretanto, há um caminho de volta, e ele começa com desconstrução. É preciso desconstruir, com paciência e coragem, todas as crenças a respeito de si que não nasceram no coração de Deus. Mentiras, como "Sou bagunceiro, indisciplinado, sem valor, um erro", foram plantadas por pessoas feridas, e você as carregou como se fossem rótulos definitivos.

A restauração começa quando você olha para a ferida e diz: "Isso me marcou, mas não me define. Não sou nada disso. Sou o que o Criador declarou sobre mim." Esse é o retorno ao projeto original. Não é rápido, nem indolor, mas é possível e libertador.

Oração

Senhor, ajuda-me a fazer o caminho de volta, a desenterrar as mentiras que me prenderam e substituí-las pela Sua verdade. Mostra-me quem eu sou no Teu plano, não no reflexo distorcido das minhas experiências. Restaura o que foi adulterado pela dor, pela comparação, pelo abandono. Eu escolho me reconectar ao Teu projeto. Amém.

23 DE MAIO

Posicionar-se é uma forma de amar

"Eduque a criança no caminho em que deve andar, e até o fim da vida não se desviará dele." (Provérbios 22:6)

Filhos crescem, formam opiniões, contestam, desafiam. É natural. O que não pode ser normalizado é a passividade travestida de modernidade. Um filho que o desafia é uma fase, mas desistir de educá-lo é uma crise.

Recebi o seguinte desabafo de uma mãe: "Meu filho fez 15 anos e agora quer mandar em tudo." Logo perguntei: "Ele saiu de casa? Casou? Se sustenta? Trabalha? Se ele está na sua casa, ainda responde a você e precisa respeitar seus valores." Os filhos não precisam de pais que façam suas vontades, mas sim de pais que os lembrem, todos os dias, que existem limites, dando-lhes segurança. O problema não é o mundo oferecer propostas vazias, é o lar deixar de ser uma proposta mais firme, segura e coerente. Pornografia, droga, libertinagem e futilidade seduzem quando falta raiz, e raízes se plantam em casa!

A forma como os filhos reagem, se posicionam, falam, respeitam ou desrespeitam carrega uma impressão direta da presença ou da ausência dos pais. Não adianta culpar a escola, os amigos ou a internet. Quando Deus lhe confiou um filho, confiou-lhe também uma missão espiritual, a qual não acaba quando ele faz 18 ou 30 anos. Ser pai e mãe não é uma função temporária, é um chamado vitalício.

Oração

Senhor, fortalece minha voz como pai, como mãe. Dá-me coragem para não ceder quando precisar ser firme. Livra-me da omissão, do cansaço, do medo de perder o afeto dos meus filhos. Que o meu amor não seja mole, mas maduro. Ensina-me a ser uma presença que corrige, acolhe e direciona. Quero formar no meu lar uma geração com raízes no céu. Em nome de Jesus, amém.

24 DE MAIO

Você está sendo roubado de si mesmo

"Alguém vai dizer: 'Eu posso fazer tudo o que quero.' Pode, sim, mas nem tudo é bom para você. Eu poderia dizer: 'Posso fazer qualquer coisa.' Mas não vou deixar que nada me escravize." (1 Coríntios 6:12)

Você já notou quanto tempo passa no celular? Às vezes são duas, três, cinco horas por dia! Faça as contas... Com esse tempo, você poderia ter feito uma pós-graduação, lido dois livros por mês, cuidado do seu corpo, feito seu devocional, tido conversas edificantes... Mas não, você apenas encarou uma tela. Pulou de vídeo em vídeo, conteúdo em conteúdo, e terminou o dia mais vazio do que começou. O celular não é o problema, o problema é o que ele toma de você.

Algumas coisas roubam mais que tempo: roubam o foco, a intenção, a presença. Quando você se dá conta, percebe-se vivo, porém desconectado de si mesmo, com tempo para tudo o que é fútil e desculpas para o que realmente importa. É assim que o inimigo rouba uma geração: com anestesia e distração crônica. E, então, você não tem mais profundidade, nem presença, nem poder; apenas uma atenção dividida em telas.

Mas é possível voltar! Você não precisa iniciar uma revolução, apenas começar com um corte, um jejum, um limite, uma decisão de devolver os minutos que você entregou a um mundo que só o consome, para que o tempo que Deus lhe deu se torne semente, e não ralo. Você não está ocupado, está sendo roubado, um *vídeo* de cada vez. Hoje é o dia de retomar esse tempo!

Oração

Senhor, perdoa-me por não perceber que não estava vivendo, apenas me distraindo. Mostra-me o que preciso cortar, aonde preciso voltar. Ajuda-me a ser presente no que importa, a construir com intenção, a cuidar do tempo como quem entende que cada minuto pode ser sagrado. Quero minha vida de volta. Amém.

25 DE MAIO

O preço silencioso de não perdoar

"Abandonem toda amargura, todo ódio e toda raiva. [...] E perdoem uns aos outros, assim como Deus, por meio de Cristo, perdoou vocês." (Efésios 4:31-32)

Já percebeu que há pessoas que ganham um bom dinheiro, mas não conseguem usufruir dele? Outras que têm talento e inteligência, mas não atingem seu potencial? Casais que tentam, mas não conseguem se encontrar no respeito e na admiração? Pais que amam seus filhos, mas não conseguem se posicionar com autoridade e carinho? Às vezes, o problema não é a técnica, o esforço ou o plano; é o coração contaminado que desalinha tudo que deveria fluir.

Não perdoar é um mecanismo de defesa, um escudo que diz: "Você me machucou, e não vou me esquecer." Contudo, essa defesa vira prisão. Não é imediato, mas a amargura começa a vazar pelos cantos: nos relacionamentos, nas finanças, na casa, no corpo.

Não perdoar é um veneno que afeta a forma como você vê a vida e a si mesmo. O mais perigoso é quando nem percebemos que a mágoa ainda está ali, escondida atrás do "já passou", do "morreu para mim", do "nem ligo mais". Basta um gatilho, e sua pior versão aparece... Uma mágoa reprimida não some, apenas espera para dar as caras.

Quer ver restauração nas suas finanças, no seu casamento, na sua paz interior? Limpe seu coração. Perdoar não é dizer que está tudo bem, é reconhecer que houve dor e escolher não mais carregá-la. É interromper o ciclo que começa com uma ferida e termina em autossabotagem.

Oração

Senhor, mostra-me onde ainda guardo mágoa. Onde o perdão foi superficial. Onde a ferida virou barreira para a vida fluir. Eu não quero viver carregando veneno no meu coração. Limpa-me por dentro. Ensina-me a perdoar como o Senhor me perdoou. Eu quero ser livre por inteiro. Em nome de Jesus, amém.

26 DE MAIO

Nem toda mesa é lugar de comunhão

"Felizes são aqueles que não se deixam levar pelos conselhos dos maus, que não seguem o exemplo dos que não querem saber de Deus e que não se juntam com os que zombam de tudo o que é sagrado!" (Salmos 1:1)

Uma das decisões mais espirituais que você pode tomar não tem a ver com o que vai fazer, mas com quem e onde você vai se sentar. Algumas mesas parecem inofensivas: cheias de conversas leves e risadas. Com o tempo, porém, você percebe que ali só se fala dos outros, só se aponta o dedo. Em outras, é preciso vestir uma máscara para se enturmar; fingir maturidade, espiritualidade, sucesso, domínio emocional, só para não se sentir inferior. Ambientes onde a verdade foi substituída pela performance, e o aplauso é mais importante que a transformação. Aos poucos, você começa a se afastar de si mesmo para manter seu lugar.

O perigo não está só nas mesas que confundem sua identidade, mas também naquelas que trazem à tona sua versão antiga; que o puxam de volta para pecados vencidos, padrões quebrados, dores curadas. Mesas que falam como você falava quando ainda estava perdido. Nelas, não há espaço para o Espírito Santo.

É duro se levantar, porque às vezes essas mesas têm história, afeto, vínculos. Mas, se quiser crescer, vai ter que sair de lugares onde Deus já não o permite mais se sentar. O ecossistema espiritual importa! Conversas nos formam. Ambientes nos moldam. E o lugar onde nos sentamos hoje define quem seremos amanhã.

Oração

Senhor, abra meus olhos para perceber onde já não devo mais estar. Dá-me coragem para levantar das mesas que me afastam de Ti, mesmo que eu tenha aprendido a amá-las. Leva-me para os lugares certos, com as pessoas certas; onde a verdade prevaleça, minha fé cresça e minha identidade em Ti se fortaleça. Não quero mais dividir minha presença com ambientes que matam meu propósito. Amém.

27 DE MAIO

O tom da casa começa na mulher

"A mulher sábia constrói o seu lar, mas a que não tem juízo o destrói com as próprias mãos." (Provérbios 14:1)

Se procurar de Gênesis a Apocalipse, vai perceber que Deus nunca colocou o tom da casa nas mãos do homem. Ele o incubiu de ser cobertura e líder espiritual, sim, mas o que determina se esse ambiente é de paz ou de guerra, de abrigo ou de ameaça, é o coração da mulher.

É você quem decide se sua casa será um esconderijo do céu ou um campo de batalha. É você quem define se o homem que Deus lhe deu vai florescer ou murchar à beira da mesa. A mulher tem o poder de moldar atmosferas; sua fala pode ser escudo ou lança, seu olhar pode ser âncora ou vento.

Sem dúvida, a mulher não é responsável por tudo, mas é responsável por muito. O respeito com que trata o marido pode ser o que o impulsiona a assumir o lugar de honra que Deus separou para ele; a forma como arruma a mesa pode fazer seus filhos desejarem voltar para casa todos os dias.

Isso não é peso, é poder. Quando uma mulher entende o ambiente que carrega, até o inimigo se incomoda, porque uma mulher posicionada transforma tudo ao seu redor sem gritar, sem bater na mesa, sem imitar o tom do mundo. Ela se levanta com sabedoria e firma os pilares invisíveis da sua casa com oração, presença e honra.

Oração

Senhor, ensina-me a carregar a atmosfera do Teu Reino dentro da minha casa. Que o tom do meu lar seja o reflexo da Tua presença em mim. Que minha fala seja doce sem ser fraca, firme sem ser agressiva. Que eu não me compare, não me perca, não me apague. Mostra-me, Deus, que tipo de ambiente minha casa tem sido e dá-me graça para transformá-lo. Em nome de Jesus, amém.

28 DE MAIO

Ainda dá tempo de mudar

"Mas agora o Senhor Deus diz ao seu povo: 'Não fiquem lembrando do que aconteceu no passado, não continuem pensando nas coisas que fiz há muito tempo.'" (Isaías 43:18)

Seu passado só garantiu o seu presente. O que vem pela frente não está escrito em pedra, está sendo desenhado agora, com as decisões de hoje. O verdadeiro transformar não é uma mudança de endereço, de carreira nem de relacionamento; é a coragem de olhar para a própria vida com sinceridade e fazer perguntas difíceis: "Estou insistindo em algo que já morreu? O que em mim precisa ser reposicionado?"

A boa notícia é que Deus é especialista em recomeços. O versículo de hoje não nos instrui a negar o que passou, mas a deixar de construir a vida sobre ruínas antigas. Enquanto houver fôlego, há caminho, mesmo no deserto. E esse caminho começa com um novo olhar, uma nova mentalidade, um passo diferente do anterior.

No entanto, não dá para fazer isso sozinho, afinal o pensamento que o afundou não irá levantá-lo, o orgulho que impediu seu pedido de ajuda precisa ser deixado de lado, e o comportamento destrutivo deve ser interrompido. Transformar-se exige humildade para desaprender e fé para seguir o trajeto que ainda não foi trilhado.

O futuro que você deseja não virá com mágica, e sim com escolhas intencionais. Você pode escrever uma nova história! Só não pode continuar adiando esse recomeço como se o tempo fosse infinito... Ele não é. Mas ainda dá tempo.

Oração

Senhor, obrigado porque em Ti sempre há a possibilidade de um recomeço. Ajuda-me a romper com aquilo que me prende ao passado, a abandonar as repetições destrutivas e a enxergar os caminhos que o Senhor está abrindo diante de mim. Dá-me coragem para me transformar e humildade para aprender. Que minha mente se alinhe com a Tua verdade e que meu futuro reflita Tuas promessas. Amém.

29 DE MAIO

O vício invisível da dor

"Ó Deus, examina-me e conhece o meu coração! Prova-me e conhece os meus pensamentos. Vê se há em mim algum pecado e guia-me pelo caminho eterno." (Salmos 139:23-24)

O cérebro humano, quando exposto repetidamente a emoções intensas, desenvolve caminhos automáticos de resposta. Assim, sem perceber, a alma cria uma fechadura emocional que só se alinha com chaves que carregam o mesmo tipo de dor. É por isso que, não raro, quem foi ignorado, atrai ausência; quem foi cobrado, casa com alguém exigente; quem viveu com medo, encontra quem imponha insegurança. Será que o problema está sempre no outro ou é a dor que ainda está viva em nós?

Houve um tempo em que, mesmo cercada de amor e boa intenção, eu me sentia cobrada o tempo todo. Não porque meu marido agia como um tirano, mas porque minha alma carregava as feridas de uma infância marcada pela crítica. Eu não precisava ser criticada, já esperava por isso! E, onde há expectativa, haverá interpretação. Foi só quando encarei esse vício oculto que algo mudou em mim.

Mais que sondar nosso coração, o Senhor também o reprograma. Para tanto, deve-se haver entrega, humildade e um novo tipo de coragem: a de sair do papel de vítima e assumir a responsabilidade pela cura. Não há libertação sem autoconhecimento, nem recomeço sem a escolha consciente de romper com os ciclos de dor que alimentamos por hábito.

Oração

Senhor, mostra-me os lugares da minha alma que ainda esperam ser feridos. Confronta minhas repetições silenciosas e os vínculos que criei com a dor, e ensina-me a rompê-los. Cura minhas raízes emocionais e me ajuda a não buscar as dores do passado no presente. Quero me libertar das chaves e das fechaduras que construí, e permitir que a Tua verdade defina a minha história. Amém.

30 DE MAIO

Cuidado com o que planta

"Eu afirmo a vocês que, no Dia do Juízo, cada pessoa vai prestar contas de toda palavra inútil que falou." (Mateus 12:36)

Tem gente que diz: "Ah, eu nem sou de reclamar...", mas vive suspirando fundo, julgando com o olhar, resmungando baixinho, gesticulando com os ombros. Ou seja, reclama com o tom, com o gesto, com o silêncio. Sabe o que é pior? A alma escuta tudo! O que sai da nossa boca é uma semente lançada no terreno da vida que vai brotar!

Muitos querem ver transformação, mas seguem cultivando a mesma terra com palavras envenenadas. Dizem crer, contudo passam o dia amaldiçoando o casamento, o país, os filhos, o futuro... Como esperar uma colheita diferente? Como pedir um milagre, se a fé que professamos no domingo morre de inanição na segunda?

A Palavra é clara: o que sai da nossa boca revela o que habita em nosso coração. O que consta nele governa nossos pensamentos, moldando o que sentimos e o que escolhemos. Logo, palavras constroem (ou destroem) a nossa vida! Quando nos damos conta disso, percebemos que não dá para viver no piloto automático. É preciso religar o botão da consciência; escolher o que dizemos, pensamos e permitimos crescer dentro de nós.

Pare e observe: o que você tem semeado com sua fala? São palavras que sustentam ou que adoecem? Que honram ou que sabotam? Que constroem ou que destroem a casa que Deus confiou nas suas mãos?

Oração

Senhor, que o Teu Espírito me ajude a vigiar a minha boca. Que cada palavra que eu diga seja um reflexo de fé, e não de medo; de esperança, e não de amargura. Que eu semeie com sabedoria e que os frutos das minhas palavras revelem a Tua presença em mim. Alinha minha fala com o Teu coração. Em nome de Jesus, amém.

31 DE MAIO

Quando o "tudo" ainda está de pé

"[...] Nasci nu, sem nada, e sem nada vou morrer. O Senhor deu, o Senhor tirou; louvado seja o seu nome!" (Jó 1:21)

Quando Satanás tocou na vida de Jó, não estava apenas testando a fé desse homem, mas fazendo um cálculo: "Se eu tirar o que ele tem, ele deixará de ser quem é. Se eu desestabilizar seus alicerces externos (família, saúde, posses, reputação), ele desabará por dentro." Foi um jogo de perdas. O inimigo só não sabia que o centro de Jó não estava nas bênçãos, estava em Deus!

Esse homem perdeu tudo aos olhos humanos! Entretanto, se observarmos com mais cuidado, perceberemos que há algo que ele nunca perdeu: o altar. Ele ainda falava com o Pai. Ainda O reconhecia como Deus. Ainda dizia "bendito seja o nome do Senhor", mesmo com a alma e o corpo em carne viva.

Há momentos em que a vida nos violenta com perdas tão grandes que parece que tudo foi arrancado de nós. Reflita: o que é o seu "tudo"? Se for aquilo que o vento leva, o que restará quando vier o vendaval? Jó mostrou que seu tudo era Deus, e quem tem Deus no centro, tem o tudo que nunca pode ser tomado!

Não se trata de não sofrer, mas de permanecer. De atravessar a ruína sem que ela o possua. De ser fiel não ao que o Senhor dá, mas a quem Ele é. De manter o altar de pé mesmo quando a casa desmorona. O "tudo" que sustenta você precisa estar do lado de dentro, onde o inferno não alcança!

Oração

Senhor, que minha fé não seja refém das circunstâncias. Que o meu tudo esteja firmado em Ti. Ensina-me a permanecer quando tudo em volta for ruína. Quando minha alma gritar que perdeu tudo, que o Teu Espírito me lembre: "Se ainda tenho o Senhor, tenho tudo de que preciso." Amém.

ANOTAÇÕES

Junho

Temos um encontro marcado todo dia 1º às 8h.
Escaneie o QR code para acessar nossa
plataforma e participar da live deste mês!

Mais um mês, *mais uma oportunidade de Deus para você.*

Antes de começar as leituras deste mês, separe alguns minutos para olhar para dentro. Use este espaço com sinceridade e intencionalidade.

Em *Objetivos do Mês,* escreva o que deseja viver com Deus nos próximos dias. Pode ser uma mudança de hábito, uma área da vida que precisa de cura, algo que você queira desenvolver espiritualmente ou até mesmo um simples "quero permanecer firme". Não escreva com pressa. Escreva com fé.

Em *Motivos de Gratidão,* liste tudo aquilo que, mesmo singelo, merece ser lembrado com um coração agradecido. A gratidão transforma a sua forma de enxergar a vida — ela ancora você no que Deus já fez e prepara seu coração para o que Ele ainda vai fazer.

Objetivos do Mês

- ○ ______
- ○ ______
- ○ ______
- ○ ______
- ○ ______

Motivos de Gratidão

______

______

______

______

______

1º DE JUNHO

Aquiete sua alma

"Qual de vocês pode encompridar a sua vida, por mais que se preocupe com isso?" (Lucas 12:25)

Rollo May, psicólogo existencialista norte-americano, foi um dos primeiros estudiosos a afirmar que a ansiedade era o mal do século. E não estava exagerando. Ela não escolhe vítimas – ataca o jovem que ainda nem sabe quem é e o adulto que não sabe lidar com o que se tornou. Ela se infiltra em lugares comuns e chega sem aviso, instalando-se no peito, no estômago, no sono.

O termo "ansiedade", do verbo grego *merimnaō*, significa literalmente "ser dividido em partes": a mente vai para um lugar, o corpo fica em outro e a fé se perde no caminho. A ansiedade nos rouba de nós! Ficamos tentando prever o que vai acontecer e corrigir o futuro com a força da preocupação. Mas Jesus, que vê além do óbvio, nos confronta com a pergunta do versículo em destaque.

Estudos mostram que mais de 70% das coisas que nos deixam ansiosos nunca chegam a acontecer! Mesmo assim, elas drenam nossa energia como se fossem reais. É como um ladrão que assalta sem precisar entrar pela porta. Mas há um jeito melhor de viver: seguindo o caminho da entrega – "Senhor, eu não tenho controle disso, mas Te entrego e confio". Essa é a fé que respira, que desce do palco das frases prontas e se ajoelha ao lado da cama, no meio da noite, para lembrar ao coração quem é o Deus que cuida.

Oração

Senhor, a ansiedade tem tentado me sufocar com seus porquês e "e ses". Mas eu escolho respirar em Ti. Ensina-me a confiar mesmo sem entender. Que meu coração aprenda a descansar nas Tuas promessas e que minha alma encontre alívio no Teu cuidado. Entrego a Ti o que me rouba a paz, não por fraqueza, mas por fé. Amém.

2 DE JUNHO

Seu corpo é a ferramenta, não o obstáculo

"Pois ele os comprou e pagou o preço. Portanto, usem o seu corpo para a glória dele." (1 Coríntios 6:20)

Nosso corpo é o único instrumento físico com o qual podemos servir, cuidar, amar e cumprir nosso propósito. Se ele falha, tudo é impactado. Não há ministério, chamado ou vocação que se sustente com um corpo adoecido por decisões desconectadas da vontade divina.

Um corpo que despreza o natural e consome constantemente alimentos ultraprocessados, sobrecarrega órgãos, desregula emoções e afeta até mesmo a clareza espiritual. Não é exagero: há conexões entre o que comemos e o que pensamos, entre como nos sentimos e como tratamos nosso organismo.

O jejum, por exemplo, além de ser uma prática espiritual de renúncia, é um treino de domínio próprio que nos ensina a dizer "não" à boca para aprendermos a dizer "não" ao pecado. Quando você resiste ao impulso de comer algo por fé, está treinando seu espírito para resistir a impulsos maiores. É por isso que o autodomínio é fruto do Espírito! É preciso coragem para mudar hábitos, e não só força de vontade.

Cuidar do corpo não é vaidade, é responsabilidade. Comer o que vem da terra é honrar o Criador com o que Ele mesmo nos entregou. O que se descasca, o que se colhe, o que nasce e frutifica, tudo isso foi pensado pelo Eterno para nos manter saudáveis. Quem negligencia a saúde, fecha a porta para propósitos que exigem energia, clareza e disposição.

Oração

Senhor, meu corpo é Teu templo. Dá-me sabedoria para escolher o que me nutre, disciplina para rejeitar o que me destrói e consciência para perceber quando estou violando os limites que estabeleceste para minha saúde. Que minhas escolhas reflitam meu compromisso com o Teu propósito. Amém.

3 DE JUNHO

Nenhuma tarefa é pequena para Deus

"Portanto, quando vocês comem, ou bebem, ou fazem qualquer outra coisa, façam tudo para a glória de Deus." (1 Coríntios 10:31)

Há quem ache que servir é tarefa de quem não teve opção, porém quem entendeu o Evangelho de Jesus sabe que servir é uma escolha, uma marca de identidade. Não existe tarefa pequena quando se tem um coração grande diante do Senhor. Lavar o banheiro pode ser tão santo quanto pregar um sermão. Cozinhar, limpar, organizar, tudo isso é culto, é altar, é expressão de adoração.

Foi Jesus quem lavou os pés dos discípulos. Esse não foi um gesto simbólico, mas uma lição: quem quiser ser o maior, sirva. Deus não mede grandeza como os homens! O mundo enxerga cargos; Deus, corações. O mundo valoriza a visibilidade, Deus recompensa o secreto.

O Reino dos céus começa na cozinha, no cuidado com o outro, quando alguém diz: "Isso aqui é para o Senhor." A faxina, a comida, o cuidado com os filhos, o trabalho na empresa, a entrega de uma demanda, a organização de um evento, a atenção com um idoso... tudo pode ser santo quando o coração é consagrado!

O que Deus colocou em suas mãos? Talvez seja uma escova, uma vassoura, uma marmita, uma planilha, o volante de um carro ou o fogão de um restaurante. Tudo isso é um altar se você tiver o coração nas coisas certas. Santo não é o lugar onde você pisa, é o modo como você vive.

Oração

Senhor, ensina-me a Te adorar com as mãos, não só com os lábios. Que cada gesto do meu dia seja um ato de amor a Ti. Livra-me do orgulho que separa o santo do comum e dá-me olhos para ver que tudo o que é feito com humildade e zelo pode ser sagrado. Quero assumir minha identidade de servo, assim como Cristo assumiu. Que em tudo eu Te sirva, e que isso Te alegre. Amém.

4 DE JUNHO

A espiritualidade começa pela ordem

"O meu povo viverá em lugares seguros; todos estarão em paz e segurança nas suas casas." (Isaías 32:18)

Não adianta orar por paz se você vive no meio do caos. Há casas em que os gritos cessam, mas a desordem continua ecoando nas gavetas, na mesa, nos pensamentos. A bagunça externa quase sempre é reflexo de uma alma desorganizada, de emoções não tratadas e de prioridades distorcidas. Por mais que alguém pareça espiritual por fora, a desordem crônica é um tipo de ruído que denuncia uma incoerência entre a fé e a prática.

Deus não exige que Seus filhos vivam no luxo, e sim que sejam mordomos fiéis daquilo que receberam. Uma gaveta organizada pode ser profética: revela disciplina, intenção, cuidado... Tudo isso importa no Reino. Não é exagero – no mundo espiritual, o desleixo dá brechas.

Muitas vezes, queremos restaurar nosso casamento, melhorar a relação com nossos filhos ou organizar nossas finanças, porém sequer conseguimos manter a cama arrumada ou a cozinha limpa. A ordem que você estabelece do lado de fora também educa o seu interior! Quem governa seu ambiente com diligência, será capaz de governar bem também seus relacionamentos e projetos. Quem é fiel no pouco (na organização da casa, na rotina, nos pequenos cuidados), também será fiel no muito.

A desordem rouba tempo, energia, discernimento, contudo a ordem é uma linguagem do Espírito. Onde há ordem, há clareza; onde há clareza, há paz; e onde há paz, Deus habita.

Oração

Senhor, ensina-me a amar o simples e a valorizar o que já tenho. Que eu não confunda espiritualidade com aparência. Ajuda-me a colocar ordem na minha casa, na minha mente e no meu coração. Dá-me sabedoria para governar bem as pequenas coisas e humildade para reconhecer onde ainda preciso crescer. Amém.

5 DE JUNHO

Deus supre necessidades, não vaidades

"E o meu Deus, de acordo com as gloriosas riquezas que ele tem para oferecer por meio de Cristo Jesus, lhes dará tudo o que vocês precisam." (Filipenses 4:19)

Deus prometeu suprir necessidades, não desejos irresponsáveis ou vaidades travestidas de "sonhos". Ele não é cúmplice da nossa desorganização, nem patrocinador da nossa má administração. Existem muitos que afirmam confiar no Senhor, mas vivem afundados em dívidas emocionais e financeiras, tudo em nome da imagem que precisam sustentar (e ainda chamam isso de fé!).

A fé verdadeira caminha com prudência. Confia no suprimento, sim, mas também se move em obediência. Não há milagre onde há desperdício. Deus não é obrigado a financiar o que nasceu da nossa ambição; Ele abençoa propósitos, não caprichos.

A Bíblia diz que o nosso Deus supre todas as nossas necessidades. Temos vivido com o que realmente precisamos ou temos criado um estilo de vida que não cabe em nossa realidade? Às vezes, pegamos empréstimos para festas, parcelamos vaidades, acumulamos cartões em nome de conquistas. E, então, nos frustramos quando a conta não fecha.

Deus é Pai e está nos chamando de volta à sobriedade, à simplicidade e ao contentamento. O Eterno supre, sim, mas também ensina. Seja mordomo antes de ser sonhador.

Oração

Senhor, dá-me sabedoria para discernir entre o que é desejo e o que é necessidade. Ajuda-me a não projetar em Ti as consequências da minha desorganização. Ensina-me a ser fiel no pouco, a viver com responsabilidade e a não buscar mais do que preciso para agradar a homens. Que minha vida financeira, emocional e espiritual estejam debaixo da Tua ordem. Quero depender de Ti, não do meu cartão, não das minhas estratégias. Amém.

6 DE JUNHO

O teste antes da confiança

"José ficou na prisão até que se cumpriu o que ele tinha dito. A palavra do Senhor Deus provou que José estava certo." (Salmos 105:19)

Você está mesmo pronto para receber o que tanto pede? Deus não entrega promessas como se fossem prêmios de consolação. Ele confia responsabilidades. E a confiança só nasce depois da superação de provas. O deserto nunca é um atraso, é um laboratório de preparação! Infelizmente, muitos interrompem o processo bem onde deveriam ser moldados.

Toda promessa carrega um peso. O dom precisa ser sustentado pelo caráter. O tempo de prova não serve para nos destruir, e sim para nos fortalecer nas áreas em que ainda estamos frágeis. No entanto, em vez de discernir o tratamento, escolhemos reclamar. Assim, o tempo se estende...

José foi testado até que sua palavra se cumprisse. Davi precisou lidar com cavernas antes de alcançar o trono. Moisés passou anos no anonimato. Jesus foi conduzido ao deserto antes de iniciar Seu ministério. Nenhum ministério genuíno nasce da pressa, e o Senhor não vai lhe entregar o que você ainda não pode sustentar.

Não se trata de merecer, mas de suportar. Há um tipo de unção que, se for liberada fora do tempo, corrói em vez de construir. Por isso, se você se encontra em uma estação de espera, de testes ou de silêncio, não fuja. Não interrompa o processo. Entenda que Deus não está contra você, Ele está preparando você.

Oração

Pai, ajuda-me a discernir o tempo da prova como um tempo de preparação. Dá-me humildade para não resistir aos Teus processos e sabedoria para não transformar meu deserto em prisão. Sei que Tu não me reprovaste, mas estás me moldando. Ensina-me a suportar, a crescer, a aprender. Que eu não fuja do que preciso enfrentar, nem rejeite o que preciso amadurecer. Em nome de Jesus, amém.

7 DE JUNHO

Remar ou ser levado

"Por isso devemos prestar mais atenção nas verdades que temos ouvido, para não nos desviarmos delas." (Hebreus 2:1)

Não existe neutralidade no Reino: ou você se move em direção à luz, ou é arrastado pela corrente da escuridão. Assim como em um rio, parar de remar não é permanecer no mesmo lugar, é ser levado para longe. Por isso, não é exagero dizer que viver a fé é remar contra a corrente diariamente.

Nenhum cristão "cai" de uma vez. O "de repente" leva tempo para acontecer. O coração não se endurece "do nada". Todo afastamento começa com pequenas concessões. Quando vemos, já estamos longe da margem segura. A aparência pode até continuar a mesma, mas a essência foi enfraquecida. É perigoso mantermos nossas atividades de fé enquanto não estamos mais em comunhão com o Espírito.

Talvez você esteja nesse ponto da sua vida, remando menos, sentindo que já não avança como antes. Não aceite descer a correnteza só porque o mundo parece mais fácil de navegar. Se você percebeu que a corrente está arrastando você, não racionalize, não adie, não se engane. Volte a remar! Silencie o mundo e retome a Palavra. Não há recuperação espiritual sem esforço, sem rasgar o orgulho, sem quebrantar a vontade. O Espírito ainda sussurra, ainda convence, ainda clama. A pergunta é: você ainda responde?

Oração

Senhor, eu reconheço que muitas vezes me deixei levar pela correnteza deste mundo. Reacende em mim o desejo de remar e de buscar Tua presença com intencionalidade. Não quero viver no piloto automático da fé, nem me contentar com o que um dia já fui. Espírito Santo, guia-me de volta à margem segura da comunhão. Dá-me força para remar de novo, ainda que contra a corrente. Amém.

8 DE JUNHO

Nem toda aliança é bênção

"Quem anda com os sábios será sábio, mas quem anda com os tolos acabará mal." (Provérbios 13:20)

Você já percebeu como certas conversas parecem inofensivas, mas nos drenam? Você sai de um café se sentindo menor; começa a duvidar de quem é e de quem Deus o chamou para ser... Salomão começou fazendo uma aliança política com o Egito — parecia uma jogada inteligente! Contudo, esse acordo "estratégico" abriu a porta para centenas de outras conexões que, pouco a pouco, desviaram seu coração. Uma concessão aqui e acolá, e, por fim, o homem mais sábio da terra terminou confuso e corrompido.

Tem quem ache que só casamento é aliança, porém tem amizade que é mais perigosa que um matrimônio mal-resolvido. Tem sociedade que prende mais do que um anel no dedo. Nem todo elo vem com fita dourada e promessa de amor eterno — alguns vêm com bajulação, conveniência e uma doçura que, quando se desmancha, revela veneno.

Esses dias, me peguei pedindo sabedoria a Deus com mais intencionalidade. Sinceramente, tem horas que nem o nosso bom senso dá conta de identificar o que é aliança divina e o que é armadilha... Nem toda conexão fortalece, nem toda presença é bênção. Por isso, ore antes de se abrir e de se juntar. Peça sabedoria, e Deus lhe dará. Ele mesmo prometeu: "Mas, se alguém tem falta de sabedoria, peça a Deus, e ele a dará porque é generoso e dá com bondade a todos" (Tiago 1:5).

Oração

Senhor, ajuda-me a reconhecer as alianças que vêm do Teu Espírito e aquelas que vêm da minha carência ou do meu desejo de aceitação. Livra-me dos laços que parecem certos, mas que me afastam da Tua presença. Que eu não me conecte por impulso, mas por direção. Dá-me sabedoria para abrir o coração no lugar certo, com as pessoas certas, no tempo certo. Amém.

9 DE JUNHO

Afiar o machado não é desistir

"Elias se levantou, comeu e bebeu, e a comida lhe deu força bastante para andar quarenta dias e quarenta noites até o Sinai, o monte sagrado." (1 Reis 19:8)

Elias era um homem ousado, destemido e cheio de fé. Enfrentou um rei, desafiou os profetas de Baal e chamou fogo do céu como quem chama a chuva. Mas teve um dia em que ele parou; não por covardia, mas por exaustão. Elias chegou ao fim de si mesmo.

Dentro da caverna, pediu para morrer: "Já basta, Senhor!" (1 Reis 19:4). Esse foi o grito de quem carregava o peso do zelo por Deus nas costas, porém não tinha mais para continuar. O Eterno não o acusou, não deu um sermão, não exigiu mais fé, apenas mandou um anjo. E o anjo não veio com um chicote espiritual, veio com pão e água, descanso e cuidado. Antes de continuar, Elias precisava parar e afiar seu machado!

Quantas vezes você também achou que tinha fracassado, quando só tinha chegado ao seu limite? Que tinha perdido a fé, o chamado, a família, quando só precisava descansar? Afiar o machado é cuidar de si para não cortar o que ainda pode ser restaurado. Isso não é fraqueza, é sabedoria.

Se você está "dentro da caverna" se sentindo vazio, cansado, pensando que perdeu tudo, respire. Deus ainda está aqui, não acabou! Você só está sendo cuidado para continuar. Quando sair dessa caverna, sairá com o machado na mão e uma missão renovada no coração.

Oração

Senhor, eu reconheço ter limites. Hoje, em vez de fingir força, permito-me parar e ser cuidado por Ti. Visita-me com o Teu descanso. Alimenta-me com a Tua presença. Ajuda-me a entender que esse tempo não é de perda, é de preparo. Quando eu sair daqui, que eu volte para o centro da missão que me confiaste, com o machado afiado e os olhos fixos no Teu propósito. Amém.

10 DE JUNHO

Coragem para continuar

"Fortaleçam as mãos cansadas, deem firmeza aos joelhos fracos." (Isaías 35:3)

Tem dias em que a alma pede socorro em silêncio. O coração está pesado, o corpo cansado, a mente confusa... Você precisa escolher se levantar, continuar, não desistir. Às vezes, a fé não se expressa no entusiasmo, mas na decisão de seguir mesmo sem querer.

Davi sabia o que era isso. Em meio à dor, ele dizia: "Por que estou tão triste? Por que estou tão aflito? Eu porei a minha esperança em Deus e ainda o louvarei [...]" (Salmos 42:11). Isso não é negar o sofrimento, é decidir não ser controlado por ele. É cantar com a voz embargada. É voltar para o altar quando tudo em você grita para ficar no chão. É fazer da fraqueza um lugar de resistência e da dor um lugar de adoração.

Se você se sente esgotado, esta mensagem chega como uma resposta. Não existe solidão e abandono para quem é filho de Deus, e você é! Sua dor não passou despercebida. O céu viu. Mesmo quando tudo em você quer parar, o Espírito Santo se move, dizendo: "Ainda não acabou. Eu estou aqui."

Quem treina a fé nos dias escuros, permanece de pé. Você não está sozinho nessa luta. O Pai vê seu esforço. Cada escolha que você faz no vale será lembrada. Aqueles que decidem continuar mesmo sem força, encontrarão em Deus a força que não sabiam ter.

Oração

Senhor, eu me sinto cansado, mas escolho continuar. Mesmo que minha alma chore, escolho confiar em Ti. Mesmo que meu corpo fraqueje, escolho me levantar. Tu és a minha força quando estou fraco e meu abrigo quando tudo desaba. Ajuda-me a não desistir. Sustenta minha fé nos dias silenciosos. Que eu aprenda a caminhar Contigo, ainda que tudo em mim me peça para parar. Amém.

11 DE JUNHO

Quem está do seu lado de verdade?

"O amigo quer o nosso bem, mesmo quando nos fere; mas, quando um inimigo abraçar você, tome cuidado!" (Provérbios 27:6)

Nem toda proximidade é prova de fidelidade. Judas caminhou ao lado de Jesus, ouviu Seus ensinamentos, viu Seus milagres, participou das Suas refeições, entretanto não carregava a missão no coração. Estava perto, mas não era por Jesus. Tem pessoas que andam ao nosso lado, mas não estão conosco de verdade; seguram nossas bolsas, nos aplaudem em público, mas por dentro resistem ao que fomos chamados para fazer.

É tempo de discernimento. Quem ora por você quando ninguém está olhando? Quem jejua com você nos bastidores? Quem se levanta em sua defesa quando as palavras contra você são lançadas? Quem está disposto a se posicionar espiritualmente por sua missão, e não apenas a fazer parte da sua exposição?

Nem tudo é amizade, nem todo apoio é genuíno. A verdadeira aliança se mostra nos bastidores, nas intercessões que ninguém vê. Deus está separando em sua vida os que seguram sua bolsa e os que abraçam seu chamado. Não rejeite ninguém, apenas aprenda a confiar os segredos da sua missão nas mãos certas.

Se você sente que tem caminhado cercado de pessoas e ainda se sente sozinho, saiba que o Pai está levantando para você um novo tipo de companhia. Pessoas que o acompanharão na mesa e no deserto, que andam do seu lado e carregam a mesma fé, a mesma verdade, a mesma paixão. É com essas que você vai longe!

Oração

Senhor, abre os meus olhos para discernir quem carrega minha missão comigo e quem apenas caminha ao meu lado por conveniência. Dá-me sabedoria para confiar nas pessoas certas e humildade para continuar servindo com amor, mesmo quando me sinto só. Que eu também seja fiel aos que estão em missão comigo, assim como és fiel a mim. Amém.

12 DE JUNHO

O caminho até Gaza

"Vocês correm para fazer o que é errado e se apressam para matar pessoas inocentes; vocês pensam somente em maltratar os outros e, por onde passam, deixam a destruição e a desgraça." (Isaías 59:7)

A Bíblia diz, em Juízes 16:1: "Dali Sansão foi até a cidade de Gaza. Lá viu uma prostituta e teve relações com ela." Não foi de uma vez, nem foi um tropeço repentino. Foram 56.250 passos — a distância estimada entre Zorá, cidade natal de Sansão, e Gaza, território inimigo dos filisteus. Quarenta quilômetros a pé, uma decisão por vez, em direção a algo que ele sabia não vir de Deus.

Sansão tinha tudo: promessa, unção, chamado. Era temido pelos inimigos e conhecido por Israel como um juiz levantado pelo Senhor. Mas seu coração distraído e sua falta de domínio próprio o levaram a um dos maiores colapsos da história bíblica. Um dom não sustenta um destino traçado em cima de repetidas escolhas erradas. A ruína daquele homem não chegou quando ele perdeu as forças, e sim quando deu o primeiro passo para onde o Eterno não o havia enviado.

Quantas vezes fazemos o mesmo? Um hábito aparentemente inofensivo, uma conversa que não edifica, uma concessão emocional aqui, um "só hoje" ali... Essas pequenas decisões, somadas, viram quilômetros em direção contrária ao propósito. Sua Gaza pode ter outro nome: compulsão, comparação, pornografia, desânimo espiritual, má administração, vaidade, gula, mentira... A lógica é a mesma. Você não chega lá de uma vez, você vai andando. E é preciso ter coragem para voltar.

Oração

Senhor, dá-me lucidez para reconhecer os caminhos que me afastam de Ti. Fortalece-me para interromper esse trajeto e voltar ao centro da Tua vontade. Que meus pés não corram para o mal, mas se firmem na Tua Palavra. Eu quero voltar antes que a ruína me alcance. Amém.

13 DE JUNHO

Mãos limpas, pés sujos

"Ai dos que chamam de mau aquilo que é bom e que chamam de bom aquilo que é mau; que fazem a luz virar escuridão e a escuridão virar luz; que fazem o amargo ficar doce e o que é doce ficar amargo!" (Isaías 5:20)

Pilatos lavou as mãos, Jesus lavou os pés: um se eximiu, o outro se entregou. Pilatos estava diante da maior injustiça da História e escolheu a neutralidade. Tentou se preservar, como quem diz: "Não vou me meter, isso não é comigo." Na tentativa de manter-se limpo, ficou manchado pela omissão. Jesus, por outro lado, se inclinou. Sujou as mãos. Tocou onde ninguém queria tocar. Lavou os pés de homens que logo O abandonariam. Judas estava ali. Pedro, que O negaria, também. Cristo não fez isso porque eles mereciam, mas para mostrar que o amor verdadeiro se responsabiliza.

Diante das injustiças, das conversas tortas, dos pecados disfarçados de modernidade, da omissão que parece neutralidade, que tipo de cristãos temos sido? Lavamos as mãos ou os pés? Nós nos silenciamos para não nos comprometer ou nos levantamos para carregar uma cruz que não é nossa, mas que aponta para a salvação de alguém?

Você está sendo chamado a tomar uma posição — e sim isso pode custar sua reputação, seu conforto, sua popularidade. No entanto, a cruz não é símbolo de conveniência, é símbolo de rendição. E o Evangelho não combina com covardia.

Oração

Senhor, perdoa-me por todas as vezes que escolhi o conforto da omissão em vez da firmeza da verdade. Ensina-me a não lavar as mãos quando o Teu Espírito está me chamando para servir. Quero me posicionar e amar de forma prática. Dá-me coragem para defender o que é certo, mesmo que isso me custe algo. Quero viver como o Senhor viveu, inclinando-me, servindo e amando com verdade. Amém.

14 DE JUNHO

Quem está disposto a emprestar o próprio nome?

"Quem é direito serve de guia para o seu companheiro, porém os maus se perdem pelo caminho." (Provérbios 12:26)

Nem todo chamado é reconhecido no primeiro olhar. Às vezes, o que Deus faz não é visível para os outros. Foi assim com Paulo. Depois de uma experiência radical com Cristo, ele tentou se aproximar dos discípulos... e foi rejeitado. Tinha um passado, e o medo falava mais alto.

Mas Barnabé fez o impensável! Emprestou seu nome, sua credibilidade, sua história. Assinou embaixo da transformação de alguém que ainda não tinha provas públicas de mudança, mas já havia sido tocado por Deus. Por causa disso, o ministério do maior apóstolo do Novo Testamento foi desbloqueado.

Essa atitude de Barnabé confronta nossa geração. Em tempos de vaidade ministerial, de desempenho e de palco, quem está disposto a perder espaço para levantar o outro? Quem está disposto a apostar em alguém que o céu já reconheceu, mesmo que a terra ainda não o veja? Quem está disposto a ser ponte, e não portão?

Deus continua levantando Barnabés. Homens e mulheres que não se incomodam de ficar em segundo plano se isso significar o avanço do Reino. Que não precisam ser aplaudidos, porque já entenderam seu papel no Corpo. Que não se sentem ameaçados com o crescimento alheio, porque sabem que ajudar alguém a crescer também é crescer com propósito.

Oração

Pai, eu quero ser como Barnabé. Quero ter olhos espirituais para ver o que o Senhor já fez em alguém, mesmo quando o mundo ainda não reconheceu. Livra-me da competição, da comparação, da vaidade de querer os créditos. Ensina-me a ser ponte, a investir no processo dos outros. Que o meu nome sirva ao Teu propósito, e que eu jamais retenha, por medo ou insegurança, aquilo que queres expandir. Amém.

15 DE JUNHO

Não ofenda, não se ofenda, não se defenda

"A pessoa sensata vê o perigo e se esconde, mas a insensata vai em frente e acaba mal." (Provérbios 27:12)

Existe uma maturidade que só o tempo, as pancadas e a presença de Deus desenvolvem: a de não se abalar por qualquer coisa. Não é se tornar insensível, é não deixar que tudo que dizem, fazem ou não fazem penetre o coração como uma faca. Quem se ofende com facilidade, vive como quem carrega feridas abertas — qualquer toque, por menor que seja, faz sangrar.

Alguém sempre terá uma visão distorcida e interpretará suas palavras com um filtro pessoal que você não controla. Vão projetar suas frustrações em você. Vão falar demais. Vão esperar demais. Se você decidir se defender de tudo, vai viver esgotado, tentando se adequar a uma versão que nunca satisfará ninguém.

Jesus foi acusado injustamente, questionado por quem não O conhecia, abandonado por quem caminhava com Ele. Ainda assim, não se defendeu diante de Pilatos. Não ofendeu quem O agrediu. E ainda intercedeu por quem O feriu. Ele sabia que o silêncio também era resposta, e que o céu vê o que os homens interpretam mal. É preciso escolher entre vencer no céu ou provar algo na terra.

O Espírito Santo nos ensina a não revidar, a não nos contaminar, a seguir amando. Quando você está no centro da vontade de Deus, nem a calúnia mais bem articulada pode parar o que Ele começou em você.

Oração

Senhor, ensina-me a não reagir com a carne quando for injustiçado. Dá-me um coração blindado contra ofensas, palavras torcidas e interpretações erradas. Livra-me do impulso de me defender e fortalece minha confiança em Ti, que tudo vê. Que eu não seja causa de ofensa, nem me ofenda com facilidade. Que eu tenha maturidade para seguir em paz, mesmo diante das distorções e dos ruídos. Amém.

16 DE JUNHO

Não troque Jesus pelo erro de alguém

"Conservemos os nossos olhos fixos em Jesus, pois é por meio dele que a nossa fé começa, e é ele quem a aperfeiçoa [...]." (Hebreus 12:2)

Tem gente que se desvia da fé por causa de um olhar atravessado, de um líder que falhou ou de um irmão que não correspondeu às expectativas. Se esse é o seu caso, pergunto: foi por essa pessoa que você entregou sua vida a Cristo? Se sim, então talvez nunca tenha sido a respeito Jesus!

Não é justo nem inteligente abandonar o Salvador por causa da fraqueza alheia. Todo mundo já teve um dia ruim, já respondeu mal, já passou por um conhecido sem olhar e ignorou a dor alheia. Quem nunca decepcionou alguém?

O erro é real. A frustração, também. Mas usar isso como desculpa para largar a caminhada com Cristo é perigoso demais. No fim das contas, Jesus continua sendo quem sempre foi. Ele nunca nos virou o rosto, nunca deixou de nos ouvir, nem nunca parou de acreditar em nós.

Desvie o olhar das pessoas! Olhe de novo para a cruz. Quem morreu por você foi Jesus. Quem intercede por você todos os dias é Ele. Quem vai levantá-lo das cinzas, mesmo depois da decepção, é Ele. Não jogue fora o que é eterno por causa do que é humano. Não foi o erro de alguém que o salvou, foi o sangue de Jesus. Não perca Cristo por causa de quem não pode ocupar o lugar dEle.

Oração

Senhor, eu me arrependo de todas as vezes em que deixei o erro alheio abalar minha fé. Confesso que, às vezes, olho mais para os defeitos humanos do que para a Tua graça. Ajuda-me a voltar os olhos para Ti. Cura as feridas em mim causadas por pessoas e não permitas que elas me afastem do Teu amor. Fortalece minhas raízes em Ti, e não nos outros. Amém.

17 DE JUNHO

Quebrando protocolos por amor

"O nosso pai morreu no deserto [...]. Não é justo que o nome do nosso pai desapareça do meio do seu grupo de famílias só porque não teve nenhum filho homem. Dê uma propriedade para nós entre os parentes do nosso pai. [...] o Senhor disse: – O que as filhas de Zelofeade estão pedindo é justo [...]."
(Números 27:3-7)

Há histórias que nos lembram que Deus não só conhece a dor, mas também reescreve leis por amor. As filhas de Zelofeade eram mulheres sem voz em uma sociedade patriarcal. O pai delas havia morrido por causa do pecado de uma geração que murmurou contra Deus, e com ele morreu também o direito daquelas jovens de receberem uma herança.

Elas não se resignaram ao silêncio e foram até Moisés, ousando se apresentar diante da autoridade com um pedido que não tinha base na lei, mas que tocava o coração do Pai. E Deus respondeu. O Senhor validou a petição delas e ainda estabeleceu um novo princípio a partir disso.

Quantas vezes achamos que nossos acessos estão bloqueados por pecados que não cometemos? Quantos de nós vivem à margem da nossa herança espiritual, emocional e familiar por causa de traumas herdados, por histórias que começaram mal antes mesmo do nosso nascimento? Podemos ter esperança porque o Senhor é diferente. Ele ama, conserta, reabre portas e, se for preciso, quebra protocolos.

Se hoje você sente que carrega marcas do que fizeram com você, da ausência ou do erro de alguém do seu passado, lembre-se de que a mão do Eterno pode virar o veredito. Ele continua cuidando dos filhos órfãos de direitos humanos, mas que estão cobertos por uma promessa celestial. Se a lei da terra o excluiu, a graça do céu o inclui!

Oração

Pai, obrigado por me veres. Mesmo quando me sinto à margem, Tu me alcanças. Mesmo quando carrego marcas de uma herança quebrada, Tu declaras: "Esse é meu filho, e Eu lhe dou acesso." Dá-me a mesma coragem das filhas de Zelofeade para reivindicar o que já separaste para mim. Amém.

18 DE JUNHO

Fé ambidestra

"Eu penso que o que sofremos durante a nossa vida não pode ser comparado, de modo nenhum, com a glória que nos será revelada no futuro." (Romanos 8:18)

Basílio de Cesaréia, um dos pais da igreja, foi descrito por Philip Yancey como alguém que possuía uma "fé ambidestra": com uma mão segurava as bênçãos, com a outra, as dificuldades. Isso nunca me saiu da cabeça!

Falar da dor enquanto cristão ainda parece estranho para muita gente. Existe uma expectativa inconsciente, ou ensinada, de que fé é sinônimo de vida sem sofrimento. Contudo, os momentos mais carregados da existência podem ser, também, os mais profundos. É no dia da perda que muitos aprendem o que é consolo. É na enfermidade que outros descobrem a intimidade com Deus. Eu mesma descobri que há revelações que não vêm no palco, mas no vale. É ali, no lugar em que só restam as lágrimas, que Ele se revela como Pai. Quando tudo falha, a fidelidade dEle grita mais alto.

Quem sabe hoje você esteja segurando firme o lado mais pesado da sua fé: a mão que sustenta as dificuldades. Isso não quer dizer que as bênçãos cessaram; elas estão ali, na outra mão. Talvez discretas, até imperceptíveis, mas sempre presentes. A fé verdadeira não é cega ao sofrimento. Ela olha para ele sem soltar a outra mão! Ter uma fé ambidestra é aprender a segurar as promessas sem soltar a realidade.

Oração

Senhor, ensina-me a caminhar com uma fé ambidestra, a não negar minha dor, nem me esquecer do Teu cuidado. Que eu não me perca na busca por respostas, mas encontre Tua presença mesmo quando nada faz sentido. Obrigado por estares comigo nos dois extremos, na abundância e na escassez, na festa e no luto. Que meu coração Te conheça mais, especialmente nos dias difíceis. Amém.

19 DE JUNHO

Conversa fiada

"Os mexericos são tão deliciosos! Como gostamos de saboreá-los!"
(Provérbios 18:8)

Já reparou que algumas fofocas parecem sobremesa? A gente sabe que não devia ouvir, mas fica ali, mastigando cada palavra como se fosse doce. Quando percebe, já engoliu veneno disfarçado de conversa leve. Nem lhe dizia respeito, mas agora você faz parte daquilo.

Não é só quem fala que peca! Quem ouve e não para também participa. Sim, o pecado pode usar sua boca, mas também pode usar sua omissão. No Reino de Deus, a neutralidade não é neutra.

Não adianta dizer: "Eu não falei nada." Se você sabia o que era certo e ficou calado, ajudou a manter o ambiente podre. Essa afirmação parece pesada, porém é libertadora. Acredite: você pode transformar o ambiente; pode ser quem interrompe, quem muda o rumo, quem recusa esse pequeno prazer momentâneo.

Certa vez, em um grupo, alguém começou a zombar de uma terceira pessoa. Todo mundo riu. Eu também ri, embora, por dentro, estivesse morrendo de vergonha (não por eles, por mim). Eu sabia que podia ter sido a voz que elevava a conversa e não fui. Esse episódio me ensinou que não dá para esperar. A mudança deve ser imediata! No próximo comentário, no próximo grupo, na próxima oportunidade de não se calar. Se você não teria coragem de repetir, por que se senta para ouvir?

Oração

Pai, limpa minha boca e meus ouvidos. Dá-me discernimento para identificar conversas que não Te agradam e coragem para não participar delas. Que eu seja alguém que interrompe, confronta com graça e protege com amor. Não quero ser cúmplice do que destrói, quero ser canal do que edifica. Amém.

20 DE JUNHO

Não se explique

"Por acaso eu procuro a aprovação das pessoas? Não! O que eu quero é a aprovação de Deus. Será que agora estou querendo agradar as pessoas? Se estivesse, eu não seria servo de Cristo." (Gálatas 1:10)

Toda vez que alguém dá um passo ousado em direção ao que Deus o chamou para ser ou fazer, o espírito da intimidação aparece. Foi assim com Davi diante dos irmãos; com Neemias diante dos zombadores; com Paulo diante dos religiosos; e talvez esteja sendo assim com você. É como se o inferno inteiro se incomodasse quando alguém finalmente sai do lugar de invisibilidade e decide ocupar o espaço que lhe foi dado pelo Pai!

Muitas vezes, a tentativa de frear sua caminhada não vem de fora. Vem de quem está próximo, disfarçada de conselhos, de palavras que soam como cuidado, mas carregam o veneno da comparação e do desprezo. Você já viveu isso? Quando começou a se desenvolver em algo, alguém sutilmente o fez se sentir "grande demais"? Quando começou a sonhar, alguém o lembrou de tudo que podia dar errado? Quando tentou se posicionar, alguém o colocou no seu "devido lugar"? As críticas vêm porque sua coragem revela o comodismo de quem não tem a mesma ousadia que você.

Não perca tempo tentando explicar seu chamado. Não invista energia tentando provar sua fidelidade. Apenas continue. Quem continua no caminho que Deus chamou, mais cedo ou mais tarde será visto. O Rei ainda chama os que estão se preparando no secreto.

Oração

Senhor, quando a intimidação vier disfarçada de opinião, ajuda-me a discernir. Quando me sentir grande demais, lembra-me de que fui chamado para ser exatamente como Tu sonhaste. Que eu continue mesmo sem palmas, mesmo sem plateia. Que o meu progresso fale mais alto do que qualquer provocação. Em nome de Jesus, amém.

21 DE JUNHO

Deus não procura os prontos

"Em seguida, ouvi o Senhor dizer: — Quem é que eu vou enviar? Quem será o nosso mensageiro? Então respondi: — Aqui estou eu. Envia-me a mim!'" (Isaías 6:8)

A maioria das pessoas conhece o versículo do "eis-me aqui" como um grito de coragem e prontidão, embora poucos se lembrem do que vem antes disso. Isaías não estava em um dia comum quando ouviu esse chamado. Ele tinha acabado de ver o trono de Deus, os serafins, a glória enchendo o Templo, e caiu em si. Viu o quanto era pecador, o quanto seus lábios estavam impuros. Não se sentiu digno.

É aí que tudo começa! A escolha do Senhor não depende da nossa prontidão, mas sim da nossa disponibilidade. Isaías não disse "eis-me aqui" porque se sentia capaz, mas porque entendeu que Deus o havia purificado. A brasa viva do altar tocou seus lábios antes que ele fosse enviado! O Pai trata aquilo que nos torna indignos para nos tornar disponíveis.

Quantas vezes você já hesitou em responder ao chamado porque não se achava preparado ou bom o bastante? Deus não está procurando perfeição, mas rendição; corações que estejam dispostos a ser tratados, enviados e usados, mesmo que sintam medo.

Isaías não foi enviado por ser o mais capacitado, mas porque respondeu. Ele disse "sim" quando poderia ter se escondido. Esta ainda é a lógica do Reino: Deus procura quem diga "eis-me aqui" sabendo que ainda precisa de cura e de coragem. O chamado não espera perfeição, espera entrega.

Oração

Pai, sei que muitas vezes me escondo atrás do argumento de que não estou pronto. Hoje entendo que o Senhor não chama os prontos, mas sim os rendidos. Que eu tenha coragem de responder mesmo tremendo de medo. Que eu diga "eis-me aqui" mesmo sem conhecer todos os passos. Purifica os meus lábios, alinha o meu coração, fortalece a minha fé e envia-me. Amém.

22 DE JUNHO

Quando a agenda muda, mas o propósito não

"Eu reconheço que para ti nada é impossível e que nenhum dos teus planos pode ser impedido." (Jó 42:2)

Sabe aquele dia em que tudo o que você queria era ficar em paz e se recolher um pouco? Jesus também teve um dia assim. Ele tinha acabado de perder João Batista, que era parte de Sua família e de Seu ministério. Como qualquer um de nós, Cristo só queria um tempo para si. A Bíblia diz que Ele se retirou para um lugar deserto, no entanto, chegando lá, encontrou uma multidão à Sua espera.

O que Ele fez? Mandou todo mundo embora? Disse que não estava em condições? Que não era um bom momento? Nada disso! Jesus sentiu compaixão daquela gente. Mesmo machucado, Ele curou; mesmo com dor no coração, Ele se entregou.

Eu me pergunto: quantas vezes já cancelei meu propósito por causa da dor? Quantas vezes deixei meu chamado em segundo plano porque as coisas não estavam saindo como eu queria? Esse texto me confronta, porque mostra um Jesus que não faz birra com o Pai, nem entra em crise existencial toda vez que os planos mudam. Ele segue firme, servindo e amando, embora tudo dentro dEle peça uma pausa.

Talvez seja isto que você precise ler hoje: não é porque deu errado para você que deu errado para Deus. O que você enxerga como interrupção, para Deus é redenção. Ele sabe exatamente o que está fazendo, mesmo quando você não entende.

Oração

Deus, ensina-me a lidar com as mudanças sem perder meu propósito. Quando os meus planos forem interrompidos, ajuda-me a perceber o que o Senhor está fazendo por trás disso. Eu quero um coração sensível à dor, mas firme no chamado. Faz-me responder como Jesus: com amor, mesmo cansado; com compaixão, mesmo frustrado. Amém.

23 DE JUNHO

Cuidado com as raposinhas

"Peguem as raposas, apanhem as raposinhas, antes que elas estraguem a nossa plantação de uvas, que está em flor." (Cânticos 2:15)

Às vezes, não é uma grande briga que esfria o casamento, nem uma traição. É aquela cara feia e emburrada todo dia, o tom de voz, o jeitinho de falar carregado de veneno. É o silêncio usado como punição. É a cobrança atrás de cobrança. Essas são as "raposinhas" de que a Bíblia fala — pequenas, mas destrutivas.

Como está o clima da sua casa? Dá vontade de chegar? De ficar? Seu cônjuge pode ir a cem lugares durante o dia, mas só tem um lar, que deve ser leve! Eu já fiz a besteira de transformar minha casa em um campo de batalha. Queria controlar tudo! Quando vi, ninguém mais queria ficar ali. Foi difícil admitir e perceber o que estava acontecendo, mas tive que mudar. Tive que me questionar: "O que estou construindo aqui dentro? Uma casa onde todos pisam em ovos, com medo da minha próxima explosão, ou um ambiente onde o erro vira conversa e risadas juntos?" Doeu perceber que eu tinha virado a tempestade do meu lar. Graças a Deus, tive tempo para consertar isso.

Uma mudança significativa começa com decisões simples: falar mais baixo e com calma, ouvir com paciência, parar de querer vencer toda discussão. Você não perde nada sendo gentil com quem ama. Pelo contrário, é assim que constrói um lugar para onde todo mundo quer voltar. Nosso lar é nosso lugar de influência; se não cuidarmos dele, ninguém o fará.

Oração

Deus, ensina-me a identificar as raposinhas que estão estragando o que o Senhor plantou no meu lar. Dá-me sabedoria, leveza e domínio próprio. Ajuda-me a construir, ao invés de destruir. Que meu lar seja cheio da Tua presença, e que quem entrar nele sinta a Tua paz. Amém.

24 DE JUNHO

Melhor molhado do que paralisado

"— Venha! — respondeu Jesus. Pedro saiu do barco e começou a andar em cima da água, em direção a Jesus." (Mateus 14:29)

Todo mundo aplaudiu quando Jesus andou sobre as águas, mas poucos reconheceram a ousadia de Pedro, que, mesmo sem ser divino, deu um passo para fora do barco. Ele foi o único que colocou o pé onde nenhum outro discípulo ousou colocar porque ouviu a voz que o chamava e decidiu confiar. Sim, Pedro afundou, mas só depois de ter andado! Os outros continuaram secos e imóveis, sentados na segurança do barco, como quem diz: "Antes parado do que envergonhado."

Talvez você esteja aí, paralisado, porque teme o que vão dizer. "E se não der certo? E se me julgarem? E se eu fracassar?" Pois eu lhe pergunto: e se for Jesus chamando você? E se seu maior erro for não tentar? Quem critica os que tentam, não têm coragem de levantar de onde estão; preferem a segurança do barco à experiência do sobrenatural. Pedro molhou os pés, mas também tocou o impossível!

Se Deus lhe deu uma palavra, saia do barco. A crítica e a zombaria virão, faz parte, porém nada é mais poderoso do que a mão que o chama. Entre errar tentando e viver travado, escolha andar, nem que seja dando três passos antes de afundar. Jesus ainda está com o braço estendido para você. Quem não sai do barco não corre o risco de afundar, mas também nunca vai andar sobre as águas.

Oração

Senhor, quantas vezes eu travei com medo da opinião dos outros? Quantas vezes ouvi Tua voz e hesitei? Hoje, peço-Te coragem para sair do barco e obedecer apesar do medo. Quero caminhar na direção da Tua voz, ainda que eu me molhe, ainda que eu tropece. Segura minha mão, Senhor. Eu quero andar onde nunca andei, desde que seja Contigo. Amém.

25 DE JUNHO

Me lembra, Jesus

"Mas o Auxiliador, o Espírito Santo, que o Pai vai enviar em meu nome, ensinará a vocês todas as coisas e fará com que lembrem de tudo o que eu disse a vocês." (João 14:26)

No dia em que minha alma parecia dispersa e minha rotina estava caótica, comecei a orar: "Me lembra, Jesus! Me lembra que minha vida é Tua; que tudo que eu faço, seja grande ou pequeno, tem que ser feito para Ti." Eu sei o que é acordar com o coração no lugar certo, e terminar o dia respondendo mal e servindo com raiva. Diante disso, devemos clamar ao Espírito Santo, o único que consegue trazer à tona aquilo que o mundo tenta nos tirar: a consciência da Presença e da missão.

A Palavra diz que é o Espírito quem nos ensina e nos lembra de tudo o que Ele nos disse. Tem dias em que a alma parece esquecer o que já sabe. A correria, as exigências e a pressão vão silenciando a voz da fé e ampliando a do medo. Nesses momentos, o coração precisa ser despertado de novo!

Então, o Espírito sussurra que tudo o que fazemos deve ser para o Senhor (Colossenses 3:23), que até no dia difícil devemos exercitar a gratidão (1 Tessalonicenses 5:18) e que nosso corpo, nossa casa e rotina são também um espaço santo (1 Coríntios 6:19). É Ele quem traz à tona o que a alma esqueceu. Quando o Espírito lembra, a memória desperta, e o sentido da vida e do propósito fica vivo em nós.

Oração

Jesus, lembra-me de quem eu sou. De que fui chamado para mais do que sobreviver. De que minha rotina é um lugar de encontro Contigo. Lembra-me de amar mesmo quando for difícil; de servir, mesmo quando estiver cansado; de perdoar, mesmo quando doer. Quando eu me esquecer, que o Teu Espírito fale mais alto que o barulho da minha pressa. Amém.

26 DE JUNHO

Primeiro é contigo

"Cheguem perto de Deus, e ele chegará perto de vocês [...]." (Tiago 4:8)

Sabe aquela história de que é só esperar que Deus vai fazer tudo? Então... Não é bem assim. Eu cresci ouvindo que Deus age, porém, quanto mais leio a Palavra, mais entendo que, na maioria das vezes, Ele reage. O Senhor se move quando eu me movo; responde quando eu clamo; vem quando eu busco. Não porque Ele depende de mim, mas porque nosso relacionamento é uma via de mão dupla!

Quando Pedro saiu do barco, Jesus estendeu a mão. Quando a mulher do fluxo de sangue tocou na Sua veste, o milagre aconteceu. Quando os servos encheram os potes em Caná, o vinho veio. Quando Josué levantou a espada, Deus parou o sol. Percebe que primeiro houve uma ação humana e só depois veio a resposta divina?

A Bíblia está cheia de "se": "se o Meu povo orar", "se Me buscar", "se obedecer"... Deus não nos trata como marionetes, mas como filhos que participam da história! Ele quer ver nossa fé em movimento, não nosso discurso parado. O céu se move na direção de quem decide se mover. Esperar nEle não é passividade, é a postura ativa de quem crê e age.

Então, se tem algo que você está esperando Deus fazer, pense no que você já fez: Já orou? Já perdoou? Já deu o primeiro passo? Já se posicionou? Não se trata de merecimento, mas de princípio. Primeiro é contigo, depois é com Ele!

Oração

Senhor, reconheço que espero que tudo mude sem me mover, mas hoje entendo que fé também é ação! Dá-me coragem para me levantar, sabedoria para agir e obediência para dar os passos certos. Eu sei que és fiel para responder. Então, hoje, eu me posiciono. Eis-me aqui. Amém.

27 DE JUNHO

Quem transforma a fala, transforma o destino

"Não digam palavras que fazem mal aos outros, mas usem apenas palavras boas, que ajudam os outros a crescer na fé e a conseguir o que necessitam, para que as coisas que vocês dizem façam bem aos que ouvem." (Efésios 4:29)

Algumas feridas que carregamos não vieram de socos, mas de palavras. Algumas travas que enfrentamos nasceram de frases pequenas, mas destrutivas, ditas por alguém ou repetidas por nós mesmos. As palavras não passam, elas se instalam, por isso a Bíblia diz que elas devem edificar e conceder graça a quem as ouve.

Talvez você não perceba, mas a forma como fala sobre si mesmo molda sua identidade. Nossos lábios foram feitos para declarar vida, e toda vez que escolhemos a verdade de Deus em vez da murmuração, estamos reescrevendo nossa história! Por um instante, pense em seus relacionamentos: as palavras que saem da sua boca no automático, no cansaço, na irritação... constroem ou quebram? Lembre-se de que elas devem edificar! Palavras têm o poder de curar ou de ferir, e você é quem escolhe o uso que faz delas.

Jesus recorda que "a boca fala do que o coração está cheio" (Lucas 6:45). Se você vive falando de desânimo, é sinal de que está alimentando seu interior com dúvidas e medo. Se seus lábios se enchem de reclamação, é porque seu coração está esvaziado de gratidão. Não basta mudar o vocabulário, é preciso transformar o coração, e isso só o Espírito Santo pode fazer!

Oração

Senhor, limpa os meus lábios e transforma o meu coração. Ensina-me a falar com amor e a declarar vida sobre mim e sobre os outros. Que minha boca seja instrumento de cura, e não de destruição. Que eu seja conhecido como alguém que espalha palavras de paz, fé e edificação. Amém.

28 DE JUNHO

Fé que sobe mesmo quando tudo desce

"O Senhor Deus é a minha força. Ele torna o meu andar firme como o de uma corça e me leva para as montanhas, onde estarei seguro." (Habacuque 3:19)

Habacuque não começou seu livro com uma palavra ao povo, mas com uma conversa sincera com Deus (que estava mais para um desabafo). Ele olhava ao redor e via violência, injustiça, corrupção. "Ó Senhor Deus, até quando clamarei pedindo ajuda, e tu não me atenderás?" (Habacuque 1:2), ele questionava. Quem nunca teve essa sensação?

Aquele profeta queria entender por que o Senhor permitia tanto sofrimento, por que os ímpios prosperavam enquanto os justos sofriam. Deus lhe respondeu dizendo que viria o julgamento e que usaria até mesmo uma nação pior (os caldeus) como instrumento de correção. Isso bagunçou ainda mais a cabeça de Habacuque: "Como assim Deus vai usar os mais perversos para disciplinar os que são menos maus?"

Depois de questionar, ouvir e processar, ele parou de olhar ao redor e começou a olhar para cima, tanto que terminou seu livro com um cântico de confiança baseado no caráter do Pai: "Ainda que as figueiras não produzam frutas [...], mesmo assim eu darei graças ao Senhor e louvarei a Deus, o meu Salvador. O Senhor Deus é a minha força" (Habacuque 3:17-19). Ou seja, a força que nós não temos, Ele tem! Como Habacuque, você também pode derramar seus questionamentos diante de Deus e decidir se alegrar, ainda que nada mude.

Oração

Senhor, quando eu estiver cercado por confusão, silêncio e injustiça, lembra-me de que continuas sendo soberano. Ainda que tudo à minha volta desabe, faz-me andar firme, como um cervo, e subir os montes que eu jamais conseguiria sozinho. Que minha fé não dependa do que vejo, mas do que sei sobre Ti. Amém.

29 DE JUNHO

Nosso corpo é dEle

"Será que vocês não sabem que o corpo de vocês é o templo do Espírito Santo, que vive em vocês e lhes foi dado por Deus?" (1 Coríntios 6:19)

Já faz mais de quinze anos desde que tomei a decisão de cuidar do meu corpo de forma intencional. Naquela época, não era fácil. Na igreja me olhavam com desconfiança. Havia uma ideia silenciosa de que se preocupar com o físico era sinônimo de vaidade. Eu ouvia julgamentos. Ainda assim, algo dentro de mim já entendia que se tratava de cuidado, não de aparência.

O que me movia e ainda me move é a convicção de que meu corpo é templo. Não é um acessório da minha vida espiritual, mas parte dela. É com este corpo que eu abraço, sirvo, ajoelho, dou aula, crio meus filhos, vivo meu chamado. Como não cuidar daquilo que carrega o Espírito de Deus em mim?

Na prática, o cuidado com o corpo tem pouco a ver com estética e muito a ver com responsabilidade. Comer com equilíbrio, dormir bem, movimentar-se, respeitar limites, aprender a pausar... tudo isso é uma forma de dizer: "Senhor, eu sei que este corpo não é meu. É Teu." Se é dEle, então merece honra.

Hoje, vejo com alegria que essa cultura está mudando. As pessoas estão se despertando para a consciência de que cuidar do corpo também é um ato de adoração! Não é egoísmo, é obediência. Não é vaidade, é reverência. O mesmo Deus que habita em seu espírito, habita também em sua humanidade. Quando você cuida do seu corpo com consciência, você honra o preço que foi pago por você.

Oração

Pai, obrigado por me lembrar de que meu corpo não é um fardo, mas um presente. Que eu saiba cuidar dele com responsabilidade e gratidão. Ensina-me a ver cada escolha como uma oportunidade de Te glorificar. Que meu corpo continue sendo um lugar onde o Teu Espírito habita com prazer. Amém.

30 DE JUNHO

O que Deus pode fazer com o que fizeram com você

"Para dar aos que choram em Sião uma coroa de alegria, em vez de tristeza, um perfume de felicidade, em vez de lágrimas, e roupas de festa, em vez de luto [...]." (Isaías 61:3)

Desde o início da minha jornada, quando comecei a me levantar como uma voz entre as mulheres, uma referência me acompanhou de perto, mesmo à distância: a pastora Joyce Meyer. Ela é um testemunho vivo de que Deus pode transformar dor em propósito, vergonha em autoridade e marcas do passado em instrumentos de cura.

Ela sofreu abusos, traumas e rejeições dentro da própria casa. Foi uma menina destruída emocionalmente. Quando o Senhor entrou na sua história, ela entendeu que não precisava passar a vida toda escondendo suas dores. Ao contrário, foi delas que Ele fez nascer um ministério que hoje alcança o mundo inteiro.

A pastora Joyce me ensinou que o passado não tem o poder de anular o propósito, que a dor não precisa ser um ponto-final e que a vergonha não precisa ditar nossa identidade. Quando colocamos tudo nas mãos do Pai, até os escombros viram altar.

Toda vez que pensei em parar, me lembrei dela e do quanto o Eterno pode levantar uma mulher completamente quebrada e transformá-la em uma fonte de cura para milhares. A história dela é a prova viva de que Deus não é refém do nosso passado, Ele é Senhor do nosso futuro.

Não importa como você começou, o que importa é nas mãos de quem sua história está agora. Se Deus fez com a pastora, pode fazer com você também!

Oração

Senhor, obrigado porque o Teu poder não depende do meu passado. Obrigado porque, mesmo quando tudo indicava que não havia mais esperança, Tu já estavas escrevendo uma nova história. Hoje eu me rendo à Tua soberania e creio que nenhuma dor é desperdiçada nas Tuas mãos. Faz da minha vida um testemunho vivo da Tua graça. Em nome de Jesus, amém.

ANOTAÇÕES

ANOTAÇÕES

Julho

Temos um encontro marcado todo dia 1º às 8h.
Escaneie o QR code para acessar nossa
plataforma e participar da live deste mês!

Mais um mês, *mais uma oportunidade de Deus para você.*

Antes de começar as leituras deste mês, separe alguns minutos para olhar para dentro. Use este espaço com sinceridade e intencionalidade.

Em *Objetivos do Mês*, escreva o que deseja viver com Deus nos próximos dias. Pode ser uma mudança de hábito, uma área da vida que precisa de cura, algo que você queira desenvolver espiritualmente ou até mesmo um simples "quero permanecer firme". Não escreva com pressa. Escreva com fé.

Em *Motivos de Gratidão*, liste tudo aquilo que, mesmo singelo, merece ser lembrado com um coração agradecido. A gratidão transforma a sua forma de enxergar a vida — ela ancora você no que Deus já fez e prepara seu coração para o que Ele ainda vai fazer.

Objetivos do Mês

- ○ ______________________________
- ○ ______________________________
- ○ ______________________________
- ○ ______________________________
- ○ ______________________________

Motivos de Gratidão

____

____

____

____

____

1º DE JULHO

Não foi o Diabo, fomos nós

"As injustiças que um homem mau comete são uma armadilha; ele é apanhado na rede do seu próprio pecado." (Provérbios 5:22)

Nem tudo o que está dando errado é culpa do diabo. Muitas vezes, é nossa mesmo! Essa foi uma lição dolorosa, mas que mudou minha forma de enxergar a vida com Deus. Quero ser sincera – tem muita gente presa em situações que não são batalhas espirituais nem foram tramadas no inferno, mas, sim, alimentadas dentro de casa; no hábito da fofoca, da preguiça, da impulsividade, da procrastinação... E o diabo? Está só assistindo.

Eu já orei contra "ataques" em vez de me arrepender de decisões ruins e atitudes erradas. De fato, é mais fácil colocar a culpa em um inimigo invisível do que encarar a responsabilidade de ter plantado o que está colhendo. O que parece um "pecadinho", uma "fraqueza" ou um "jeitinho" vira uma rede que nos paralisa. E o pior: ainda tentamos cobrir isso com um verniz espiritual, dizendo "Deus quis assim". Não, não quis!

Se hoje você está vivendo um ciclo de frustração, caos ou estagnação, antes de fazer jejum contra o inferno inteiro, faça um jejum por si mesmo. Sonde o seu coração. Pergunte-se com sinceridade: "Será que fui eu quem abriu essa brecha?" Se foi, ainda dá tempo de fechá-la. Deus é misericordioso, porém não ignora a verdade.

Oração

Senhor, eu sei que é mais fácil apontar o dedo do que olhar para dentro, mas não quero viver preso a desculpas. Mostra-me, Espírito Santo, onde tenho dado brecha, revela-me o que está me prendendo e dá-me coragem de cortar as cordas que eu mesmo amarrei. Quero viver o Teu plano por inteiro. Amém.

2 DE JULHO

No dia mais difícil, confie na promessa

"Abraão respondeu: 'Deus dará o que for preciso; ele vai arranjar um carneirinho para o sacrifício, meu filho. E continuaram a caminhar juntos.'" (Gênesis 22:8)

Existem momentos em que a nossa força acaba, e tudo o que sobra é uma promessa distante, quase inexistente. Se você já passou pelo que parecia ser o dia mais difícil da sua vida, aquele em que você mal conseguia orar ou respirar, então entende o que estou dizendo.

Abraão entendeu. Ele estava subindo o monte com lenha, uma faca e o próprio filho nos braços. Nada fazia sentido. O pedido do Eterno era quase impossível de ser obedecido. Quando Isaque perguntou: "Pai, onde está o cordeiro?", tudo que Abraão tinha era uma resposta que vinha da fé: "Deus proverá."

Essa é a frase que você precisa lembrar quando o chão abrir. Quando o diagnóstico vier. Quando a resposta não chegar. Quando não houver saída. Isso porque "Deus proverá" não é um clichê, é uma convicção, uma memória viva de que Ele já proveu antes e vai prover de novo.

Às vezes, a provisão não vem antes da caminhada, mas no alto do monte. Quando já não dá para voltar atrás. Quando só existe fé para dar o próximo passo. Foi assim com Abraão; foi assim comigo; vai ser assim com você. Não dependa da emoção, dependa da promessa. A emoção oscila, mas a promessa permanece.

Oração

Senhor, quando a dor apertar, ajuda-me a lembrar da Tua fidelidade. Quando tudo parecer fora do lugar, ensina-me a confiar que estás providenciando o que eu ainda não vejo. Eu escolho crer, mesmo que minha emoção diga o contrário. Escolho subir o monte, mesmo sem entender o plano, pois sei que Tu proverás. Amém.

3 DE JULHO

Você não é esse rótulo

"Vejam como é grande o amor do Pai por nós! O seu amor é tão grande, que somos chamados de filhos de Deus e somos, de fato, seus filhos [...]." (1 João 3:1)

Se você não conhecer a Palavra de Deus, ouvir o Espírito Santo e se cercar de gente que edifica, o mundo vai contar sua história por você! E vai fazer isso com base na dor, na queda ou na vergonha; vai rotulá-lo pela cicatriz, e não pela cura.

Muitas pessoas vivem intoxicadas por pensamentos que nasceram de uma mentira. Por isso, preciso lhe dizer que aquela memória sombria da infância não representa quem você é hoje. Você não é o fracasso do seu passado. Você não é o erro que cometeu 15 anos atrás que até hoje o consome por dentro.

Quantas vezes você se sente um erro ambulante e se martiriza por algo que Deus já o perdoou? O inimigo nem precisa fazer muita coisa... Ele só senta e assiste enquanto você mesmo se destrói por dentro, acreditando que nunca vai sair disso.

Eu vou falar o que você é de verdade: um filho amado de Deus! É isso que o Pai diz sobre você! Se o Criador do Universo o chama de filho, quem tem autoridade para chamá-lo de outra coisa? O amor dEle não se baseia na sua performance, mas na sua identidade — e identidade não muda com erro, com trauma ou com a opinião dos outros.

Hoje é dia de parar de andar com os rótulos que o céu nunca escreveu. De calar o som das mentiras e deixar o Espírito Santo lembrar você de quem é. Quando você se vê como Deus o vê, até seu jeito de caminhar muda; a vergonha se esvai, a dignidade volta.

Oração

Pai, obrigado por não me definir pelas minhas falhas, nem pelo que fizeram comigo. Ajuda-me a romper com as mentiras que me aprisionam e a crer com todo o coração que sou Teu filho amado e escolhido. Que essa verdade se torne mais real do que qualquer memória, acusação ou sentimento. Amém.

4 DE JULHO

A zona de graça e a medida de responsabilidade

"[...] Assim será pedido muito de quem recebe muito; e, daquele a quem muito é dado, muito mais será pedido." (Lucas 12:48b)

Tem gente que olha para a sua vida e só enxerga a bênção – vê a autoridade, a influência e os frutos, mas nunca o peso. Isso porque toda vez que Deus amplia a sua zona de graça, amplia também sua responsabilidade. Ele não exige de uma pessoa nada que ela ainda não tenha recebido.

A dor que você sente está diretamente conectada à graça que você carrega. A responsabilidade dói, o crescimento gera crises, e não adianta fugir disso. Quanto maior a confiança que o Senhor deposita em você, maior também será seu nível de prestação de contas.

Você percebe que certas coisas o incomodam mais do que a outras pessoas? Já notou que tem áreas que o ferem profundamente enquanto para outros passam despercebidas? É que a sua sensibilidade é proporcional à sua missão. Aquilo que dói em você pode revelar o que você foi chamado para transformar. O lugar da sua dor pode ser exatamente o lugar da sua autoridade!

Por isso, a maturidade espiritual exige alinhamento. Quando discordamos da vontade de Deus, nos desconectamos do Pai. Mas quando o nosso coração se alinha ao dEle, tudo muda. Viver de acordo com o céu não é entender tudo, é aceitar que o ritmo do coração de Deus é melhor que o nosso. É decidir que, mesmo com dor, vamos continuar andando no compasso dEle.

Oração

Senhor, ajuda-me a compreender o peso e o privilégio da graça que me foi confiada. Que eu não rejeite a responsabilidade do chamado, nem desonre o favor que me alcançou. Alinha o meu coração ao Teu, para que eu ande no compasso da Tua vontade. Que eu não fuja da dor que forma, nem reclame da responsabilidade que honra o Teu nome. Amém.

5 DE JULHO

Quanto vale o que você tem?

"Meu ser inteiro, continue confiando em Deus, o Senhor, pois ele tem sido bom para mim!" (Salmos 116:7)

Quanto vale os seus olhos? Se alguém lhe oferecesse uma fortuna por um deles, você venderia? E que tal os dois? Provavelmente, não, afinal não existe dinheiro no mundo que pague o fato de você enxergar. A verdade é que vivemos cercados de milagres! Em circunstâncias normais, nosso coração bate sozinho, nosso pulmão respira sem esforço e nosso cérebro comanda tudo enquanto nem percebemos. Acordamos, levantamos, andamos, falamos. Tudo isso sem pagar nem sequer um centavo. Ainda assim, quantas vezes nosso primeiro pensamento do dia é uma queixa?

É fácil cair na armadilha da insatisfação quando olhamos somente para o que falta. No entanto, quando começamos a listar o que já temos, a ansiedade perde espaço. Ser grato não é apenas expressar uma emoção bonita, é decidir focar o que o Senhor já fez antes de reclamar do que ainda não fez.

Tenho aprendido isso na prática. Quando começo a agradecer pelo básico (saúde, família, casa, provisão, paz...), percebo que estou mais rica do que pensava. O milagre não está só no que pedimos, está, principalmente, no que já temos e esquecemos de valorizar.

Faça uma pausa e mude a lente com a qual tem enxergado sua vida. Em vez de acordar em busca do que falta, que tal começar o dia reconhecendo o que já está aí, de graça, mas não sem valor?

Oração

Senhor, perdoe-me pelas vezes em que reclamei com o coração cheio. Ensina-me a enxergar com clareza tudo o que já recebi das Tuas mãos. Quero aprender a valorizar os milagres simples que me cercam todos os dias. Que a gratidão ocupe o espaço da ansiedade no meu coração. Que eu nunca me esqueça do valor de ter vida, de Te ter e de saber que meu nome está escrito no Teu livro. Amém.

6 DE JULHO

Não decida no meio da crise

"Ali o Senhor Deus apareceu a Isaque e disse: 'Não vá para o Egito. Fique na terra que eu vou lhe mostrar.'" (Gênesis 26:2)

Isaque estava pronto para sair. A terra estava em crise, a fome era real, e tudo o que ele via gritava: "Fuja daqui!" Era uma situação difícil, parecida com a que seu pai havia enfrentado. Humanamente falando, ele só estava repetindo o ciclo, tentando sobreviver. Entretanto, Deus interrompeu seu plano: "Não vá para o Egito", como se dissesse: "Fique, não fuja! Não tome uma decisão precipitada porque a situação apertou!"

Quantas vezes o medo nos empurra para a direção errada? Queremos sair do casamento, mudar de cidade, largar o ministério e tomar decisões radicais, tudo porque estamos cansados, frustrados ou temerosos quanto ao amanhã. Mas tem hora que Deus vai dizer: "Aguenta mais um pouco, porque é aqui mesmo que eu vou cumprir a promessa."

A fidelidade divina não depende da estabilidade do cenário. O Pai não precisa de circunstâncias favoráveis para agir. Se Ele diz "fica", é porque até o deserto vai virar campo fértil! Isaque obedeceu, e, naquele lugar de fome, colheu cem vezes mais!

Não sei o que está fazendo você querer sair correndo, mas sei de uma coisa: crise não é lugar de decisão. É lugar de oração. O céu continua no controle, mesmo quando a terra parece falhar. Então respire, ore; só se mova quando for por propósito, não por medo.

Oração

Senhor, ajuda-me a não tomar decisões precipitadas em meio às minhas crises. Dá-me discernimento para ouvir Tua voz mesmo quando tudo ao redor me diz para fugir. Ensina-me a confiar em Ti e a permanecer onde queres. Que minha fé não dependa do cenário, mas da certeza de que Tu és fiel para cumprir os Teus planos. Amém.

7 DE JULHO

Autoridade que serve

"Tenham entre vocês o mesmo modo de pensar que Cristo Jesus tinha: ele tinha a natureza de Deus, mas não tentou ficar igual a Deus. Pelo contrário, Ele abriu mão de tudo o que era seu e tomou a natureza de servo, tornando-se assim igual aos seres humanos." (Filipenses 2:5-7)

No reino espiritual, autoridade não se impõe, se vive. Já percebeu como algumas pessoas sentem necessidade de lembrar que estão no controle o tempo todo? Quem precisa ficar dizendo "eu que mando", geralmente já perdeu a liderança faz tempo. Uma autoridade de verdade não impõe, inspira. E, no modelo do céu, quem lidera, serve!

Jesus, o Filho de Deus, tinha todos os motivos para exigir honra, e escolheu lavar os pés. Ele abriu mão da glória, trocou o trono pela cruz e se fez servo por amor. Foi justamente por isso que o Pai O exaltou, pois, no Reino dos céus, a grandeza vem pela renúncia. Cristo não perdeu nada ao se esvaziar, pelo contrário, ganhou uma multidão de irmãos! Deixou de ser o Unigênito para se tornar o Primogênito. Agora, temos lugar ao lado dEle.

Se Deus lhe entregar uma caneta, uma chave, um cargo ou uma cadeira de autoridade, lembre-se: não é para o elevar, mas para que você alcance os vulneráveis! Para o Eterno, o poder é ferramenta de compaixão. Toda vez que usamos nossa autoridade para servir, o céu reconhece em nós um filho parecido com Jesus.

Você tem influência em algum lugar, seja na sua casa, no seu trabalho ou no seu ministério. A pergunta é: você está usando isso para ser servido ou para servir? Sua autoridade tem cheiro de Jesus ou de vaidade?

Oração

Senhor, ensina-me a liderar como Tu lideraste. Se um dia me deres autoridade, que ela venha com um coração quebrantado. Que eu jamais esqueça que servir me faz maior do que ser servido. Que eu use o que tenho para alcançar quem precisa, e que minha vida reflita o caráter de Cristo, que se esvaziou para que eu fosse cheio. Amém.

8 DE JULHO

Ele quer ver você

"Mas você, quando orar, vá para o seu quarto, feche a porta e ore ao seu Pai, que não pode ser visto. E o seu Pai, que vê o que você faz em segredo, lhe dará a recompensa." (Mateus 6:6)

Jesus nunca disse que o Pai nos ouviria no secreto, e sim que nos veria. Perceber isso mudou tudo para mim! Eu cresci achando que orar era falar muito. Cria que, se eu não conseguisse dizer palavras bonitas, se eu não chorasse, se eu não repetisse tudo certo, Deus não me ouviria. Até perceber que o foco nunca foi o que eu falo, mas o lugar onde habito: o secreto, o íntimo.

Quando Jesus ensina sobre a oração, não diz: "Seu Pai vai escutá-lo." Ele diz: "Seu Pai vê você." Ele já sabe o que vamos dizer! O coração dEle não está atrás do nosso discurso, mas da nossa presença. Tem dias que não temos palavras, só silêncio. Ainda assim, Ele nos vê, e vê com olhos de Pai — um que observa quando paramos tudo só para estar ali.

Às vezes, tudo o que você precisa é entrar no seu quarto, fechar a porta e deixá-Lo ver você: seu coração quebrado e sua fé ainda viva, mesmo que pequena. Quando foi a última vez que você se permitiu ser visto por Deus? Ele não está esperando que você saiba orar. Está esperando que você entre e esteja presente. Que você pare e diga, mesmo em silêncio: "Pai, eu vim."

Oração

Senhor, obrigado porque Tu me vês. Mesmo quando me faltam palavras, mesmo quando estou cansado ou em silêncio, o Teu olhar está sobre mim. Ensina-me a não me esconder mais, a parar de tentar impressionar e simplesmente me apresentar. Que a minha vida seja vivida diante dos Teus olhos. Amém.

9 DE JULHO

Não leve todo mundo para o quarto

"Quando entraram na casa de Jairo, Jesus encontrou ali uma confusão geral, com todos chorando alto e gritando. [...] Mas Jesus mandou que todos saíssem [...]." (Marcos 5:38,40)

Sabe aquele momento em que a menina está morta, todo mundo está chorando, e Jesus chega; entra na casa, olha em volta e diz: "Saiam todos"? Tem milagre que só acontece quando em determinado ambiente. E o ambiente certo nem sempre é formado pela multidão, é formado por quem crê.

Aprendi isso de maneira dolorosa. Já deixei gente entrar onde só cabia fé. Abri minha alma para quem não sabia o que fazer com ela. Confundi amigo íntimo com amigo necessário. Dei pão e água, como manda a Palavra, mas também dei minha intimidade para quem não tinha estrutura para estar comigo. Jesus deixou claro: há momentos em que só a mãe, o pai e quem carrega a fé permanecem no quarto. Existem dores que são profundas demais para dividir com quem só está curioso e promessas sagradas demais para serem assistidas por quem torce, mas não crê.

Quando o milagre ainda não aconteceu, nem todos podem estar perto, pois a fé é alimentada também pelo ambiente. Se estiver cheio de dúvida, sarcasmo ou interesse, a esperança esfria. Quem sabe hoje seja o dia de você avaliar quem está no seu "quarto". Quem você tem deixado entrar nos lugares íntimos da sua alma? Não tem a ver com desprezar, mas com discernir. Não é todo mundo que precisa saber do seu processo. O milagre requer ambiente, e ambiente requer escolha. Não leve todo mundo com você. Leve quem crê!

Oração

Senhor, dá-me discernimento para saber quem deve estar comigo nos momentos mais vulneráveis. Ajuda-me a proteger o que é santo. Ensina-me a cultivar ambientes de fé e cercar-me de pessoas que somam na jornada. Que eu saiba amar a todos, mas aprenda a compartilhar a alma com sabedoria. Amém.

10 DE JULHO

Você não tem qualquer rei

"Pois o Senhor, nosso Deus, está acima de todos os deuses e autoridades. Ele é grande, poderoso e causa medo [...]." (Deuteronômio 10:17)

Às vezes, vivemos como se estivéssemos desprotegidos. Como se dependêssemos do acaso ou da sorte para dar certo. Contudo, vou lembrá-lo de uma coisa: você não está nas mãos do acaso, você está nas mãos do Senhor dos Exércitos! Não é qualquer um que vai à sua frente, é o Deus que nunca perdeu uma batalha! Ele não só caminha com você, como também abre o caminho!

Quando há uma falta, quem supre é o Senhor que constrói ruas com ouro, só para mostrar que, para Ele, prover nunca foi um problema. Quando você não sabe o que fazer, pode recorrer ao Maravilhoso Conselheiro, que sussurra ao seu espírito, planta paz em meio à confusão e mostra o que seus olhos naturais jamais enxergariam. E a sua casa? Mente? Rotina? Tudo isso é guardado pelo Príncipe da Paz! É Ele quem firma, sustenta e acalma.

Você não faz parte de qualquer reino. Você carrega o selo do Reino de Deus. Isso muda tudo, principalmente a forma como você enfrenta os dias mais difíceis. Levante a cabeça. Quem está ao seu lado não é qualquer um. Não aceite viver como quem está sozinho! Você tem um Rei, você tem um Pai, você tem um Provedor, um Conselheiro, um Guardião. Viva à altura do Reino a que pertence!

Oração

Senhor, obrigado por me lembrar de quem Tu és. Que eu nunca mais me esqueça de que não estou só nem desprovido. Tu és meu Rei, meu Protetor, meu Sustento, meu Conselheiro. Ajuda-me a manter essa consciência viva todos os dias. Amém.

11 DE JULHO

Aprenda a ouvir em casa

"Alimentarei os sacerdotes com muita comida boa e darei ao meu povo tudo o que precisar. Eu, o Senhor, estou falando." (Jeremias 31:14)

Por muito tempo, eu corria de pregação em pregação, tentando ouvir uma direção divina, como se a voz de Deus só pudesse vir pela boca de alguém ungido "de fora". Foi dentro do meu quarto, no silêncio das minhas lutas, que percebi: o Senhor não quer só me instruir pela voz dos outros, Ele quer me ensinar a ouvir a voz dEle diretamente!

Depois que você aprende a ouvir o Pai em casa, tudo muda. Você perde aquela ansiedade de que alguém precise "trazer uma palavra", porque, quando alguém fala algo, normalmente é só a confirmação daquilo que o Senhor já vinha sussurrando ao seu coração há tempos. Isso não diminui o valor dos profetas, mas realça o valor da intimidade.

A verdade é que Deus tem prazer em falar com você não apenas nos cultos, nos retiros, nos congressos, mas na rotina, no lavar a louça, no devocional, no louvor baixinho no carro. O lugar secreto não se refere só a um lugar físico, mas a um coração sintonizado, que aprendeu a discernir a Presença.

Se você ainda se sente dependente de ouvir o Pai pela boca dos outros, talvez seja hora de ajustar sua frequência! A voz do Espírito Santo não está longe; está mais perto do que você imagina. Ele deseja falar com você antes de qualquer um no púlpito, antes de qualquer profeta. Consegue ouvi-Lo aí, agora?

Oração

Senhor, eu quero Te ouvir com clareza. Ensina-me a reconhecer Tua voz no meu dia a dia, no silêncio e na simplicidade. Que a minha intimidade Contigo não dependa de ambientes externos, mas seja cultivada no secreto. Que tudo o que eu ouvir fora seja apenas confirmação do que já escuto quando estamos a sós. Amém.

12 DE JULHO

Marcas que aumentam sua autoridade

"Ele nos auxilia em todas as nossas aflições para podermos ajudar os que têm as mesmas aflições que nós temos. E nós damos aos outros a mesma ajuda que recebemos de Deus." (2 Coríntios 1:4)

Tem fases em que tudo parece desmoronar ao mesmo tempo. De repente, as bases que nos davam firmeza desaparecem. Eu aprendi que o deserto revela aquilo que o conforto disfarça. Não raro, é a falta de memória que nos faz fraquejar. Esquecemos de onde Deus já nos tirou. Esquecemos como Ele abriu portas onde não havia saída. Esquecemos que, antes do vale em que estamos, houve outro, e o Senhor esteve lá também!

Lembrar nos reposiciona quando o medo vem. Se Ele já curou, pode curar de novo. Se já sustentou, vai sustentar de novo. Se já restaurou, ainda tem poder para restaurar de novo. Cada crise enfrentada com fé deixa marcas de autoridade.

A sua dor, quando atravessada com o Pai, se transforma em peso espiritual. Em testemunho. Em autoridade. As crises não diminuem você, elas o fortalecem, aprofundam, amadurecem e dão à sua voz o poder de consolar os outros com a mesma consolação que você recebeu.

Oração

Pai, quando tudo parecer abalado, que eu me lembre de quem Tu és. Traz à minha memória os Teus feitos, os livramentos, os milagres. Que cada crise me aproxime mais de Ti. Que eu carregue marcas de fé, não de desistência, e que minha vida sirva para consolar, encorajar e edificar outros. Amém.

13 DE JULHO

Vale a pena continuar

"Que aqueles que semeiam chorando façam a colheita com alegria!"
(Salmos 126:5)

Dificuldades passageiras tendem a nos afastar de uma semeadura saudável e podem nos roubar a oportunidade de entender que, muitas vezes, vamos plantar com lágrimas. Sabendo disso, não desista de semear amor e verdade na sua família, no seu casamento... Sua família é um presente de Deus para você! Quem sabe vocês estejam precisando chorar juntos, abrir o coração, pedir perdão e recomeçar – é necessário colocar a dor na luz, para que a cura comece. Quando dois decidem se alinhar ao Senhor, nenhum vento contrário prevalece.

Vale a pena, sim. Vale a pena servir, obedecer, confiar, permanecer. Vale a pena se expor à luz de Deus e deixá-Lo recomeçar, porque o fim dessa história não é vergonha, é glória! Quando essa fase passar, você não só estará de pé, como será resposta para outras pessoas. O seu testemunho vai sustentar quem hoje está prestes a cair. Continue semeando mesmo que em lágrimas, porque seu canto de alegria chegará no dia da colheita.

O Pai nunca tira algo de você para o envergonhar. Ele permite que o que foi plantado em solo infértil vá embora, para que você receba o que é dEle, e o que vem dEle ninguém toma. O que Ele planta, floresce, e o que Ele entrega, permanece.

Oração

Senhor, renova minhas forças hoje. Ajuda-me a enxergar além do que estou sentindo. Eu creio que o choro pode durar uma noite, mas a alegria virá pela manhã. Restaura meu lar e meus sonhos, e me fortalece para não desistir daquilo que Tu me deste. Em nome de Jesus, amém.

14 DE JULHO

Fome da Presença

"Aí Moisés suplicou: 'Por favor, deixa que eu veja a Tua glória.'" (Êxodo 33:18)

Moisés já tinha visto o impossível acontecer: o mar se abrir, o pão cair do céu, a água brotar da rocha, o monte tremer, a nuvem descer, a coluna de fogo iluminar. Mas não parou aí. No meio de tantos milagres, ele fez o pedido mais ousado de toda a sua jornada: "Deixa que eu veja a Tua glória."

Ele não estava satisfeito apenas com os feitos divinos, ele queria o próprio Deus! Seu interesse não estava na provisão, na direção, na libertação; era na Presença! Ele queria estar tão perto a ponto de ver, mesmo que pelas costas, a glória de um Deus santo e que busca intimidade. Mais que orar por bênçãos, Moisés orou por revelação!

Sabe o que isso me ensina? Que há um lugar onde nem os milagres bastam. Há uma sede que só é saciada quando Deus passa e pesa. E pesa mesmo! Porque a mão dEle é pesada. Embora proteja e cubra, também marca, fazendo com que não sejamos mais os mesmos.

Quem sabe você já tenha visto o Eterno fazer muito na sua vida, e colecione milagres para contar. Mas... será que você ainda tem fome? Ou já se acostumou com o "maná diário" e perdeu a ousadia de dizer "eu quero mais"? Que esse seja o seu clamor hoje! Não apenas pelo que Ele faz, mas por quem Deus é. Que você deseje a glória, mesmo que ela venha acompanhada de peso — é no peso da Presença que o nosso interior é transformado.

Oração

Senhor, não quero viver apenas das lembranças dos Teus feitos. Quero viver Tua presença hoje. Como Moisés, eu Te peço: mostra-me a Tua glória. Desperta em mim uma fome nova, uma sede que só é saciada por Ti. Se for preciso, coloca-me na fenda da rocha. Cobre-me com a Tua mão. Mas não passa por mim sem me transformar. Amém.

15 DE JULHO

Ele é comigo até quando eu erro

"Agora já não existe nenhuma condenação para as pessoas que estão unidas com Cristo Jesus." (Romanos 8:1)

Por que, quando erramos, nosso primeiro impulso é nos afastar de Jesus? Parece que o pecado vem com uma placa invisível: "Indigno de estar perto." A mente grita: "Você falhou, decepcionou a Deus, melhor se esconder." E a vergonha constrói seus muros.

Mas sabe o que é mais impressionante? A cruz não foi levantada quando você acertou, mas enquanto você ainda estava no erro. Cristo não morreu por você no seu melhor dia, Ele morreu por você no seu pior!

Eu também já me vi nesse lugar. Já tomei decisões que me fizeram duvidar de mim mesma. Já fui engolida por pensamentos que diziam: "Você não é digna." Então, me lembrei: eu nunca fui! A dignidade jamais foi a base da minha comunhão com Deus, e sim a graça dEle demonstrada na cruz.

Hoje, você pode estar tentando fugir, se esconder e se calar, mas o lugar da sua restauração é aos pés dEle. Nossos erros não anulam a Presença; nosso afastamento, sim. Se você tropeçou, se prostre. Se falhou, confesse. Ele é contigo, e não porque você acerta sempre, mas porque Ele não desiste nunca!

Oração

Senhor, obrigado porque a Tua graça me alcança inclusive nos meus piores dias. Eu não quero mais fugir. Quero correr para Ti, mesmo quando erro, mesmo quando falho, mesmo quando sinto vergonha. Perdoa-me, transforma-me e lembra-me todos os dias que é o Teu amor que me sustenta, não a minha performance. Amém.

16 DE JULHO

O problema que prepara

"Mas, depois de sofrerem por um pouco de tempo, o Deus que tem por nós um amor sem limites [...], por estarem unidos com Cristo, ele mesmo os aperfeiçoará e dará firmeza, força e verdadeira segurança." (1 Pedro 5:10)

Um dia, em uma conversa com uma amiga, eu disse: "Só quero que Deus acabe logo com isso!" Ela, com muita sabedoria, me respondeu: "Você já parou para pensar que talvez o problema não seja o vilão da história? Talvez ele seja o preparador? Aquele que está moldando e ensinando você o que apenas uma sala de aula espiritual conseguiria ensinar?"

Quando olho para trás, percebo que os momentos mais difíceis da minha vida foram justamente os que mais me amadureceram. Não foi o louvor da conquista que me fez crescer, mas o silêncio do vale. Não foi o aplauso da vitória, mas a dor da espera. A verdade é que não basta apenas passar pelo problema, é preciso enfrentá-lo de verdade, evoluir e vencer.

Pedro fala de um Deus que aperfeiçoa, firma, fortalece e estabelece depois do sofrimento. Ou seja, o sofrimento é parte do caminho, não o fim dele. O Senhor não tira nossa imaturidade à força, somos nós que precisamos decidir deixá-la. Isso acontece quando o orgulho é confrontado e quando tudo o que nos resta é confiar.

Nossa pergunta hoje não deve ser "Quando isso vai passar?", mas, sim, "O que isso está me ensinando?". O processo pode estar demorando, porém saiba que Deus não se esqueceu, só está fortalecendo você! Não fuja. Há bases firmes sendo construídas aí dentro!

Oração

Senhor, obrigado por não desperdiçar nenhuma dor. Ensina-me a confiar mesmo quando não entendo. Fortalece a minha fé, molda o meu caráter e ajuda-me a permanecer firme até que Teu propósito se cumpra. Que eu não me apresse a sair do processo, mas aprenda tudo o que desejas me ensinar. Amém.

17 DE JULHO

Ninguém vai parar você

"Eu irei na sua frente e aplanarei as montanhas [...]. Eu lhe darei tesouros escondidos, riquezas guardadas em lugares secretos a fim de que você saiba que eu sou o Senhor, o Deus de Israel, que o chama pelo nome."
(Isaías 45:2-3)

Ninguém vai parar você! Essa frase pode até soar pretensiosa, e eu entendo, porque neste mundo muita gente se apequena diante dos desafios. Mas repito com convicção: ninguém vai parar você! É exatamente assim que me sinto quando abro a Bíblia e leio um texto como esse de Isaías: cheia de coragem. Não posso parar porque o Senhor está indo, e eu preciso segui-Lo. Quando você segue a Deus, o impossível começa a se tornar possível.

Talvez você tenha uma lista de justificativas, como "eu tenho medo", "eu não sei", "não conheço ninguém". Vá assim mesmo! Vá com medo, porque Deus vai à sua frente. Vá sem saber, porque Ele vai lhe ensinar. Vá sem conexões, porque Ele vai colocar as pessoas certas no seu caminho!

Como lemos acima, há riquezas escondidas esperando quem ousa caminhar e tesouros que só são revelados a quem decide continuar! Toda ação gera uma reação. O Senhor vai à sua frente. Você entende o que isso significa? Que não há razão para cruzar os braços! Não permita que ninguém o impeça de ocupar o lugar que Deus preparou, nem você mesmo!

Oração

Senhor, obrigado por ir à minha frente. Eu escolho confiar, ainda que não veja tudo claramente. Que a Tua presença me impulsione a caminhar, apesar do medo. Que eu não seja paralisado pelas dificuldades, mas avance, sendo guiado pela Tua voz. Revela os tesouros que reservaste para mim. Que eu não tome posse da Tua promessa apenas ouvindo, mas seguindo. Amém.

18 DE JULHO

Mais altar, menos palco

"Então Elias disse ao povo: 'Cheguem para mais perto de mim. Todos chegaram mais perto de Elias, e ele começou a consertar o altar do Senhor Deus, que estava derrubado.'" (1 Reis 18:30)

Vivemos tempos semelhantes ao confronto de Elias com os profetas de Baal. Aqueles homens desejavam palco, queriam status e o sustento da mesa de Jezabel. Eram aclamados, porém não obtinham resposta do céu. O povo seguia seus líderes e mergulhava na idolatria, fazendo sacrifícios a um deus que não lhes respondia.

E, então, chega Elias. Antes de qualquer oração, ele reparou o altar que estava quebrado. Enquanto os profetas gritavam pelo palco, Elias escolheu o silêncio do altar. E o fogo desceu, queimou o holocausto e consumiu até a água!

Hoje também é assim. Tem muita gente querendo microfone, sem querer o secreto. Querendo visibilidade, sem querer a renúncia. Querendo aplauso, sem querer o quebrantamento. Porém, Deus não unge palco, Ele responde ao altar!

Acredite, não importa se ninguém está vendo você. Se Deus o vê, é o suficiente. Em vez de recompensar celebridades, Ele recompensa obediência. Então, se for para escolher, que seja mais altar e menos palco.

Oração

Senhor, ensina-me a valorizar o altar mais do que o aplauso. Que eu não me perca nos holofotes, mas me encontre na Tua presença. Repara o altar da minha vida. Que haja fogo, não fama; renúncia, não vaidade. Que eu siga a Tua voz mesmo quando ninguém estiver olhando, porque o que importa não é quem me aplaude, mas quem me aprova. Amém.

19 DE JULHO

Entre o conforto e o progresso

"Portanto, corram de tal maneira que ganhem o prêmio."
(1 Coríntios 9:24b)

Queremos crescer, entretanto torcemos o nariz quando precisamos sair do sofá... A verdade é que tudo que gera crescimento exige esforço, desconforto e constância. Quer um exemplo claro? Academia! Nosso corpo dói ao treinar, sentimos preguiça de ir, mas ficamos mais fortes com essa prática. O mesmo vale para o crescimento emocional, espiritual e intelectual – ninguém evolui apenas com base no que é fácil.

Ler, estudar, confrontar suas próprias falhas, ouvir o que não quer, servir quando não tem vontade... Tudo isso molda nossa maturidade, ao mesmo tempo em que exige renúncia. Nosso problema é querer as recompensas sem o preço do processo. Só que, no Reino de Deus, o crescimento vem pela obediência, não pela conveniência.

A vida vai sempre nos colocar diante de uma escolha: manter o conforto ou escolher o progresso. A maioria das transformações profundas acontece justamente quando dizemos "sim" ao que é difícil, ao que dói, ao que nos empurra para fora da nossa zona de segurança.

Então, talvez a pergunta hoje não seja: "O que eu quero da vida?", e sim: "O que estou disposto a fazer para crescer?". Deus não nos chamou para uma vida estagnada, mas para o crescimento. E você não cresce no conforto, mas no ambiente que o desafia a ser melhor.

Oração

Senhor, ajuda-me a escolher o progresso em vez do conforto. Tira de mim o espírito da acomodação e dá-me coragem para enfrentar os processos que me formam. Ensina-me a obedecer, mesmo quando não tenho vontade. Que eu aprenda a crescer com maturidade e constância. Amém.

20 DE JULHO

Acalme-se, você não está atrasado

"Por isso, o Senhor Deus diz: 'Estou colocando em Sião uma pedra, uma pedra preciosa que eu escolhi, para ser a pedra principal do alicerce. Nela está escrito isto: 'Quem tem fé não tem medo.'" (Isaías 28:16)

Quando a ansiedade bater, dê uma pausa. Respire e acalme a sua mente. Não tente resolver tudo agora. Às vezes, nossa alma está tão acelerada que perdemos a capacidade de ouvir a direção de Deus. Confiar também é aguentar o silêncio. É saber que não é no nosso tempo, é no tempo dEle.

Jesus, certa vez, estava cercado por pressão e expectativa. Queriam apedrejar uma mulher – a lei mandava, e a multidão exigia. Todavia, Ele se abaixou e começou a escrever na terra. Sem pressa, sem ansiedade. E disse: "Quem de vocês estiver sem pecado, que seja o primeiro a atirar uma pedra nesta mulher!" (João 8:7). Um a um, todos foram embora. Em vez de responder no impulso, Ele respondeu com sabedoria.

Você não precisa se explicar o tempo todo, nem precisa provar nada para ninguém. O fruto fala por si. Deus não se move por pressa, Ele se move por propósito. Por isso, se alguém pressioná-lo, lembre-se: não é "pegar ou largar"; é "orar e confiar". A resposta certa vem quando a alma está quieta o suficiente para escutar o Senhor.

Oração

Senhor, hoje eu escolho confiar. Escolho respirar fundo e esperar o Teu tempo, que é sempre perfeito. Ajuda-me a não agir por impulso e a não responder por medo. Ensina-me a silenciar a ansiedade e a ativar a fé. Que a Tua paz guarde minha mente e meu coração. Eu entrego tudo nas Tuas mãos. Amém.

21 DE JULHO

A dor que o empurra para o propósito

"E essa pequena e passageira aflição que sofremos vai nos trazer uma glória enorme e eterna, muito maior do que o sofrimento." (2 Coríntios 4:17)

Todo mundo precisa de uma dor e de uma perseguição para se mover em direção ao propósito – sem desconforto, a tendência humana é permanecer onde está. Foi um gigante que colocou Davi no cenário. Golias só caiu porque, antes, no anonimato, Davi já havia enfrentado e vencido um urso e um leão.

O que parecia ser só mais um problema no campo estava, na verdade, preparando suas mãos para a guerra. E a perseguição de Saul? Foi injusta e dolorosa, porém empurrou Davi para a caverna de Adulão, onde ele formou um dos exércitos mais leais da história. Se não fosse esse desvio forçado, talvez ele nunca reunisse aqueles homens. O que parecia seu fim, era o começo de uma nova fase.

Assim é com você! Está doendo? Provavelmente está, porém não é castigo. É construção. O que você chama de crise, o céu chama de plataforma. Não reclame da luta se ela o está treinando para o que você orou. A Palavra já nos alertou: muitas seriam as aflições dos justos. O que ela também garante é que o Senhor os livra de todas.

Oração

Senhor, ajuda-me a entender que minha dor não é o fim, mas parte do processo. Dá-me discernimento para não murmurar no meio do caminho e coragem para não desistir diante das perseguições. Usa cada luta para moldar meu caráter e me posicionar no propósito. Que a minha história seja prova viva de que Tu transformas dor em destino. Amém.

22 DE JULHO

Aprenda a classificar quem tem acesso à sua vida

"[...] tempo de abraçar e tempo de afastar." (Eclesiastes 3:5b)

Jesus nunca foi desorganizado com seus relacionamentos. Ele amava a todos, mas não lhes dava igual acesso. Falava com multidões, caminhava com doze, revelava segredos a três e derramava sua alma a um. Isso não é desprezo, e sim sabedoria e discernimento relacional. Assim sendo, por que ainda insistimos em expor nossas vulnerabilidades a quem não tem estrutura para lidar com elas?

O que nos causa frustração não é amar as pessoas, é esperar delas o que nunca prometeram entregar. Tem gente que deveria estar no portão, e você está insistindo em colocar na sala. Quando essa pessoa quebra sua confiança, sua dor não é porque ela o traiu, é porque você a colocou no lugar que ela não deveria ter ocupado. Você precisa aprender a discernir quem é da conversa superficial e quem é do lugar secreto!

Nem todo mundo é para a mesa. Não se trata de julgar, mas de proteger o que o Pai está construindo dentro de você. A proteção do seu coração começa pela seleção de quem você deixa entrar nele. Algumas informações são sementes, portanto, não podem ser lançadas em qualquer solo.

Oração

Senhor, dá-me sabedoria para guardar meu coração e discernimento para entender quem queres perto de mim. Ensina-me a amar sem me perder e a servir sem me esvaziar. Que eu siga o exemplo de Jesus e saiba dar o acesso certo às pessoas certas. Amém.

23 DE JULHO

O céu está vendo

"Isso deve ficar em segredo; e o seu Pai, que vê o que você faz em segredo, lhe dará a recompensa." (Mateus 6:4)

Tem coisas que você faz que ninguém vê, mas o céu registra; não apenas isso, também recompensa. Pode parecer que você está apenas facilitando a vida de alguém, abrindo uma porta, estendendo uma palavra, ajudando com o que tem. No invisível, porém, você está plantando algo poderoso. O mundo espiritual se move em favor dos que decidem ser resposta para os outros!

Você não precisa de aplausos para validar suas ações. Quando você faz por amor, por generosidade, por compaixão, sem esperar nada em troca, Deus está vendo. É Ele quem recompensa. Chega uma hora em que as portas começam a se abrir sem explicação humana. Você pensa: "Por que me escolheram? Como fui lembrado?"; é o céu respondendo à sua semeadura silenciosa.

Frequentemente, falamos de colheita pensando apenas em juízo ou correção, e não em recompensa. Você já ajudou alguém? Já compartilhou um conhecimento simples com quem não sabia? Já encorajou uma pessoa a não desistir? Isso conta, faz a diferença e transforma destinos! Você não precisa de muito; o pouco que tem já é abundante para quem não tem nada.

Oração

Senhor, ajuda-me a ter um coração generoso. Que eu seja um facilitador de vidas, um instrumento nas Tuas mãos. Que eu entenda que minha missão não é para buscar reconhecimento humano, e sim para servir com excelência e amor. Ensina-me a confiar que o Senhor vê o que é feito em secreto, e que nada que é feito por amor passa despercebido diante do Teu trono. Amém.

24 DE JULHO

Presença sustentadora

"[...] porém eu e a minha família serviremos a Deus, o Senhor."
(Josué 24:15)

Hoje em dia, vários jovens já começam um relacionamento pensando que tudo precisa estar pronto antes do casamento: casa própria, carro, estabilidade financeira, um bom salário... Isso não está errado, contudo há uma diferença entre construir uma vida com Deus e querer uma vida pronta sem Ele. Antigamente, a maioria dos casais começava com pouco, mas tinham amor, parceria, fé e, o mais importante, a presença de Jesus no lar.

O problema, em si, não é desejar conforto, é substituir a presença de Deus pela busca desenfreada por estrutura. Quando Jesus falta, falta tudo. Pode até haver uma casa bonita, mas, se não houver paz, comunhão e propósito, ela vira só uma construção vazia. Jesus é o único capaz de transformar um lar em um refúgio e a rotina em uma bênção.

O salmista diz que, se o Senhor não edificar a casa, todo esforço humano é em vão (Salmos 127:1). Josué nos lembra de que precisamos tomar uma decisão: ou seguimos o fluxo do mundo, ou decidimos que a nossa família pertence ao Eterno. Essa é a maior conquista que um casal pode ter: convidar Jesus para fazer parte da sua história desde o início – quando Ele está presente, mesmo com pouco, há tudo.

Oração

Senhor, que a minha casa não seja construída apenas com tijolos, mas com a Tua presença. Que minha família seja alicerçada na fé, no amor e na Tua Palavra. Ensina-nos a Te colocar no centro de todas as nossas decisões. Que nenhum bem material tome o Teu lugar. Queremos Te servir como família e ver a Tua mão sustentando cada detalhe do nosso lar. Amém.

25 DE JULHO

Orgulho ou arrependimento?

"Tu estás lá nas alturas, mas assim mesmo te interessas pelos humildes, e os orgulhosos não podem se esconder de ti." (Salmos 138:6)

O orgulho tem o poder de nos afastar dos outros e de Deus. Pessoas orgulhosas ferem com facilidade e são constantemente feridas, porque vivem sob a ilusão de que só os outros precisam mudar. Elas têm dificuldade em reconhecer os próprios erros e, por isso, quase nunca pedem perdão. Quando alguém erra com elas, o perdão também não vem — fica ali, entalado, como uma muralha de justiça própria.

Entretanto, o perdão (tanto o que pedimos quanto o que oferecemos) é uma chave espiritual poderosa! Sem ele, a nossa vida se fecha para a graça. Deus não está buscando perfeição em nós, mas sinceridade, quebrantamento e disposição para reconhecer quando falhamos e para recomeçar de forma humilde.

Quando o Eterno nos chama para perto, não quer apenas ajustar comportamentos, quer transformar nossa essência. Seu foco não é o que temos, fazemos ou mostramos; é quem somos quando ninguém vê! É por isso que Ele permite situações desconfortáveis: para tratar nosso orgulho, revelar o que está escondido e ensinar o caminho do arrependimento.

Talvez hoje seja o dia de você abrir mão do seu orgulho e dar um passo em direção à reconciliação. Quem você precisa perdoar? Para quem você precisa pedir perdão? O céu não resiste a um coração humilde.

Oração

Senhor, sonda o meu coração e me mostra se há orgulho em mim. Ajuda-me a reconhecer quando erro e a me humilhar diante de Ti e das pessoas. Ensina-me a perdoar de verdade e a pedir perdão sem resistência. Que eu não viva com a dureza dos que acham que nunca erram, mas com a leveza dos que dependem da Tua graça. Amém.

26 DE JULHO

Se for seu, Deus traz; se não for, Deus leva

"O Senhor nos guia no caminho em que devemos andar e protege aqueles cuja vida é agradável a ele." (Salmos 37:23)

"E Deus pode dar muito mais do que vocês precisam para que vocês tenham sempre tudo de que necessitam e ainda mais do que o necessário para fazerem todo tipo de boas obras." A passagem de 2 Coríntios 9:8 resume uma verdade que acalma meu coração: aquilo que vem do Senhor não precisa ser forçado. É claro que devemos sonhar, planejar e ter metas; a fé não anula nossa responsabilidade. Todavia, é o Senhor quem determina os nossos passos, e esse fato deve nos trazer alívio.

Quantas vezes você se desgastou tentando fazer algo dar certo? Se é seu, Deus trará! No tempo certo, do jeito certo, sem precisar manipular nada, nem correr atrás do que não lhe pertence. Se não é seu, Ele também vai agir; vai livrá-lo, fechar portas e frustrar planos. Isso não porque quer vê-lo triste, mas porque o ama demais para deixá-lo construir algo em cima de areia movediça.

O Todo-Poderoso não é contra os seus sonhos, só quer lhe dar o melhor! Às vezes, o "não" dEle é livramento. Quando o "sim" chega, você entende: valeu a espera. Então, continue fazendo sua parte com fé e responsabilidade, mas entregue sua agenda nas mãos do Pai.

Oração

Senhor, ajuda-me a descansar no Teu tempo. Que eu não viva com ansiedade pelo que desejo, mas com fé no que sabes ser o melhor para mim. Se for meu, traga. Se não for, asfaste. Ensina-me a esperar com paciência e a planejar com sabedoria. Eu Te entrego meus planos, meus sonhos e meus medos. Amém.

27 DE JULHO

Nem todo pensamento é verdadeiro

"As armas que usamos na nossa luta não são do mundo; são armas poderosas de Deus, capazes de destruir fortalezas. [...] Dominamos todo pensamento humano e fazemos com que ele obedeça a Cristo." (2 Coríntios 10:4-5)

A batalha mais silenciosa e destrutiva que muitos enfrentam é a que acontece na mente. O inimigo sabe que, para paralisar alguém que tem tudo para vencer, não precisa tirá-lo do lugar, basta distorcer sua percepção.

A história de Mical, registrada em 2 Samuel 6:16-23, é um alerta. Davi estava adorando a Deus, celebrando o retorno da arca, mas sua esposa, ao observá-lo pela janela, interpretou a cena de forma equivocada. Ela não ouviu nada, não perguntou nada, apenas pensou. Seus pensamentos distorcidos a conduziram ao desprezo, e o desprezo, à esterilidade.

Quantas vezes interpretamos situações, pessoas ou gestos sem ter a informação completa? A mente sem vigilância se torna um terreno fértil para a ilusão, o orgulho e o julgamento. Se não formos cuidadosos com o que pensamos, podemos rejeitar aquilo que Deus está fazendo simplesmente por não entendermos. A raiz da amargura quase sempre brota primeiro nos pensamentos!

Nossa mente precisa estar tão entregue ao Eterno quanto o nosso coração. Pensamentos precisam ser submetidos a Cristo! Não se trata de negar o que você sente, mas de discernir se o que você sente tem base real ou se é uma narrativa construída pela sua ferida, carência ou trauma.

Oração

Senhor, oro para que os meus pensamentos sejam cativos a Ti. Que não haja em mim espaço para julgamentos precipitados, suposições ou pensamentos distorcidos. Guarda a minha mente de toda seta do inimigo. Tira de mim toda leitura errada e toda conclusão baseada na dor, e não na verdade. Quero ter pensamentos de paz, e não de confusão. Amém.

28 DE JULHO

Deus não escolhe os perfeitos

"Foi pela fé que Raabe, a prostituta, não morreu com os que tinham desobedecido a Deus, pois ela havia recebido bem os espiões israelitas." (Hebreus 11:31)

Deus não está à procura de perfeição. Ele não chama os impecáveis, Ele chama os necessitados. Quem se acha bom demais, costuma não enxergar o quanto precisa da graça. Em contrapartida, quem reconhece sua miséria, está pronto para ser alcançado.

A história de Raabe é uma das mais marcantes da Bíblia, porque mostra o tipo de pessoa que o Senhor escolhe: uma mulher improvável, à margem, esquecida por todos, menos por Ele. Ao contrário de muitos que querem entender os porquês dos juízos e das decisões divinas, Raabe não debate com o Criador, apenas decide participar do que Seu propósito. A cidade dela ia cair, tudo em volta seria destruído, e ela queria uma coisa: conhecer o Deus de Israel.

Raabe não era parte do povo escolhido, mas creu e agiu com base nessa fé. A Bíblia diz que a mulher escondeu os espiões e pediu-lhes que sua família fosse poupada da destruição. Ah, um detalhe: ela era uma prostituta. Enquanto inúmeros religiosos foram deixados de fora da história, Raabe entrou na genealogia do Messias por ter uma fé que moveu o céu.

Às vezes, tudo o que o Criador está esperando de você não é uma explicação bonita, nem um histórico impecável; é fé. Fé para reconhecer quem Ele é. Fé para abrir mão do controle e se inserir no que o Pai está fazendo. Fé para se jogar nos braços da graça, mesmo sem saber como tudo vai terminar.

Oração

Senhor, obrigado por não escolher os perfeitos, mas os dispostos. Reconheço que preciso de Ti. Que a minha fé seja maior que meu histórico. Que eu tenha coragem de me posicionar, como Raabe, mesmo sem compreender o Seus planos. Ajuda-me a confiar mais, questionar menos e apenas segui-lo. Amém.

29 DE JULHO

Jejum não tem a ver com ganhar, tem a ver com perder

"O Senhor Deus diz: 'Mas agora voltem para mim com todo o coração, jejuando, chorando e se lamentando.'" (Joel 2:12)

O jejum não é uma moeda de troca com Deus, nem uma forma de "barganhar" bênçãos, como se, ao deixar de comer, você recebesse um bônus espiritual. Na verdade, o jejum é uma forma de ceder – de ceder vaidade, ceder orgulho, ceder carnalidade. É para esvaziar o eu, e não para encher o prato de bênçãos. Jejuamos para calar a alma e dar espaço ao espírito!

É curioso como exigimos tudo de Deus, mas queremos entregar o mínimo. Queremos direção, mas não abrimos a Bíblia. Queremos cura, mas não tiramos um tempo para orar de verdade. Queremos libertação, mas não suportamos um dia sem café ou pão. E, quando finalmente decidimos jejuar, reclamamos de dor de cabeça, como se o Senhor estivesse nos pedindo algo impossível. E se a dor for um sinal de que algo está sendo arrancado de você?

Hoje, a ciência prova o que a Bíblia sempre disse: o jejum limpa, renova, fortalece. Para nós, o mais importante é sua capacidade de nos reposicionar diante de Deus! Você está confuso sobre a vontade dEle? Jejue. Sente que algo dentro de você precisa morrer? Jejue. Quer quebrar um ciclo de pecado ou de sentimento tóxico? Jejue. O jejum é a prática do esvaziamento. Quando você se esvazia, Deus o enche.

Oração

Senhor, eu quero perder o que me atrasa espiritualmente. Quero perder o orgulho, a vaidade, a pressa, o ego ferido. Ensina-me a usar o jejum como uma chave para isso. Ajuda-me a jejuar com o coração certo, não para Te impressionar, mas para ser transformado. Que cada vez que eu me esvaziar, Tu me enchas com a Tua presença. Amém.

30 DE JULHO

Não é só destruição, é vergonha

"O Senhor perguntou: 'De onde você vem vindo? Satanás respondeu: – Estive dando uma volta pela terra, passeando por aqui e por ali.'" (Jó 1:7)

O Diabo não tem pressa; sabe esperar o momento certo. Ele prefere a vergonha à destruição rápida, pois sabe que a vergonha paralisa, isola e abafa o propósito de alguém. Infelizmente, muitos não percebem isso: agem com pressa, falam sem pensar, decidem no impulso do momento enquanto o inimigo está sorrindo e dizendo: "Vai, que eu estou só esperando a hora certa."

Nem sempre o mal nos ataca diretamente. Ele dá corda. Fica observando como reagimos ao elogio, à crítica, à carência não resolvida. Quando pensamos estar tudo tranquilo é que ele age, porque não quer só nos derrubar, mas também nos envergonhar. Ele quer o escândalo, quer que joguemos no lixo a influência, a reputação, a autoridade espiritual que levou anos para ser construída.

É por isso que quem está de pé precisa vigiar (1 Coríntios 10:12)! Não é porque o clima acalmou que você pode baixar a guarda. A guerra continua, mesmo quando o campo está silencioso. Assim como o inimigo nos observa, o céu também faz isso! E o céu espera que você permaneça firme.

Não se compare aos ímpios que parecem mais pacientes que os crentes. Não se permita agir por impulso enquanto o inferno age com estratégia. Se o mal sabe esperar a hora certa para derrubar você, saiba esperar o tempo certo de Deus para agir.

Oração

Senhor, ensina-me a vigiar e a não andar distraído enquanto sou observado. Não quero cair por descuido, nem me envergonhar por imprudência. Dá-me sabedoria para perceber os cercos silenciosos e firmeza para continuar vigilante, mesmo quando tudo parece em paz. Livra-me da armadilha do orgulho, da pressa e da autoconfiança. Amém.

31 DE JULHO

Corte a raiz antes que ela destrua tudo

"Mas, se no coração de vocês existe inveja, amargura e egoísmo, então não mintam contra a verdade, gabando-se de serem sábios." (Tiago 3:14)

Amargura e rancor não tratados viram raiva. Se você não corta essas raízes no começo, elas crescem. Tudo começa com uma decepção, uma dor pequena, um abandono, uma injustiça, um término mal resolvido, intratado. Você não ora sobre isso. Não conversa. Só engole. Então, vira uma mágoa. A mágoa cria uma raiz, a qual a Bíblia chama de "raiz de amargura". Quando ela se espalha, contamina seu coração e seus relacionamentos.

Depois, a ficha cai. Você começa a se perguntar: "Por que eu aceitei isso? Por que não reagi?" De repente, sem perceber, você está com raiva da pessoa, de si mesmo, do mundo, e continua sem tratar essas emoções... A raiva, por sua vez, vira desejo de vingança. A pessoa o elogia, e você já responde com desconfiança – está tão na defensiva que qualquer gesto de amor parece ameaça!

A cura começa quando você escolhe voltar para a raiz, para onde doeu. Admita onde você foi machucado e deixe Deus tocar nessa área. Não adianta tentar perdoar superficialmente sem estar disposto a encarar a verdade. Perdão é libertação, não esquecimento. Hoje, talvez o Espírito Santo esteja o chamando para esse confronto. Chega de viver na defensiva!

Oração

Senhor, reconheço que tenho deixado raízes de amargura crescerem dentro de mim. Às vezes, nem percebo o quanto essas dores mal-resolvidas têm guiado as minhas reações. Ajuda-me a voltar ao ponto da ferida e permitir que o Teu amor cure aquilo que o tempo não curou. Eu não quero mais reagir com raiva, desconfiança ou autoproteção. Ensina-me a liberar perdão e a arrancar pela raiz tudo aquilo que contamina meu coração. Amém.

ANOTAÇÕES

Agosto

Temos um encontro marcado todo dia 1º às 8h.
Escaneie o QR code para acessar nossa
plataforma e participar da live deste mês!

Mais um mês, *mais uma oportunidade de Deus para você.*

Antes de começar as leituras deste mês, separe alguns minutos para olhar para dentro. Use este espaço com sinceridade e intencionalidade.

Em *Objetivos do Mês*, escreva o que deseja viver com Deus nos próximos dias. Pode ser uma mudança de hábito, uma área da vida que precisa de cura, algo que você queira desenvolver espiritualmente ou até mesmo um simples "quero permanecer firme". Não escreva com pressa. Escreva com fé.

Em *Motivos de Gratidão*, liste tudo aquilo que, mesmo singelo, merece ser lembrado com um coração agradecido. A gratidão transforma a sua forma de enxergar a vida — ela ancora você no que Deus já fez e prepara seu coração para o que Ele ainda vai fazer.

Objetivos do Mês

- ○ ____________________
- ○ ____________________
- ○ ____________________
- ○ ____________________
- ○ ____________________

Motivos de Gratidão

____

____

____

____

____

1º DE AGOSTO

Outro de Mim

"Eu pedirei ao Pai, e ele lhes dará outro Auxiliador, o Espírito da verdade, para ficar com vocês para sempre. O mundo não pode receber esse Espírito [...]. Mas vocês o conhecem porque ele está com vocês e viverá em vocês." (João 14:16-17)

O Espírito Santo não é um sentimento, um vento, um arrepio, uma força impessoal nem uma energia mística que flutua entre nós. Ele é uma Pessoa. Jesus não disse que "enviaria algo", mas que enviaria "outro de Mim", o Paracleto, o Consolador.

O consolo exige presença, porque não vem de palavras bonitas, mas de gente que senta do nosso lado e respira junto conosco. O Espírito veio para fazer isto: caminhar conosco nos dias difíceis, sentar ao nosso lado no silêncio do luto, traduzir nossas lágrimas em orações quando já não sabemos mais o que dizer. Em vez de nos empurrar, Ele nos acompanha.

A presença dEle é uma companhia que transforma tanto por dar força, quanto por devolver a liberdade. Quando o Consolador chega, o peso que você carregava sozinho se torna leve. O caos aí dentro começa a silenciar. Ele é nosso intercessor, advogado e amigo fiel. Ele não vem como uma onda que passa, mas como uma presença que permanece.

Não trate o Espírito Santo como um evento místico ou uma sensação emocional. Trate-O como Alguém. Alguém que ama você e está ao seu lado agora. Alguém a quem Jesus chamou de "outro de Mim".

Oração

Espírito Santo, eu quero Te conhecer como Pessoa. Perdoa-me pelas vezes em que Te tratei como uma energia ou apenas como uma experiência emocional. Ensina-me a ouvir a Tua voz, a perceber a Tua presença, a caminhar Contigo como um amigo anda com outro amigo. Tu és o Consolador enviado por Jesus. Fica comigo, guia-me, consola-me e transforma meu coração. Amém.

2 DE AGOSTO

Nosso futuro incerto é conhecido por Deus

"Assim, o seu futuro será brilhante, e você não perderá a esperança."
(Provérbios 23:18)

A palavra de Deus para você hoje é esta: aceite o que é, solte o que foi e confie no que virá. Nem sempre é fácil... Encarar um diagnóstico, uma perda ou até mesmo o reflexo das nossas próprias escolhas exige coragem. Mas fechar os olhos não apaga a realidade, só adia o enfrentamento e prolonga a dor.

Soltar também é um ato de fé. Às vezes, a maior prisão está em manter firme aquilo que Deus já nos disse para deixar ir, sejam relacionamentos, ideias, planos, lugares... Nem tudo que foi importante em um tempo continuará sendo em um novo ciclo. Ele abre portas, mas também as fecha.

O amanhã sempre chega! Para quem confia no Senhor, o novo dia carrega promessas. O mesmo Deus que nos sustentou ontem, permanece hoje e já está no nosso futuro. A pergunta é: você crê? Porque a fé não é apenas um sentimento bonito; é o que move o céu e o faz se levantar da cama mesmo sem garantias de que as coisas vão mudar. É ela que ativa os milagres! Por isso, expresse, viva e honre a sua fé. O amanhã, mais que um novo dia, é quando Deus continuará sendo Deus.

Oração

Senhor, ajuda-me a soltar o que já passou e a não viver preso ao que ficou para trás. Ensina-me a olhar para o futuro com fé, e não com medo. Creio que Tu já estás no meu amanhã, preparando caminhos e abrindo possibilidades. Aumenta a minha confiança e sustenta meu coração. Que a minha esperança nunca seja frustrada, porque está firmada em Ti. Amém.

3 DE AGOSTO

A graça reescreve histórias

"Eu lhes darei um coração novo e uma nova mente. Tirarei deles o coração de pedra, desobediente, e lhes darei um coração humano, obediente."
(Ezequiel 11:19)

Se eu citar "Moisés", o que vem à sua mente? É provável que você se lembra do líder corajoso que libertou Israel, não do fugitivo que matou um egípcio. Se eu citar "Paulo", você se lembra do apóstolo que escreveu cartas transformadoras, não do perseguidor que consentiu na morte de Estêvão. Se eu citar "Pedro", você pensa no homem cheio do Espírito de Atos 2, não em quem negou a Jesus por medo.

Por que isso acontece? Porque a graça tem este poder – ela não apaga o passado, mas redime o futuro; não ignora as falhas, mas cobre a vergonha com uma nova identidade. Moisés foi forjado no exílio. Paulo foi quebrado no caminho para Damasco. Pedro foi reerguido com um "Tu me amas?". A graça não apenas perdoa, como também reposiciona. Então, da próxima vez que alguém tentar lembrar seu passado, responda: "A graça já passou por aqui".

Você não é mais o erro que cometeu, o trauma que sofreu nem o rótulo que recebeu. A graça não o faz retornar ao ponto de partida, mas o empurra para o propósito. Se o Pai decidiu reescrever sua história, quem é que vai impedir?

Não tenha vergonha das suas marcas. Elas são as cicatrizes de uma guerra vencida pela misericórdia. Além de já ter sido perdoado, você foi convocado a viver como quem foi transformado.

Oração

Senhor, obrigado porque Tu não me defines pelos meus erros, mas pelo Teu propósito em mim. Onde eu falhei, Tu derramaste graça. Onde eu caí, Tu me reergueste. Dá-me coragem para caminhar como quem foi alcançado, não como quem carrega culpa. Que a Tua restauração continue transformando minha história até que ela reflita somente a Tua glória. Em nome de Jesus, amém.

4 DE AGOSTO

Ficar, receber e sair

"E eu lhes mandarei o que o meu Pai prometeu. Mas esperem aqui em Jerusalém, até que o poder de cima venha sobre vocês." (Lucas 24:49)

Existe uma ordem no Reino de Deus que não pode ser quebrada sem consequências espirituais. Primeiro, o Senhor nos esconde – não por rejeição, mas por proteção. É na caverna, no deserto, no anonimato, que Ele trabalha em nosso interior. Depois, quando nosso caráter está mais firme que nosso carisma, Deus nos levanta. Só então Ele nos apresenta; não para nossa glória, mas para que sejamos testemunhas dEle com poder e maturidade.

Após ressuscitar, Jesus passou quarenta dias com os discípulos, ensinando, restaurando e preparando. Antes de enviá-los, porém, deixou uma ordem clara: "Esperem em Jerusalém." Era necessário aprender a esperar e receber do alto. Ninguém pode sair em nome de Deus se ainda não foi cheio por Ele!

Talvez você esteja se perguntando por que as portas não se abrem, por que ninguém o reconhece, por que ainda não chegou o "seu momento". O questionamento que o Espírito lhe faz hoje é: "Você aprendeu a ficar? A receber no secreto antes de se mover no público?" Não se precipite. Receba. Se encha! Depois disso, quando Ele disser: "Agora, vai!", você não será só mais um, será uma testemunha viva do céu na terra!

Oração

Senhor, ensina-me a respeitar o Teu tempo. Sei que o esconderijo não é castigo, é preparo. Que o silêncio não é ausência, é construção. Quero aprender a ficar, até que venha o Teu revestimento. Não me deixe sair vazio nem correr antes da hora. Que eu só me mova quando o Teu Espírito me enviar. Eu escolho confiar na Tua ordem: primeiro ficar, depois receber, e só então sair. Amém.

5 DE AGOSTO

O céu não trabalha com pressa

"[...] O tempo certo vai chegar logo; portanto, espere, ainda que pareça demorar, pois a visão virá no momento exato." (Habacuque 2:3)

Esperar nunca foi o nosso forte. Tudo é urgente, imediato, instantâneo. Queremos promessas cumpridas com a velocidade de uma notificação no celular. Mas o céu não trabalha no nosso ritmo. Deus não está atrasado. Nós é que estamos ansiosos!

A Palavra de hoje confronta nossa ansiedade. Quando dizemos "eu decreto", como se tivéssemos autoridade sobre o tempo divino, esquecemos que o céu não recebe ordens da terra; é a terra que recebe ordens do céu. A Bíblia nos diz que o guarda de Israel não dorme (Salmos 121:4). Ele está atento! Se Ele está acordado, por que você está perdendo o seu sono? Se não tem conseguido dormir, talvez sua realidade tenha se tornado maior do que seus sonhos, e esse é um sinal de que algo precisa ser ajustado no seu interior.

A espera é um processo, não um atraso. Ela forja caráter, ensina submissão e revela se confiamos no Doador ou apenas no que Ele pode dar. Por isso, solte o controle. Se Deus lhe prometeu, Ele cumprirá tudo no tempo certo e do jeito dEle.

Oração

Senhor, ensina-me a esperar sem reclamar. Ajuda-me a descansar sabendo que Tu estás no controle, mesmo quando tudo parece parado. Eu reconheço que não tenho autoridade para apressar os Teus planos, e que posso confiar que o Teu tempo é perfeito. Que eu não perca a fé por causa da pressa. Ensina meu coração a confiar no Teu ritmo, não no meu relógio. Amém.

6 DE AGOSTO

Jesus no quartinho da bagunça

"Ó Deus, cria em mim um coração puro e dá-me uma vontade nova e firme!" (Salmos 51:10)

Todo mundo tem um quartinho da bagunça, seja ele literal ou emocional. É aquele canto onde escondemos tudo que não deu tempo de arrumar: machucados mal sarados, sonhos esquecidos, mágoas guardadas, finanças fora de controle, relacionamentos por um fio. Quando a visita chega, fazemos aquela geral! Damos um jeito na sala, ajeitamos o cabelo, forçamos o sorriso e dizemos: "Não repara a bagunça!"

Entretanto, com Jesus, não funciona assim. Ele não quer só passar pela sala, quer entrar no quartinho da bagunça. Quer ver exatamente o que está desorganizado, o que está escondido, com o que você ainda não teve coragem de lidar.

Talvez hoje seja o dia de destrancar a porta desse espaço em que você evita até pensar, onde ficam guardados os medos, excessos e partes suas que você tem vergonha de mostrar. Cristo quer começar aí mesmo! Não para apontar seus erros, e sim para transformar você. Ele entra com paciência, graça, amor, verdade, cura e com a autoridade de quem sabe onde cada coisa deve estar. Para tanto, você precisa destrancar a porta e dizer: "Jesus, pode mexer. Vem ver a bagunça que está minha vida. Eu não sei por onde começar, mas o Senhor sabe."

Oração

Jesus, hoje não vou esconder nada. Pode entrar no meu quartinho da bagunça. Eu nem sei por onde começar a organizar, mas Tu sabes. Ajuda-me a pôr ordem onde só tem confusão. Cura onde ainda dói. Organiza minha visão, meus sentimentos e meu futuro. Eu Te convido: entra e faz morada. Amém.

7 DE AGOSTO

Está na sua profecia?

"A respeito de João, o profeta Isaías tinha escrito o seguinte: 'Alguém está gritando no deserto: preparem o caminho para o Senhor passar! Abram estradas retas para ele!'" (Mateus 3:3)

Nem todo lugar onde você se sente bem é onde Deus quer estabelecê-lo. Nem toda oportunidade boa é certa. Algumas portas se abrem e parecem perfeitas, têm estrutura, vêm com visibilidade e elogios, mas não estão na sua profecia. Quando você entende isso, para de se medir pelo que funciona para os outros!

Pregar na sinagoga era bom? Claro que era! Jesus pregou ali. Não estava escrito, porém, que a voz de João Batista sairia daquele espaço; estava escrito que a voz dele clamaria no deserto! O lugar da profecia daquele homem não era confortável, embora fosse o lugar certo para ele. Acredite: o deserto pode ser mais alinhado com sua missão do que um palco iluminado.

Cumpra a profecia. Pare de correr atrás do que parece ideal. Comece a obedecer o que foi escrito a seu respeito! Seu papel não é se encaixar nas expectativas dos outros, é ser fiel ao que o céu determinou para você. Ore e busque discernimento. O que parece uma bênção pode ser uma distração. Deus não o chamou para ser genérico, e sim para viver algo específico. Por isso, antes de aceitar qualquer caminho, pergunte: "Isso está na profecia que Deus liberou sobre mim?"

Oração

Senhor, eu não quero seguir caminhos genéricos nem me seduzir por oportunidades que não carregam a Tua voz. Ajuda-me a discernir o que é promessa e o que é distração. Ensina-me a ouvir com clareza aquilo que o céu escreveu sobre mim. Que eu não me confunda com o que parece bom, mas permaneça firme no que é certo. Que minha vida cumpra, passo a passo, a profecia que saiu da Tua boca. Amém.

8 DE AGOSTO

Caráter é lealdade no vale

"O amigo ama sempre e na desgraça ele se torna um irmão." (Provérbios 17:17)

O caráter de uma pessoa não se mede quando tudo está bem, mas quando alguém ao redor dela está na pior. É fácil ser leal quando há recompensas, quando o salário está em dia, quando o outro está bem. Mas e quando as coisas apertam? Quando aquele patrão que sempre o honrou entra em crise e não consegue mais fazer seu pagamento no dia certo? Quando o funcionário dedicado passa por um momento difícil? É aí que seu caráter é provado!

Gente nobre não abandona no vale. Gente de Deus não tira proveito do momento de fraqueza do outro. Pelo contrário, sustenta, intercede e permanece. Sim, existem casos em que o afastamento é necessário, porém, se a pessoa é boa, tem histórico de integridade e está apenas vivendo um período delicado, essa é a hora de estender a mão e mostrar quem você realmente é. O Senhor honra quem permanece quando todos os outros vão embora.

Não seja mais um que vira as costas. Seja aquele que fica! Não porque é cômodo, mas porque é o certo. O amor, o respeito e o caráter verdadeiros se revelam quando o outro está sem força, sem brilho e sem estrutura.

Oração

Senhor, ensina-me a ser fiel quando os outros estão frágeis. Dá-me um coração leal, firme e nobre. Que eu não abandone quem me abençoou quando ele estiver no chão. Que eu não fuja dos vales, mas aprenda a ser ombro, apoio e consolo. Que eu tenha sabedoria para discernir quando é hora de ajudar e quando é hora de recuar e nunca tome decisões por egoísmo ou por covardia. Amém.

9 DE AGOSTO

Descobrir o chamado ou carregar a cruz?

"E Jesus disse aos discípulos: 'Se alguém quer ser meu seguidor, esqueça os seus próprios interesses, esteja pronto para morrer como eu vou morrer e me acompanhe'." (Mateus 16:24)

Muita gente diz "Quero descobrir meu chamado", mas será que ele precisa ser descoberto... ou obedecido? Não precisamos de uma revelação nova para fazer o que Jesus já mandou: amar, servir, negar a si mesmo, carregar a cruz e seguir.

Esta geração obcecada por bem-estar tem esquecido que o evangelho começa no altar, não na zona de conforto. Não devemos nos realizar primeiro e depois ver o que sobra para Jesus; precisamos entregar tudo e confiar que Ele vai fazer muito mais com nossa vida rendida do que poderíamos fazer com ela inteira.

Não é que você não deve descansar, cuidar da saúde ou ter seu espaço, mas existe uma linha tênue entre o cuidado saudável e o culto ao próprio eu. Se o seu conforto virou prioridade, você está construindo um altar para si mesmo, não para Cristo. O evangelho tem cheiro de sacrifício. Não dá para seguir a Jesus sem morrer para si.

O chamado cristão não é "meu", é "nosso". Falta em nós senso de corpo, de comunidade, de missão coletiva. Vivemos buscando "minha missão", "meu propósito", "minha identidade", mas o que o Reino está fazendo como um todo? Onde você entra nisso? O chamado de Jesus não é para construirmos uma carreira, é para carregarmos uma cruz. E essa cruz não é decorativa, é uma escolha diária.

Oração

Senhor, livra-me da obsessão pelo conforto. Lembra-me, todos os dias, que o Teu chamado já está claro na Palavra. Ensina-me a carregar a cruz com alegria, sabendo que a vida em Ti começa quando meu "eu" morre. Que eu não viva apenas pelo meu bem-estar, mas pela Tua vontade. Dá-me coragem para viver uma fé que se entrega, não que só consome. Amém.

10 DE AGOSTO

Quando Deus age em um dia

"Eu sou o Senhor e logo, no tempo certo, farei com que isso aconteça." (Isaías 60:22b)

Tem coisas que passamos anos tentando ajeitar enquanto Deus as resolve em um dia! Isso acontece porque, quando Ele decide agir, não tem atraso, não tem resistência, não tem porta fechada que permaneça! O Todo-Poderoso que criou todas as coisas em seis dias pode, sim, transformar sua vida em 24 horas. Afinal, um comando dEle muda tudo!

Você pode estar enfrentando uma longa espera, mas não subestime o que Deus pode fazer em um instante. Ele é especialista em viradas inesperadas. Um encontro, uma ligação, uma resposta, um "sim"... Tudo pode acontecer quando o céu entra em movimento.

Talvez você esteja cansado, achando que nada muda. Hoje, quero encorajá-lo a continuar firme. Quando Deus começa a dar ordens, até o que parecia morto se levanta. Você vai ver milagres acontecendo na sua casa, no seu casamento, na sua empresa e na sua vida emocional. Creia que Ele está cuidando de você! Você não precisa de muitos dias bons, só precisa de um dia com Deus. Quando Ele determina, nada pode impedir.

Oração

Senhor, creio que um dia Contigo muda tudo. Não quero viver pela ansiedade do tempo humano, mas pela confiança no Teu tempo perfeito. Dá ordem, Pai, às situações que eu não consigo resolver. Sopra vida onde está estagnado e luz onde ainda está escuro. Eu confio que o Teu favor me alcançará, e, quando acontecer, será completo. Amém.

11 DE AGOSTO

Cuidado com a autoconfiança

"Portanto, aquele que pensa que está de pé é melhor ter cuidado para não cair." (1 Coríntios 10:12)

A queda não começa com a fraqueza, começa com a soberba. Com aquela sensação de que "comigo não acontece", "isso não me atinge", "já venci essa fase". Só que o Evangelho não é uma jornada que nos torna autossuficientes, é uma vida inteira que nos ensina a ser dependentes.

Não me assusto com quem chora porque está difícil e pede ajuda, dizendo: "Estou lutando. Caí, mas não quero ficar no chão." Esse é um sinal de que o Espírito Santo ainda está ativo ali dentro. A dor do pecado é uma das maiores provas de que você ainda está vivo espiritualmente. O problema é quando paramos de sentir. Quando começamos a nos achar maduros demais para cair, fortes demais para nos contaminar, e espirituais demais para sermos tentados. É nesse lugar que o tombo acontece. Quem reconhece a necessidade da graça, se apega a ela, mas quem acha que já superou tudo solta a mão e anda sozinho.

Sou o tipo de pessoa que precisa da misericórdia todos os dias. Eu sei aonde posso chegar sem ela! Não acordo um dia sequer sem pedir: "Senhor, me reveste. Me guarda. Me protege de mim mesma." Se você entende isso também, bem-vindo à festa de Levi (Lucas 5:29-32) — aquela em que Jesus se sentou com quem Ele sabia que precisava.

Oração

Senhor, livra-me da falsa sensação de força. Não quero me apoiar no que penso ser, mas depender do que Tu és. Reveste-me da Tua graça todos os dias. Que eu nunca perca a sensibilidade ao Teu Espírito, nem me acostume com o erro. Guarda meu coração da soberba espiritual e me mantém firme, não pela minha força, mas pela Tua misericórdia. Amém.

12 DE AGOSTO

Não fuja, resolva

"Davi chegou e disse a Saul: 'Meu senhor, ninguém deve ficar com medo desse filisteu! Eu vou lutar contra ele.'" (1 Samuel 17:32)

A diferença entre quem entra no palácio e quem permanece no anonimato muitas vezes está em como cada um responde aos problemas. Tem gente que foge, se esconde, reclama, se revolta; e tem quem enfrente, olhe para o gigante, respire fundo e diga: "Deus me trouxe até aqui, e é aqui que eu vou lutar."

Foi isso que Davi fez. Ele não procurou um problema, mas também não correu dele. Esse simples pastor de ovelhas viu um cenário de medo coletivo e se levantou com coragem e fé. Aquela batalha não era apenas uma crise nacional, mas uma plataforma de destino. Resolver o problema de Israel colocou Davi na rota do palácio. O que parecia um obstáculo era, na verdade, seu caminho.

E na sua vida será que não é assim também? Talvez essa situação difícil que você está enfrentando não seja um atraso, mas uma oportunidade. Quem sabe o Senhor está permitindo exatamente isso para que você seja conhecido, reconhecido e reposicionado. Não fuja. Problemas não são interrupções no plano; às vezes, são a ponte. Enquanto outros perguntam "Por que eu?", você pode perguntar: "O que Deus quer me ensinar e revelar através disso?" Toda dificuldade vencida com fé o empurra para o propósito e o apresenta a pessoas e lugares que você jamais conheceria se tudo fosse fácil.

Oração

Senhor, dá-me coragem para enfrentar os problemas com fé, não com fuga. Abre meus olhos para enxergar além da dor, além do desafio. Que eu não perca tempo reclamando, mas assuma com responsabilidade e confiança o que preciso resolver. Usa esse momento difícil para me posicionar onde queres me colocar. Eu confio na Tua direção. Amém.

13 DE AGOSTO

A decisão de vencer

"Mas você, homem de Deus, fuja de tudo isso. Viva uma vida correta, de dedicação a Deus, de fé, de amor, de perseverança e de respeito pelos outros." (1 Timóteo 6:11)

Toda vitória começa com uma decisão. Antes de chegar o recurso, antes de alguém lhe estender a mão, antes de a porta abrir, a escolha de seguir adiante precisa estar firmada dentro de você. Existem pessoas que simplesmente decidiram não ser derrotadas pelas circunstâncias.

Essa é a diferença entre quem anda por vista e quem anda por fé. O primeiro desiste quando o país entra em crise, quando chega a pandemia, quando ninguém o nota, quando os recursos escasseiam. O segundo entende que a decisão de vencer é um ponto de partida. Quem decide perseverar atrai o olhar de Deus e, em algum momento, também o olhar das pessoas certas.

O Senhor honra quem se levanta com coragem, mantendo a convicção mesmo quando tudo parece contrário. A decisão firme de caminhar para o propósito faz com que as oportunidades surjam no tempo certo, e ninguém consegue impedir quem decidiu não parar.

Se você não definir o seu "eu vou vencer", qualquer obstáculo será motivo para desistir. Em contrapartida, quando essa decisão estiver firmada no seu espírito, o que era difícil se torna um degrau, e o que era porta fechada se transforma em caminho alternativo. A decisão de vencer, sustentada pela fé, alinha você aos princípios que trazem paz, direção e prosperidade.

Oração

Senhor, hoje tomo a decisão de vencer não pelos meus méritos, mas porque confio na Tua direção. Fortalece meu interior para que eu não desista na primeira dificuldade. Sustenta minha fé quando tudo parecer contrário. Que eu viva não pelo que vejo, mas pelo que creio. Coloca pessoas, recursos e oportunidades no meu caminho, e me dá sabedoria para reconhecer cada um deles. Amém.

14 DE AGOSTO

O fim de tudo

"De tudo o que foi dito, a conclusão é esta: tema a Deus e obedeça aos seus mandamentos porque foi para isso que fomos criados." (Eclesiastes 12:13)

Salomão teve tudo o que muitos desejam: riqueza, poder, sabedoria, mulheres e fama. Ele construiu palácios, escreveu provérbios, colecionou prazeres. Mas sabe o que ele sentiu no fim? Vazio. Ele mesmo confessou ter odiado a vida (Eclesiastes 2:17), porque tudo que experimentou foi vaidade, fumaça e ilusão.

O homem mais sábio e mais bem-sucedido da história concluiu que nenhuma dessas coisas é capaz de preencher o coração. Ele testou todas as rotas que o mundo chama de "felicidade", e todas falharam. No fim, só uma verdade ficou de pé: o temor a Deus.

Você pode estar correndo atrás de algo agora (dinheiro, prazer, reconhecimento, segurança...), achando que isso vai dar sentido à sua existência enquanto a vida verdadeira está mais perto do que você imagina. Está em Deus. E o que Ele pede? Que você O tema, honrando-O com sua vida, com suas escolhas, com seu coração inteiro.

Não perca o céu por causa de um pecado. Não troque a eternidade por um prazer passageiro. É fácil encontrar a vida porque ela está disponível em Jesus. E Ele mesmo disse: "Eu sou o caminho, a verdade e a vida" (João 14:6).

Oração

Senhor, não quero viver uma vida cheia de conquistas vazias. Ajuda-me a Te temer de verdade e a reconhecer que o sentido da vida está em Ti. Tira dos meus olhos toda ilusão que o mundo oferece. Preenche o meu coração com o que é eterno. Que a minha história não termine em frustração, mas em plenitude. Amém.

15 DE AGOSTO

Abandone as coisas de menino

"Quando eu era criança, falava como criança, sentia como criança e pensava como criança. Agora que sou adulto, parei de agir como criança." (1 Coríntios 13:11)

Paulo, ao escrever aos coríntios, não disse que Deus tirou dele os comportamentos infantis, mas que ele mesmo parou de agir como criança. Em outras palavras, o crescimento espiritual e emocional exige decisão, responsabilidade e ação consciente.

Muita gente envelhece sem amadurecer. Carrega títulos e reage como criança. Toma decisões impulsivas, responde com orgulho, guarda mágoas como se fossem brinquedos de estimação. É por isso que, mesmo com uma vida cheia de experiências, há pessoas que colhem frutos infantis: ainda pensam e agem como meninos.

A imaturidade não é só um problema emocional, é também espiritual. Deus deseja formar Cristo em nós, e Cristo é maduro, equilibrado e cheio de domínio próprio. O processo de forja emocional é doloroso, mas necessário. E não é automático. O Senhor até permite situações que revelem nossas imaturidades não para nos envergonhar, mas para nos convidar ao crescimento.

Então, olhe para dentro hoje e pergunte: "Que atitudes de menino ainda estou carregando? Em que área Deus está me chamando para amadurecer?" A transformação começa quando você decide abandonar o que já não combina mais com quem você está se tornando.

Oração

Senhor, reconheço que há atitudes imaturas em mim que precisam ser sobrepujadas. Ajuda-me a crescer e a amadurecer nas emoções, na fé e no caráter. Não quero envelhecer mantendo reações de menino. Forma Cristo em mim. Dá-me sabedoria para abandonar o que já não faz parte da nova identidade que tenho em Ti. Amém.

16 DE AGOSTO

Paz no meio da tempestade

"De repente, uma grande tempestade agitou o lago, de tal maneira que as ondas começaram a cobrir o barco. E Jesus estava dormindo." (Mateus 8:24)

A maioria de nós foi ensinada a orar pedindo que a tempestade acabe. Não há nada de errado nisso, porém existe um nível mais profundo de fé, um lugar de confiança tão íntimo com Deus que você aprende a dormir no barco mesmo com o vento forte e as ondas altas como Jesus fez.

A tempestade revelou o contraste entre o medo dos discípulos e a confiança de Jesus, de modo que Ele não os tomou como ímpios, mas os chamou de "homens de pequena fé" (Mateus 8:26). Uma fé pequena não é uma fé ausente, é apenas uma fé que ainda depende do cenário perfeito para descansar, que acredita ser possível ter paz apenas se tudo estiver calmo do lado de fora.

O Mestre nos convida para mais e nos ensina que a paz não é o resultado da ausência de problemas, mas da presença de Deus. Quem anda com Jesus, aprende a confiar mais no que está dentro do barco do que no que acontece fora dele.

Talvez você esteja enfrentando uma tempestade e tudo em você grite por socorro. Mas e se seu maior milagre hoje for o descanso? E se o mais nítido sinal da presença de Deus for o silêncio, e não o espetáculo? Olhe para Jesus. Ele está ali, deitado no barco, ensinando com a própria postura o caminho da confiança.

Oração

Senhor, quero aprender a descansar em Ti, mesmo quando tudo ao meu redor parece fora de controle. Ensina-me a confiar na Tua presença mais do que nas circunstâncias. Não quero ser guiado pelo medo, mas pela fé. Que minha alma aprenda a repousar em Ti, assim como Tu dormiste no barco em meio à tempestade. Amém.

17 DE AGOSTO

A única aprovação de que você precisa

"A maldição não cai sobre quem não merece; ela é como um passarinho que voa sem rumo." (Provérbios 26:2)

Quando você decide mudar, crescer e trilhar um novo caminho, nem todos conseguem acompanhar por só conseguirem enxergar quem você foi, e não quem está se tornando. É doloroso quando a descrença vem das pessoas que estão perto, as quais você ama e respeita, eu sei.

Mas há uma verdade que precisa ter mais peso do que qualquer opinião: o que Deus diz a seu respeito. Ele não olha como os homens olham, pois vê o coração. Ele vê suas intenções, seus esforços, sua luta diária para ser alguém melhor. O olhar dEle alcança os bastidores da sua transformação.

É por isso que você precisa aprender a ajustar o foco. Primeiro, continue fazendo sua parte: encare suas falhas com coragem, pratique novos hábitos, cresça de forma consistente. Nenhuma mudança verdadeira nasce da pressa ou da aparência, e sim da prática constante. Segundo, pare de dar tanto poder àqueles que não valorizam o que você está construindo. Nem toda proximidade é sinal de apoio. Às vezes, é preciso se cercar de quem enxerga o seu destino no lugar do seu histórico.

A maldição sem causa não se cumpre, e o julgamento sem fundamento também não deve ser acolhido. Sua caminhada com Deus é mais poderosa do que qualquer rótulo do passado. Caminhe em paz, com humildade e firmeza. Ele está vendo, e isso basta!

Oração

Senhor, entrego nas Tuas mãos todo julgamento que não reflete quem estou me tornando. Dá-me força para continuar crescendo, mesmo sem aplausos. Que eu valorize mais a Tua aprovação do que qualquer opinião humana. Sonda o meu coração, conhece minhas intenções e me guia na verdade. Que a minha identidade esteja firmada em Ti. Amém.

18 DE AGOSTO

O poder do silêncio

"Lembrem disto, meus queridos irmãos: cada um esteja pronto para ouvir, mas demore para falar e ficar com raiva." (Tiago 1:19)

Um lobo em silêncio impõe mais respeito do que um cachorro que late o tempo todo. Quem sabe quem é não precisa provar nada. Quem tem segurança não precisa se exaltar. É por isso que a sabedoria se expressa mais no silêncio do que em longos discursos.

As pessoas sábias falam pouco, ouvem muito e observam em paz. Quando falam, não se exaltam; falam devagar, baixo e com propósito. Falam sobre Deus, não sobre si mesmas. E sobre os outros? Não falam nada. Sabem que o tempo revela mais do que qualquer argumento.

Gente sábia não promete nada quando está feliz, não desiste de tudo quando está triste e não toma decisões quando está com raiva, porque sabe que dominar o próprio espírito é mais nobre do que dominar qualquer situação – e esse domínio só pode vir do alto.

Se você quer sabedoria, peça a Deus. Ele dá, e dá generosamente a quem pede com fé (Tiago 1:5). Escolha ser como o lobo: firme, sereno e silencioso. Não se apresse em responder, não se desgaste tentando se explicar. O que vem de Deus não precisa ser gritado, apenas sustentado.

Oração

Senhor, ensina-me a controlar meu espírito, minhas palavras e reações. Que eu escolha o silêncio quando for preciso, e que minha fala seja sábia e temperada quando necessário. Dá-me discernimento para agir com firmeza, sem perder a paz, e a sabedoria que vem do alto, aquela que transforma primeiro dentro antes de se manifestar fora. Amém.

19 DE AGOSTO

Atualize sua mente, afie seu machado

"Se você deixa o machado perder o corte e não o afia, terá de trabalhar muito mais. É mais inteligente planejar antes de agir." (Eclesiastes 10:10)

Tem quem diga que o próprio tempo já passou, que perdeu o *timing*, que agora é tarde, que não dá mais. Entretanto, o problema não é o tempo, é a falta de atualização. O tempo passa para todos, mas quem se mantém sensível ao novo de Deus, quem afia a mente, o espírito e o entendimento, continua relevante mesmo em dias difíceis. O que nos atrapalha é usar um machado cego! Não adianta ter talento se a mente estiver travada. Não adianta ter unção se ficar preso numa estação passada. Excelência que não se renova vira peso.

Você consegue discernir o que o Espírito Santo está fazendo agora? Ou está tão preso ao que foi que não percebe o que está sendo? Muitos dizem que "Deus os esqueceu", quando, na verdade, foram eles que se desconectaram. A vida cristã é como uma ferramenta: precisa ser afiada, limpa e preparada para o uso. Gente atualizada na Palavra, no espírito e nas estações da vida anda com menos esforço e mais impacto.

Não deixe sua mente, suas ideias ou sua fé congelarem em versões antigas. O Pai está se movendo. Você está pronto para se mover com Ele? Ajuste o corte antes de tentar a força. Não adianta golpear o futuro com ferramentas embotadas. Quem quer alcançar o que é novo, precisa deixar o velho ser tratado.

Oração

Senhor, não quero viver com a mente presa no que passou. Dá-me discernimento para entender o que estás fazendo hoje. Afia em mim tudo que ficou cego: meus pensamentos, minhas decisões, minha percepção. Ajuda-me a caminhar com sabedoria, a agir no tempo certo e a não dar desculpas quando preciso tomar decisões. Que a Tua Palavra seja a lâmina que me renova, me alinha e me torna útil para o Teu propósito. Amém.

20 DE AGOSTO

A bênção da repreensão

"Aquele que aceita ser repreendido anda no caminho da vida, mas quem não aceita cai no erro." (Provérbios 10:17)

Quem vive sem disciplina, morre sem dignidade, pois quem se recusa a ser corrigido, também se recusa a ser transformado. Crescimento verdadeiro não acontece no conforto; nasce na tensão da correção, no desconforto e na humildade de ouvir o que você não gostaria.

Há quem fuja da repreensão como se ela fosse um castigo, mas a Palavra a chama de caminho de vida! O orgulho rejeita, porém o espírito ensinável cresce quando é corrigido. Não existe crescimento consistente fora da luz da verdade. Muitas vezes, essa luz virá através de pessoas: pais, mães, líderes, cônjuges, amigos... Deus usa essas vozes para alinhar nossa caminhada.

É claro que dói — ouvir uma verdade que expõe nossa falha nunca será confortável, mas é a partir dela que vem nosso crescimento. Quem se abre à correção, cresce dez vezes mais rápido, porque evita erros desnecessários. Por isso, esteja debaixo da repreensão. Escolha relacionamentos que desafiem seu ego. Valorize quem diz a verdade com amor. Ouça mais do que fala. A repreensão é um presente; quem a rejeita, escolhe a perda, mas quem a recebe, honra o processo e colhe dignidade no final.

Oração

Senhor, livra-me de ter um coração insensato, que rejeita a correção. Ensina-me a acolher a repreensão como um ato do Teu amor. Que eu não fuja da disciplina, mas a veja como uma aliança com a vida. Dá-me humildade para ouvir e coragem para mudar. Eu me rendo à Tua correção, pois ela me livra do caminho da destruição. Amém.

21 DE AGOSTO

Não se forma caráter com silêncio

"É melhor a crítica franca do que o amor sem franqueza."
(Provérbios 27:5)

Educar um filho, liderar uma equipe ou cuidar de alguém envolve mais do que carinho e incentivo, envolve correção. Amor que se omite não é amor completo. Amor de verdade ensina, confronta e disciplina. Há momentos em que o melhor que você pode fazer por alguém é dizer: "Desse jeito, não dá para continuar." Pode parecer duro, mas é justamente o que forma caráter.

Vários pais evitam a disciplina por medo de perder o afeto dos filhos. Vários líderes deixam de corrigir por medo de parecerem rígidos demais. Mas, sem confronto, não há crescimento. A poda, embora seja desconfortável, é o que gera frutos duradouros. Se você só concorda e nunca corrige, cria pessoas dependentes, e não maduras.

Jesus não teve medo de confrontar Pedro quando suas palavras estavam desalinhadas com a vontade do Pai, por isso esse discípulo cresceu. O mesmo princípio se aplica em nossa casa, nosso trabalho e nossa liderança. Se você ama de verdade, vai ter que corrigir com firmeza e amor. Desse modo, colherá bons frutos!

Você pode perder o controle agora, fingindo que está tudo bem, ou pode enfrentar a dor do confronto e colher a recompensa da transformação depois. Quem ama, diz "não"; quem lidera com responsabilidade, corrige.

Oração

Senhor, ajuda-me a liderar com amor e verdade. Dá-me sabedoria para saber quando corrigir e graça para fazer isso com mansidão. Quero educar meus filhos, formar minha equipe e cuidar das pessoas com o mesmo equilíbrio, firmeza e compaixão que tens conosco. Que a minha voz seja um canal da Tua direção. Amém.

22 DE AGOSTO

Seu comportamento define o que você encontra

"A pessoa honesta anda em paz e segurança, mas a desonesta será desmascarada." (Provérbios 10:9)

Você já percebeu que algumas propostas simplesmente não chegam até você? Que certas conversas nem se aproximam? É porque a sua vida comunica algo antes mesmo de você abrir a boca. Você atrai o que transmite. Quando sua postura revela integridade, coerência e propósito, serve como um filtro natural para o que vem e para o que fica.

Ninguém oferece drogas a quem não emite sinais de fragilidade moral. Ninguém convida para um caminho torto quem anda com firmeza. É seu estilo de vida que seleciona suas oportunidades e até o protege das armadilhas. Sua rotina denuncia o que você valoriza. Isso também vale para escolhas espirituais, relacionamentos e oportunidades profissionais. Quando você anda em integridade, sua vida diz "não" para o que não combina com seu propósito, sem que você precise falar nada.

Deus honra quem anda assim: em verdade, com coerência e firmeza. Ele afasta o que não convém e aproxima o que está alinhado com o destino que preparou para você. Hoje, pare e observe: o que sua vida tem comunicado? Quais portas estão se abrindo ou se fechando só pelo seu comportamento? Quem tem se aproximado de você? Não adianta orar por colheitas santas se sua vida tem semeado desatenção e incoerência. O seu testemunho silencioso é o maior comunicador da sua fé!

Oração

Senhor, que a minha vida seja um reflexo fiel do que carrego no coração. Ajuda-me a andar com integridade, especialmente quando ninguém está olhando. Que meu comportamento selecione o que chega até mim e afaste o que não vem de Ti. Ensina-me a viver de forma coerente com a verdade da Tua Palavra. Amém.

23 DE AGOSTO

Nem fácil demais, nem pesada demais

"Este Deus faz tudo perfeito e cumpre o que promete. Ele é como um escudo para os que procuram a sua proteção." (2 Samuel 22:31)

A vida não é fácil. Quando Jesus disse: "No mundo vocês terão aflições" (João 16:33), estava nos preparando para os dias em que tudo parece desmoronar. Ainda assim, a vida também não precisa ser insuportável.

Quando alguém diz que está tudo muito pesado, vale a pena investigar: será que ele não está quebrando algum princípio? Mantendo uma carga emocional excessiva, vivenciando frustrações constantes, enfrentando um sofrimento contínuo? Embora a existência seja desafiadora, viver debaixo da obediência e dos princípios bíblicos torna a jornada mais leve.

O Eterno nunca prometeu ausência de dor, mas nos garantiu Sua paz. Nunca prometeu fartura o tempo todo, mas assegurou Sua provisão no deserto. É possível viver tempestades ou enfrentar a escassez com o coração ancorado na paz. Quando Deus é nosso refúgio, nossa força vem de dentro. É por isso que alguns atravessam crises com firmeza enquanto outros desabam sem motivo aparente — o segredo está em quem nos ancoramos!

O fardo da sua vida tem sido pesado demais? Talvez não seja hora de pedir facilidade, mas de examinar princípios que estão sendo ignorados. Alinhar-se com Deus não elimina os ventos contrários, porém impede que eles o arrastem.

Oração

Senhor, eu sei que a vida não será fácil, mas também não quero viver sobrecarregado. Ajuda-me a identificar os princípios que tenho ignorado, os pesos que não preciso carregar e os caminhos que preciso corrigir. Ensina-me a viver com leveza mesmo nos dias difíceis. Que a Tua Palavra me conduza, e que a Tua presença me sustente. Amém.

24 DE AGOSTO

Deixem que ele vá

"Depois de dizer isso, gritou: 'Lázaro, venha para fora! E o morto saiu. [...] Então Jesus disse: 'Desenrolem as faixas e deixem que ele vá.'" (João 11:43-44)

Jesus poderia ter dito: "Lázaro, venha para fora e siga-me." Poderia ter ressuscitado seu amigo e imediatamente ter-lhe designado um destino, uma rota, uma missão. Em vez disso, devolveu-lhe a vida e disse: "Desenrolem as faixas e deixem que ele vá." Esse gesto carrega uma das maiores expressões da graça: a liberdade.

A graça verdadeira não obriga; ela desperta, devolve o fôlego, rompe os laços da morte e oferece escolhas. O poder espiritual da vida nova não está na imposição, e sim na decisão. Por isso, há tanto valor em você parar alguns instantes do seu dia para fazer sua leitura bíblica. Se você está onde está, buscando a presença de Deus, vivendo para Ele, consagrando seus dias, é porque decidiu usar a liberdade que o Senhor lhe deu para se prostrar aos pés dEle.

Toda vez que você escolhe amar, servir, perdoar, obedecer, mesmo podendo não fazer nada disso, está dizendo: "Se foi Ele quem me deu vida, então é para Ele que quero vivê-la." Essa é a glória da graça: ela nos ressuscita sem nos prender. Ela nos chama para fora sem nos forçar a seguir. Mas há algo que só quem a entende de verdade é capaz de falar: "Se Ele me chamou para fora, não faz sentido voltar a andar longe dEle."

Oração

Jesus, obrigado por me chamares para fora, por me despertares, por me devolveres a vida. Obrigado porque não me prendes, não me obrigas nem me dominas, mas me amas com liberdade. É por isso que escolho usar minha vida para Te seguir. Se Tu me deste essa nova chance, que cada passo meu seja em direção à Tua vontade. Amém.

25 DE AGOSTO

Todo excesso revela um vazio

"O tolo não para de falar. Ninguém sabe o que vai acontecer amanhã, nem pode dizer o que acontecerá depois da sua morte." (Eclesiastes 10:14)

Todo excesso costuma ser uma tentativa desesperada de preencher algum vazio. Onde há exagero, há ausência. O consumismo descontrolado, o vício em pornografia, o uso de drogas, os abusos silenciosos que muitos normalizam... são todos gritos disfarçados de suficiência. O corpo age como se tivesse tudo enquanto a alma está faminta.

A era da tecnologia trouxe facilidades, mas também novas formas de anestesia emocional. Estamos cercados por estímulos, e cada vez mais distantes de nós mesmos. Quanto mais recursos acumulamos, mais a ansiedade nos visita; quanto mais distrações temos, mais a depressão se instala. O que era para ser ajuda virou obsessão. O excesso virou fuga.

Essas "drogas comportamentais" não se limitam às substâncias químicas – estão no vício de tela, na busca por dopamina fácil, no prazer imediato que afasta do confronto necessário... Quanto mais ignoramos esse vazio interior, mais ele se alimenta da nossa negligência.

Contudo, existe esperança, porque há um lugar onde o vazio não é preenchido com barulho, mas com verdade; onde não há necessidade de exagero, porque o suficiente é abundante: a presença de Deus. Somente nela o buraco se fecha com paz, e não com performance. Só quem enfrenta o vazio com coragem, encontra a completude real.

Oração

Senhor, reconheço os vazios que tenho tentado esconder com excessos. Perdoa-me por buscar alívio em coisas que não curam. Ajuda-me a encarar o que me falta e a encontrar em Ti o que realmente me preenche. Que a Tua presença me baste, que a Tua paz me sacie. Dá-me equilíbrio, consciência e direção para romper com todo comportamento que me afasta de Ti.

26 DE AGOSTO

O orgulho só machuca

"'Quem é o senhor?' perguntou ele. A voz respondeu: 'Eu sou Jesus, aquele que você persegue. Mas levante-se, entre na cidade, e ali dirão a você o que deve fazer.'" (Atos 9:5-6)

Tem momentos em que insistimos tanto em fazer as coisas do nosso jeito, que nos machucamos mais do que o próprio caminho faria. Resistimos, batemos o pé; dizemos que não é o momento, que não queremos, que não vamos. Jesus, então, nos pergunta: "Por que você insiste em resistir ao que Eu estou fazendo?"

Foi isso que Ele disse a Saulo em Atos 9:5 (ACF): "Duro é para ti recalcitrar contra os aguilhões." Em outras palavras: "Por que você está chutando o ferrão, Saulo? É você mesmo que está se ferindo." O aguilhão era um instrumento usado para fazer o boi andar. Quando o animal resistia, acabava se machucando. Não raro, agimos do mesmo modo — Jesus nos empurra em direção ao propósito, mas respondemos com teimosia. O resultado? Feridas que poderiam ter sido evitadas.

Tem gente que está sofrendo não porque Deus o está punindo, mas porque está batendo de frente com o que Ele já determinou. Quando o Senhor põe a mão, o que nos resta é nos render, dizendo "eis-me aqui", mesmo sem entender tudo. Continuar resistindo só prolonga o deserto e aumenta a dor.

A boa notícia é que, mesmo nos encontrando feridos pelas nossas próprias escolhas, Jesus continua nos chamando pelo nome. Ele não desistiu de Saulo, apesar de toda a sua rebeldia, e também não desiste de você.

Oração

Senhor, perdoa-me por tantas vezes resistir ao que estás fazendo, pelos "nãos" que Te dei, pelas desculpas que criei, pelas vezes em que bati de frente com a Tua vontade. Eu reconheço que só tenho me machucado assim. Hoje, baixo minha guarda e Te entrego o controle. Faz do Teu jeito, Senhor. Eu confio em Ti. Amém.

27 DE AGOSTO

Escolha bem suas mesas

"Não se enganem: 'As más companhias estragam os bons costumes.'" (1 Coríntios 15:33)

A mesa é um lugar espiritual. Mais do que refeições, nela se compartilham visão, emoções e influências. Escolher bem suas mesas é também escolher bem seu destino. Tem gente que não entende por que está estagnada, mas continua se alimentando de conversas tóxicas, olhares invejosos e piadinhas disfarçadas de amizade.

Cuidado com quem celebra com ironia. Gente que finge que torce, mas o sabota com palavras veladas. "Ah, comprou um carro? Mas a gasolina está um absurdo!", "Cafeteira nova? Mas café bom custa caro, hein!"... Essas falas, geralmente ditas com um sorriso, revelam corações mal resolvidos, alianças rasas e amizades que drenam em vez de nutrir.

As alianças que você estabelece definem o ambiente espiritual em que você vai caminhar. Paulo tinha Barnabé. Noemi tinha Rute. Ester tinha Mardoqueu. Precisamos de quem nos empurra para a frente, que não compete, que serve de suporte, e não de comparação. Alianças assim não se acham toda hora. Encontrá-las é um sinal do céu sobre a sua história.

Seu futuro depende das mesas que você frequenta. Se quer crescer em fé, sente-se com pessoas que oram. Se quer prosperar com integridade, ande com quem honra princípios. Se quer ser curado, ande com quem tem palavras de vida. A mesa certa cura, ativa e acelera o propósito.

Oração

Senhor, dá-me discernimento para escolher bem minhas mesas. Afasta-me de ambientes que drenam minha fé e minha alegria. Aproxima-me de pessoas que vivem por propósito, que celebram vitórias sem inveja, que sonham junto comigo e me desafiam a crescer. Que eu também seja esse tipo de pessoa para quem se senta comigo. Amém.

28 DE AGOSTO

Não olhe para trás

"E esses homens honestos e respeitáveis ficam firmes na sua opinião, cada vez mais convencidos de estarem certos." (Jó 17:9)

Não olhe mais para trás. O seu passado vai tentar fazê-lo lembrar o tempo todo de quem você já foi, do que já fez ou do que deixou de fazer. Seus velhos amigos vão fazer piadinhas, e os sentimentos antigos vão tentar reaparecer. Contudo, se Deus já lhe deu um novo caminho, andar de cabeça virada para trás o fará perder o rumo do que está por vir.

Não adianta alimentar mágoas antigas. "Ah, porque fulano me traiu..." Foi no passado? Então deixe lá! "Falaram mal de mim..." Se foi antes, perdoe e siga em frente! Não permita que o que seu pai ou sua mãe deixaram de fazer decida o seu amanhã. Quem vive de passado, só repete ciclos, porém quem decide romper com o que passou, se alinha com o que o Eterno quer fazer agora.

Deus é um Deus de futuro. Sua promessa não está no que ficou, mas no que se vê adiante. Vivê-la exige postura. O justo continua no caminho. Ele segue, apesar da dor, da saudade e das lembranças, porque sabe que a força aumenta enquanto a jornada avança.

Oração

Senhor, dá-me coragem para seguir em frente e sabedoria para soltar o que eu já deveria ter deixado para trás. Não quero viver preso ao que passou. Ensina-me a manter os olhos no que ainda vais fazer, porque sei que há algo maior me esperando. Quero crescer de força em força, um passo de cada vez, confiando na Tua direção. Em nome de Jesus, amém.

29 DE AGOSTO

O que realmente é raro

"É melhor comer um pedaço de pão seco, tendo paz de espírito, do que ter um banquete numa casa cheia de brigas." (Provérbios 17:1)

A coisa mais invejada do mundo não é o dinheiro, o sucesso, a beleza ou o poder. Essas são conquistas que, muitas vezes, você pode alcançar sozinho. O que é verdadeiramente invejável é uma relação saudável, uma família em paz, um lar onde há risos sinceros e respeito mútuo.

Você já percebeu que, quando alguém tem algo assim, logo surgem comentários maldosos ou críticas disfarçadas de brincadeira? Vínculos verdadeiros incomodam. Um casamento feliz, uma amizade leal, uma família que se protege, isso, sim, é riqueza!

Uma vez ouvi o seguinte de alguém muito bem-sucedido: "Eu daria tudo para ter sua família." Essa fala me fez enxergar que, embora não tivesse tantos bens materiais como ele, eu tinha algo que não se compra. O que podemos conquistar a qualquer momento não é mais precioso do que aquilo que, se for perdido, talvez nunca mais volte.

Então, antes de invejar o que o outro tem ou se sentir menor por não alcançar certos padrões, pergunte-se: "Quantas pessoas gostariam de ter o que eu tenho e não podem?" Pode ser um lar, um abraço, uma conversa... Esses são tesouros que não aparecem nas vitrines do mundo, mas sustentam a vida. Preserve-os e honre-os! Nem todo mundo tem o privilégio de chamar de "rotina" aquilo que muitos dariam tudo para viver, nem que fosse só por um dia.

Oração

Senhor, ajuda-me a perceber a riqueza que já está ao meu redor. Que eu não despreze a bênção de uma família unida, de amizades sinceras, de uma comunhão rara. Ensina-me a guardar o que é valioso e a não me deixar seduzir por aquilo que reluz, mas não sustenta. Que eu tenha sabedoria para cultivar o que importa. Amém.

30 DE AGOSTO

A luta vencida de joelhos

"Continuem firmes na oração, sempre alertas ao orarem e dando graças a Deus." (Colossenses 4:2)

O exercício mais difícil para a nossa carne é orar. Dobrar os joelhos exige mais esforço do que levantar a voz. Há dias em que nem as dores mais profundas nos empurram para a oração, mas para o sono, o cansaço ou o desânimo. Se não oramos, não discernimos a batalha. Se não oramos, não nos revestimos para enfrentá-la.

A Palavra de Deus nos ensina que a luta espiritual não é vencida com argumentos. Pedro ouviu Jesus pedindo vigilância, e foi vencido pelo sono. Por não ter orado, fraquejou. No momento da pressão, ele reagiu com a carne, sacou a espada e tentou resolver com a força do braço, mas estava espiritualmente despreparado.

A oração não é apenas um recurso devocional. É o campo onde se trava uma guerra invisível. É onde recebemos discernimento e força. Sabendo disso, o inimigo se esforça para nos manter ocupados, distraídos ou cansados. Ele não teme quem fala bonito, mas quem ora de verdade. Se você está numa batalha, não lute com palavras. Lute com os joelhos no chão. Vá para o secreto. Fale pouco com os homens e muito com Deus. Essa luta não se ganha no grito ou na força, e sim na presença do Eterno, onde o impossível se torna possível.

Oração

Senhor, perdoa minha distração. Quantas vezes tentei enfrentar lutas com as armas erradas, esquecendo que a vitória começa de joelhos? Ensina-me a priorizar a oração, mesmo quando meu corpo resiste. Renova meu espírito e desperta em mim a vigilância que vem da Tua presença. Que eu não reaja na carne, mas me mova pelo Espírito. Amém.

31 DE AGOSTO

Quando o problema é o que Deus fez

"Pois não podemos deixar de falar daquilo que temos visto e ouvido."
(Atos 4:20)

Algumas perseguições que você enfrenta não têm relação direta com o que você falou, fez ou provocou, mas com o que Deus fez em você. Foi o que aconteceu com Lázaro. Ele não pregava, não cantava, não era do círculo íntimo de Jesus, porém estava na lista dos que precisavam ser eliminados por ser a prova viva de que Cristo era quem dizia ser.

O milagre da ressurreição se tornou um escândalo para os que queriam manter o controle religioso e político da época. O Sinédrio entendeu que, enquanto Lázaro estivesse vivo, o testemunho de Jesus também estaria. Cada passo desse homem era um lembrete público de que o poder de Deus era real. Talvez você esteja aí, vivendo sua vida, tentando manter a fé, recomeçando, sendo grato pelo que Deus já fez, e, ainda assim, esteja enfrentando resistências. Você observa os olhares tortos, as portas que se fecham, as batalhas que se levantam, e se pergunta: "O que eu fiz?" Você foi tocado por Deus! Sua vida virou testemunho, sua jornada virou prova!

O inferno se incomoda com fatos. Quando você decide não voltar para o que o matou; quando anda e reage diferente e serve a Deus com constância, isso grita mais alto que qualquer púlpito, por isso tentam calar o argumento e eliminar o fato. Porém, eles não vão conseguir. Aquilo que o Pai ressuscita, ninguém pode enterrar novamente!

Oração

Senhor, obrigado por me levantar, por me dar uma nova chance, por me chamar para fora do túmulo como fizeste com Lázaro. Ainda que eu não compreenda os ataques, ajuda-me a lembrar que minha vida é uma prova do Teu poder. Que eu continue andando, vivendo e respirando como testemunha viva do que fizeste em mim. Amém.

ANOTAÇÕES

Setembro

Temos um encontro marcado todo dia 1º às 8h.
Escaneie o QR code para acessar nossa
plataforma e participar da live deste mês!

Mais um mês, *mais uma oportunidade de Deus para você.*

Antes de começar as leituras deste mês, separe alguns minutos para olhar para dentro. Use este espaço com sinceridade e intencionalidade.

Em *Objetivos do Mês*, escreva o que deseja viver com Deus nos próximos dias. Pode ser uma mudança de hábito, uma área da vida que precisa de cura, algo que você queira desenvolver espiritualmente ou até mesmo um simples "quero permanecer firme". Não escreva com pressa. Escreva com fé.

Em *Motivos de Gratidão*, liste tudo aquilo que, mesmo singelo, merece ser lembrado com um coração agradecido. A gratidão transforma a sua forma de enxergar a vida — ela ancora você no que Deus já fez e prepara seu coração para o que Ele ainda vai fazer.

Objetivos do Mês

- ○ ______
- ○ ______
- ○ ______
- ○ ______
- ○ ______

Motivos de Gratidão

______

______

______

______

______

1º DE SETEMBRO

O silêncio que prepara o milagre

"Que o Senhor os trate com bondade e misericórdia; que o Senhor olhe para vocês com amor e lhes dê a paz." (Números 6:25-26)

Existem dias em que o que nos resta é agradecer. Não porque tudo está perfeito, mas porque ainda estamos aqui. A gratidão é a semente mais poderosa que podemos lançar quando não vemos fruto algum. Ela nos lembra de tudo que já foi vencido e nos alinha com o que está por vir. Quando agradecemos, mesmo sem entender, declaramos: "Deus, eu confio no que estás fazendo no invisível."

A verdadeira fé mora nesse lugar. Ela não exige sinais e não corre atrás de provas, permanecendo firme quando o cenário parece parado, quando o silêncio divino ecoa mais alto do que qualquer resposta humana. Ser grato também é se entregar. É dizer: "Deus, eu não preciso ver para crer, porque a Tua presença já é suficiente." É descansar o coração nos dias bons e nos dias ruins, sabendo que quem escreveu a história não deixou pontas soltas, e que tudo está caminhando exatamente como deveria.

Hoje, respire fundo e agradeça pelos dias que passaram, pelos livramentos invisíveis, pelas dores que não o destruíram, pelas orações que ainda não foram respondidas (embora continuem vivas diante de Deus), e pelos milagres silenciosos que estão sendo costurados no secreto. Vai chegar! No tempo dEle, do jeito dEle, e será bom.

Oração

Senhor, obrigado por cada detalhe da minha história. Obrigado pelos dias difíceis, pelos silêncios que me amadurecem e pelas promessas que ainda estão em construção. Eu descanso em Ti. Ensina-me a viver com gratidão, mesmo quando não compreendo, e a manter meu coração como um lar seguro para a fé. Que a Tua paz me guie até o tempo certo das Tuas respostas. Amém.

2 DE SETEMBRO

Quem não rema junto, não pode seguir com você

"Por acaso, duas pessoas viajam juntas, sem terem combinado antes?" (Amós 3:3)

Há momentos em que o barco da nossa vida fica pesado demais por estarmos acumulando lixo, mágoas, culpa e, pior, gente que nunca deveria ter embarcado conosco. São pessoas que não ajudam, não somam, e ainda atrapalham. São vozes que o mandam remar na direção contrária e questionam sua força enquanto você se esforça para não afundar.

É necessário saber quando parar de tentar salvar o que só o arrasta, e ter coragem de encostar o barco e dizer: "Você não quer remar? Tudo bem. Mas, a partir de agora, eu continuo sem você." Isso não é maldade, é posicionamento. Enquanto você insiste em manter no barco quem não tem o mesmo propósito, atrasa o seu destino, e seu tempo é valioso demais para remar em círculos.

Você não precisa provar nada para quem não o acompanha. Sua missão é mais importante do que sua necessidade de agradar. A subida do rio é exigente de companheiros de verdade – gente que rema com você, não contra; que compartilha a visão, o ritmo, o sacrifício; e que vibra por estar no mesmo barco, não por vê-lo cansado.

Desapegar-se dói, mas se libertar é necessário. Não confunda lealdade com prisão emocional. Deus vai lhe dar graça para seguir com quem tem aliança, não apenas presença. À medida que você ajustar o peso, vai perceber que o barco fluirá melhor, a rota se iluminará e que seu destino começará, enfim, a se aproximar.

Oração

Senhor, dá-me discernimento para saber quem deve seguir comigo e quem preciso deixar na margem. Ensina-me a não carregar o que pesa além do necessário. Que o meu barco seja leve, carregado de propósito e verdade, e que eu tenha sabedoria para escolher os remadores certos. Amém.

3 DE SETEMBRO

Mude antes que tudo se repita

"Por isso o Senhor Todo-Poderoso diz: – Pensem bem no que tem acontecido com vocês. Agora, vão até as montanhas, tragam madeira e construam de novo o Templo. Eu ficarei muito contente com esse Templo e ali serei adorado e honrado." (Ageu 1:7-8)

Velhas estradas não levam a novos destinos. Às vezes, oramos por transformação, mas insistimos nas mesmas rotinas, nos mesmos hábitos, nos mesmos discursos. O povo de Israel também esperava ver a glória de Deus restaurada, porém negligenciava a construção do Templo. Foi então que o Senhor, através do profeta Ageu, os chamou à responsabilidade.

Existem momentos em que o Eterno não move nada ao nosso redor até que a gente se mova por dentro. A mudança que esperamos ver começa com decisões concretas, e não apenas com desejos bonitos. É preciso subir o monte, levar a madeira e colocar as mãos à obra. Isso significa enfrentar o desconforto da renúncia, da disciplina, da reorientação de rota.

Não é sua história familiar que vai definir seu futuro, nem o que lhe disseram, nem o que você sofreu. O que determina onde você estará amanhã são as escolhas que está fazendo hoje. Se você quer viver o que nunca viveu, precisa fazer o que nunca fez. Novos caminhos exigem novas posturas.

A boa notícia é que você não está sozinho nessa caminhada. A cada passo de obediência, o Espírito Santo guia, fortalece e sustenta. A mudança pode começar pequena, mas carrega em si o poder de virar uma história inteira. Então, em vez de repetir padrões, escolha hoje se reposicionar. Há uma promessa de glória para quem ousa começar de novo.

Oração

Senhor, ajuda-me a não viver em ciclos. Mostra-me os caminhos antigos que precisam ser deixados e dá-me coragem para tomar novas decisões com base na Tua direção. Que eu não adie mais os passos que já sei que preciso dar. Guia meus pés para caminhos de novidade e firma meu coração na Tua vontade. Amém.

4 DE SETEMBRO

Confie como se tudo dependesse de Deus

"Mas eu abençoarei aquele que confia em mim, aquele que tem fé em mim, o Senhor." (Jeremias 17:7)

O conselho que eu quero lhe dar hoje não tem a ver com religião, mas é espiritual — o maior passo de sabedoria que você pode dar neste tempo é aprender a orar e confiar. Confiar de verdade! Não no dinheiro, não nas conexões, não nos diplomas, e sim naquEle que conhece o final mesmo antes do começo.

O que você precisa entender é que o seu esforço continua sendo necessário. Deus nunca premiou preguiça ou negligência. Trabalhe, estude, se organize. Faça como se tudo dependesse de você! No entanto, ao final de cada plano, dobre seus joelhos e se entregue ao Pai, entendendo que, na verdade, tudo depende só dEle.

Quando confiamos demais em estruturas humanas, a frustração é inevitável. Em contrapartida, quando transferimos o peso da nossa esperança para Deus, tudo se alinha no tempo certo; talvez não do jeito que queremos, mas exatamente como precisamos.

Leia o que Jeremias disse acima de novo. O profeta declarou ser feliz, seguro, bem-aventurado aquele que confia no Senhor. Essa é a base que sustenta o próximo nível da sua vida. Não o cenário, não os aplausos, mas a certeza absoluta de que Ele escreveu todos os seus dias e já está lá na frente, esperando por você com provisão.

Oração

Senhor, hoje eu Te entrego minhas expectativas, meus planos e meus medos. Ensina-me a confiar de verdade. Que eu não me apoie nas minhas próprias forças, mas reconheça que Tu és quem sustenta, direciona e realiza. Dá-me sabedoria para fazer a minha parte e fé para descansar na Tua vontade. Amém.

5 DE SETEMBRO

Ainda que caia

"Se eles caírem, não ficarão caídos porque o Senhor os ajudará a se levantarem." (Salmos 37:24)

Não conheço uma só pessoa que não tenha caído alguma vez na vida. Nem mesmo os mais sábios, nem os mais tementes, nem os mais experientes escaparam da dor, do tropeço, da queda. A vida não premia os que nunca erram. Ela molda e levanta os que decidem não permanecer no chão.

A diferença entre os que avançam e os que desistem não está na ausência de problemas, e sim na forma como cada um escolhe enfrentá-los. Alguns baixam a cabeça e aceitam a derrota como destino. Outros, mesmo cansados, machucados ou envergonhados, levantam-se e dizem: "Eu vou começar de novo até conseguir."

Essa disposição de recomeçar é uma prova de fé não em si mesma, mas no Deus que toma pela mão aquele que caiu. Ele não exige perfeição e não cobra impecabilidade, embora anseie por sinceridade e humildade para nos erguer mais uma vez.

Se hoje você se encontra frustrado ou cansado de tentar, saiba que o céu não se escandaliza com suas quedas e celebra cada vez que você decide recomeçar. O Pai não o criou para viver prostrado. Ele tem prazer em tomar sua mão e levantá-lo.

Oração

Senhor, reconheço já ter tropeçado muitas vezes. Já caí por decisões erradas, por fraquezas, por medo. Mas hoje eu escolho me levantar. Toma-me pela mão, fortalece-me e dá-me coragem para recomeçar. Eu não quero viver prostrado. Em Ti, posso começar de novo. Amém.

6 DE SETEMBRO

Sirva sem esperar nada em troca

"Sejam bons administradores dos diferentes dons que receberam de Deus. Que cada um use o seu próprio dom para o bem dos outros!" (1 Pedro 4:1)

Servir sem esperar nada em troca é uma das formas mais poderosas de revelar quem realmente somos. Quando ninguém está aplaudindo, quando não há plateia, nem benefício direto, é ali que nosso caráter aparece. O verdadeiro serviço não nasce da necessidade de ser reconhecido, mas da convicção de que fomos chamados para abençoar.

Você pode servir com informações, com conexões, com suas habilidades. Pode servir com palavras, com tempo, com presença. O que não pode é ficar paralisado pela ideia de que só vale a pena se for recíproco. Ao servir, você está plantando, e quem planta, colhe. Toda vez que você ajuda alguém, constrói pontes invisíveis de propósito.

A vida se expande à medida que ajudamos outra vida a fluir. Muitos não crescem porque têm medo de dividir. Temem que o outro vá mais longe com o que aprenderam. Todavia, o Reino não funciona por competição, e sim por contribuição. Quem serve mais, cresce mais; quem libera, é liberado, e quem facilita, é facilitado.

Hoje, pare e pense: a quem você pode ajudar? Que informação, contato ou habilidade que você tem poderia se tornar uma bênção na vida de outra pessoa? Não subestime o valor de um gesto simples. O que para você é comum, para o outro pode ser a resposta de uma oração.

Oração

Senhor, ensina-me a servir sem esperar aplausos. Mostra-me as pessoas que eu posso ajudar com aquilo que confiaste a mim. Que eu não retenha, não esconda e não tema partilhar. Que minha vida seja canal, e não cisterna. Amém.

7 DE SETEMBRO

Deus não precisa dos pedaços

"O Senhor acaba com os planos das nações, ele não deixa que eles se realizem. Mas o que o Senhor planeja dura para sempre, as suas decisões permanecem eternamente." (Salmos 33:10-11)

Deus não precisa dos pedaços que ficaram para trás para começar algo novo na sua vida. Nós é que insistimos em olhar para os cacos, como se só com eles o Pai pudesse fazer algo. Perdeu? Perdeu. E doeu. Doeu quando o tempo passou, quando as pessoas foram embora, quando a força diminuiu. Mas não se vive um novo tempo arrastando os restos de um tempo velho.

Há quem perca dinheiro e anos ao lado de pessoas que não reconheceram seu valor. Ao fazerem isso, tendem à reclamação, ao apego à dor e à tentativa de voltar atrás. Deus, porém, não opera no passado. O mover dEle é no agora, e Ele sempre aponta para a frente. A Bíblia não diz "corrija o que ficou", mas sim "Esqueço aquilo que fica para trás e avanço para o que está na minha frente" (Filipenses 3:13).

O que o aprisiona hoje? O que deveria ter ficado para trás, mas ainda determina como você se sente? O passado deve ser uma lição, jamais uma prisão. Quando você tenta reconstruir o que Deus permitiu cair, paralisa o que Ele está pronto para erguer. Você não precisa de tudo o que perdeu para viver tudo o que Ele preparou. Se não ficou, é porque não era necessário para o que virá.

Deus está fazendo coisas novas. Essa não é uma promessa distante, já está acontecendo, no entanto só a enxerga quem para de olhar para trás.

Oração

Senhor, ensina-me a soltar os pedaços que ficaram no passado. Ajuda-me a parar de olhar para trás esperando explicações e a começar a olhar para a frente com fé. Que eu não transforme minha história em uma prisão, mas em lição. Dá-me olhos para ver o novo que estás fazendo. Eu quero viver o hoje com leveza, esperança e propósito. Amém.

8 DE SETEMBRO

Três características de quem frutifica

"E eu, o Senhor, sempre os guiarei; até mesmo no deserto, eu lhes darei de comer e farei com que fiquem sãos e fortes. Vocês serão como um jardim bem regado, como uma fonte de onde não para de correr água." (Isaías 58:11)

Existem três marcas claras na vida de quem frutifica. A primeira é que a pessoa suporta as fases. Toda estação tem um propósito, e só quem permanece firme em cada uma delas é digno do tempo da colheita. Quem foge do calor, da seca, da poda não vive o frescor do fruto. Crescimento real não é linear, é forjado.

A segunda é que quem frutifica não para de plantar. Ainda que o tempo pareça não responder, quem é sábio continua lançando sementes. Tudo que o homem plantar, certamente colherá, cedo ou tarde. O que diferencia quem colhe de quem vive esperando é que o primeiro continuou semeando quando ninguém mais acreditava.

Mas há um terceiro elemento que sustenta os outros dois: estar na mão do jardineiro. Nenhuma árvore frutifica por conta própria. Ela precisa ser regada, podada, adubada e constantemente cuidada. Quem rejeita esse cuidado, está se lançando à própria sorte. Em contrapartida, quem se entrega ao cuidado do Pai, floresce mesmo em terrenos áridos, porque a força do fruto não vem da árvore, mas do Jardineiro.

A frutificação é o resultado de um coração que não desiste, que permanece, que se submete. E o céu garante: jardins bem cuidados florescem o ano todo, mesmo quando a estação não ajuda.

Oração

Senhor, quero estar nas Tuas mãos como solo fértil, árvore frutífera, jardim bem cuidado. Ensina-me a suportar as fases, a continuar semeando com fidelidade e a não resistir aos Teus cuidados. Que minha vida floresça porque estou debaixo da Tua direção, e que cada fruto aponte para o Teu nome. Amém.

9 DE SETEMBRO

Jesus lhe estende a mão

"Fiquei com medo e pensei que ele havia me expulsado da sua presença. Mas ele ouviu o meu grito quando o chamei pedindo ajuda." (Salmos 31:22)

Cuidado com as sombras contrárias! Pedro andou sobre as águas, viveu o extraordinário, rompeu os limites da lógica. Mas quando o vento soprou com força e as sombras do medo se levantaram, ele vacilou, olhou ao redor e afundou. O mesmo Pedro, cheio de fé, se viu frágil. No entanto, em vez de afundar completamente, ele clamou: "Socorro, Senhor!" (Mateus 14:30).

A mão de Jesus não chegou atrasada; chegou no tempo exato. Ele não esperou Pedro tocar o fundo do mar, nem expôs sua vergonha. Cristo o segurou, e juntos voltaram para o barco. É assim com todos que já caminharam sobre águas" e hoje se sentem afundando. Jesus não o abandona no meio da travessia. Ele conhece o seu cansaço, sabe o que o decepcionou, reconhece o que o desestabilizou.

Talvez você tenha se afastado, olhado demais para o vento e pouco para Ele, se envolvido com as vozes erradas. Ainda assim, hoje, o braço dEle continua estendido. Ele não está condenando você, está chamando-o de volta. O barco está à vista. A Presença permanece disponível.

Não é tarde demais para voltar. Você já viveu coisas lindas com Deus! Já foi instrumento, já tocou vidas. Ele sabe disso. É tempo de voltar. Retorne ao barco, ao centro da vontade dEle. Não tema o vento. Tema viver sem a Presença.

Oração

Senhor, eu reconheço que afastei meus olhos de Ti. Deixei-me levar pelos ventos e pelas sombras do medo. Salva-me! Alcança-me outra vez com a Tua mão. Restaura minha fé, minha comunhão e minha coragem. Que eu volte ao barco, que eu volte ao centro da Tua presença. Amém.

10 DE SETEMBRO

Aprenda a falar

"Até um tolo pode passar por sábio e inteligente se ficar calado."
(Provérbios 17:28)

Tenho certeza de que você já ouviu esta frase: "Palavras podem ser tijolos que constroem ou pedras que destroem." Eu acredito nela, porque muitos perdem o que mais amam não por falta de amor, mas por falta de sabedoria ao falar. Um coração imaturo fala demais, fala alto, fala tudo. Um coração maduro pensa antes, escolhe as palavras, controla o tom e, se for preciso, fica em silêncio.

Um grito no momento errado pode destruir anos de confiança em um relacionamento. Uma palavra impensada pode afastar filhos, magoar o cônjuge ou acabar com amizades valiosas. É por isso que Deus nos chama ao domínio próprio, inclusive da língua.

Dominar a fala é parte do governo de si mesmo. Se não consigo controlar a minha boca, como vou controlar decisões maiores? Pessoas sábias sabem que o remédio certo na dose errada mata o paciente. A verdade precisa ser dita com amor, e a correção precisa ser aplicada com equilíbrio. Maturidade não é calar, é saber quando e como falar.

Um problema pequeno, como uma manobra errada no trânsito, não pode se transformar em uma briga. Contudo, se você não amadurece, transforma um detalhe em uma guerra — e o preço dessa escolha pode ser alto. Em casa, no trabalho, na igreja... onde quer que esteja, o que você diz revela quem você é (e o que você escolhe não dizer também).

Oração

Senhor, ensina-me a falar com sabedoria. Que a minha boca não seja instrumento de destruição, e sim de edificação. Dá-me discernimento para saber quando calar e quando falar e ajuda-me a fazer isso com graça. Que a minha maturidade seja percebida até mesmo nas minhas palavras. Amém.

11 DE SETEMBRO

O GPS da sua caminhada

"Não vá aonde vão os maus. Não siga o exemplo deles." (Provérbios 4:14)

Você provavelmente diz que tem um chamado, um sonho ministerial, que quer uma família de Deus e projetos abençoados por Ele! Considerando isso, se eu puxar o histórico do seu GPS, será que o caminho que você tem trilhado combina com o que você diz esperar? Não adianta sonhar com o Jordão se seus pés vivem nos montes pelos motivos errados.

Muitos querem o destino, mas sem o percurso. Querem o batismo, mas não se aproximam da água. Querem uma família sólida, mas conversam com pessoas que não compartilham os mesmos valores. Querem ser usados por Deus, mas frequentam lugares onde Ele não é bem-vindo. O lugar onde você planta seus pés revela mais sobre seu futuro do que o que sai da sua boca.

Sonhos são sementes que precisam do solo certo para crescer. Como você pode caminhar com o Pai e Sua promessa se não está alinhado? Ou você ajusta a direção, ou vai andar sozinho e fora da rota. É hora de checar sua localização. De rever seus trajetos. De deixar conversas que não levam a lugar nenhum. De parar de dar ouvidos a vozes que só atrasam sua chegada. É tempo de buscar a terra do seu sonho e conhecer o Jordão, como quem sabe que foi chamado não apenas para observar a água, mas para entrar nela e batizar outros. Só quem caminha pelo propósito vê a promessa.

Oração

Senhor, ajuda-me a alinhar os meus passos com o meu chamado. Dá-me discernimento para perceber se os ambientes que tenho frequentado cooperam com o Teu propósito para mim. Eu não quero apenas sonhar, quero viver o que preparaste, mas sei que isso exige posicionamento. Afasta-me do que me atrasa e aproxima-me do que me impulsiona no Teu caminho. Amém.

12 DE SETEMBRO

Desça depressa

"Quando Jesus chegou àquele lugar, olhou para cima e disse a Zaqueu: 'Zaqueu, desça depressa, pois hoje preciso ficar na sua casa.'" (Lucas 19:5)

Você já viu alguém descer de uma árvore correndo? Provavelmente, não! Esse é o tipo de coisa que exige cuidado. Um passo em falso, e pronto: chão. No dia descrito no verso acima, porém, Jesus não falou para Zaqueu "Desça com calma", e sim "Desça depressa!".

Tem coisa que só dá certo se for no tempo dEle! A gente tem mania de querer avaliar tudo antes: "Será que é seguro?", "Será que é Deus mesmo?", "Será que não é muito rápido?". Bom, se foi Ele quem mandou, pode descer! Ele garante o chão. Nosso problema é confiar só quando temos plano, mapa e rede de proteção. Entretanto, Jesus costuma apenas chamar: "Vem." Ao ouvir Suas palavras, é você quem tem que decidir se vai continuar no galho, se equilibrando no medo, ou se vai descer correndo para viver o que Ele tem.

Zaqueu desceu apressado. Naquele mesmo dia, Cristo entrou em sua casa. Não porque ele era o mais preparado, mas porque foi o mais rápido em obedecer. Tem bênção que não vai esperar você pensar muito! Tem chamado que passa e segue, e momentos em que a fé vai exigir uma ação imediata. Ficará tudo bem, desde que seja Ele quem o esteja apressando.

Oração

Senhor, ensina-me a reconhecer quando é a Tua voz me dizendo "Desça depressa". Que eu não me esconda atrás dos riscos quando o chamado vem de Ti. Que eu não viva paralisado em árvores de observação enquanto desejas entrar na minha casa. Se for a Tua pressa, que eu confie no Teu sustento. Guarda meus passos, minha mente e meu coração. Quero responder com prontidão, sabendo que Tu és a minha rocha. Amém.

13 DE SETEMBRO

É melhor ser perseguido do que perseguidor

"Não paguem mal com mal, nem ofensa com ofensa. Pelo contrário, paguem a ofensa com uma bênção porque, quando Deus os chamou, ele prometeu dar uma bênção a vocês." (1 Pedro 3:9)

Você já reparou que tem gente que parece viver para caçar os outros? Caçar erro, falha, oportunidade de humilhar e de perseguir? Mais forte que esse mau hábito é ser caçado e, ainda assim, continuar com o coração limpo. É melhor ser perseguido do que viver atrás dos outros tentando feri-los, porque quem persegue, se afasta de Deus e se parece mais com o inimigo.

Ser perseguido dói, sim. Mas também é sinal de que você está incomodando as trevas. Jesus foi perseguido. Os apóstolos foram perseguidos. A igreja primitiva foi perseguida. Todos eles estavam exatamente onde o Criador queria! Então, se estão criticando você por fazer o bem, se o estão isolando porque você decidiu andar em santidade, continue! Isso não é fraqueza, é marca de gente que se parece com o céu.

O perseguidor sempre se perde de si mesmo, precisa diminuir o outro para se sentir grande. Mas quem é perseguido por causa da justiça, cresce. A bênção de ser perseguido está em não devolver na mesma moeda, nem se contaminar com o ódio de quem quer atingi-lo.

Não devolva mal com mal. Não desça para o nível de quem só sabe machucar. Suba. Suba como Jesus subiu! Suba em amor, em silêncio, em obediência. Quem persegue, se torna sombra, mas quem suporta com dignidade, brilha como a luz.

Oração

Senhor, ensina-me a não revidar e a amar até quando me ferem. Lembra-me de que ser perseguido por causa do bem é um selo de que estou Te seguindo. Protege-me do desejo de vingança, do impulso de querer provar algo. Ajuda-me a parecer mais Contigo, e não com aqueles que se perderam do amor. Amém.

14 DE SETEMBRO

Não deixe nada entre você e a promessa

"Portanto, não percam a coragem, pois ela traz uma grande recompensa. Vocês precisam ter paciência para poder fazer a vontade de Deus e receber o que ele promete." (Hebreus 10:35-36)

Não deixe nada nem ninguém se meter entre você e a promessa que Deus lhe fez. Toda promessa passa pelo teste do tempo, do silêncio e até da incerteza, entretanto nada disso anula a palavra liberada. Se Deus falou, Ele vai cumprir — não será do seu jeito, nem no seu tempo; será no ritmo dEle! Sim, isso vai exigir que você aguente o tranco, o olhar atravessado, o tempo que não passa e os dias em que tudo parece parado. No céu, porém, absolutamente nada está fora do lugar.

Não andamos por vista, andamos por fé. Logo, devemos confiar, ainda que não sintamos nada, e crer, ainda que não vejamos saída. A promessa não some porque você está cansado. Continue crendo e obedecendo. Quando menos esperar, ela vai se cumprir!

O que Deus lhe falou em secreto vai se manifestar em público. Não perca a confiança! Não abra mão da esperança! Guarde no peito esta certeza: se Ele prometeu, Ele vai cumprir. Nenhuma distração, nenhum atraso, nenhuma opinião contrária pode impedir o que é dEle para você.

Oração

Senhor, ajuda-me a guardar a Tua promessa em meu interior com fé e perseverança. Tira de perto de mim tudo que tenta roubar o que o Senhor me disse. Fortalece-me quando eu estiver cansado e dá-me discernimento para não deixar ninguém se meter entre nós. Eu escolho continuar, mesmo sem entender tudo. Amém.

15 DE SETEMBRO

Sem muros, sem proteção

"[...] A cidade de Jerusalém está em ruínas, e os seus portões foram destruídos. Vamos construir de novo as muralhas da cidade e acabar com essa vergonha." (Neemias 2:17)

Se você não tem autocontrole, qualquer um entra no seu coração e faz o que quer! Qualquer palavra vira verdade, um olhar atravessado vira ofensa, e até uma voz de fora dita o rumo da sua vida. Se você não domina seus pensamentos, sua mente vira terra de ninguém, logo, qualquer mentira encontra espaço para se transformar em crença.

A falta de domínio próprio deixa você vulnerável, exposto e frágil. Você acaba gritando quando é para se calar, cedendo quando precisa resistir, e reagindo quando o melhor é orar. O problema não é só o que acontece com você, é o que você deixa acontecer dentro de si.

Uma cidade sem muros é fácil de invadir. O inimigo não precisa fazer esforço; a porta já está aberta. Foi Salomão quem disse isso há milhares de anos (Provérbios 25:28). Sem domínio próprio, não existe direção. Emoções desgovernadas arrastam decisões ruins, relacionamentos quebrados, oportunidades perdidas. Mas o Espírito que habita em você é de equilíbrio. Ele o capacita a dizer "não", mesmo quando todo o seu ser quer dizer "sim". Ele lhe dá estrutura! Você não nasceu para ser levado por impulsos, nem por raiva, nem por medo, nem por carência. Você nasceu para ser conduzido pelo Espírito, e o Espírito gera domínio!

Oração

Senhor, eu não quero ser uma cidade sem muros. Ensina-me a dominar minha alma, meus impulsos, minha língua e minhas reações. Lembra-me de que o Teu Espírito em mim é de equilíbrio. Coloca vigilância na minha boca, firmeza no meu coração e direção na minha mente. Amém.

16 DE SETEMBRO

Você não precisa provar nada

"Eu não procuro ser elogiado pelas pessoas." (João 5:41)

Quando você sabe quem é, não precisa provar nada para ninguém. Jesus foi questionado, desacreditado, zombaram dEle. Ouviu em alto e bom som: "Se você é mesmo o Filho de Deus, desça da cruz e salve-se a si mesmo!" (Mateus 27:40). Mas Ele permaneceu, pois não precisava provar nada. Já tinha ouvido o que importava: "Tu és meu Filho amado" (Mateus 3:17).

A verdade é que quem vive para provar algo aos outros vai se afastando, aos poucos, do que Deus o mandou fazer. Cristo não saiu da cruz porque não estava ali para impressionar ninguém, e sim para cumprir Seu propósito. Uma identidade firmada evita muitos desvios.

Se você não sabe quem é, qualquer acusação o abala, qualquer opinião contrária o faz duvidar. Em contrapartida, quando sua identidade está alinhada com o que o Pai já declarou, até o sangue derramado encontra sentido, e a dor se transforma em missão.

Você não precisa sair do lugar em que Deus o colocou só para provar algo. Muito menos precisa descer de onde está para se explicar. Nem sempre o que o Senhor o mandou fazer vai ser bonito aos olhos de fora, mas será verdadeiro aos olhos do Céu.

Oração

Pai, ajuda-me a viver em paz com a minha identidade em Ti. Que eu não precise mais correr atrás de validações humanas, nem responder às vozes que tentam me fazer duvidar. Que a Tua voz seja sempre a mais alta e que eu tenha coragem de permanecer, mesmo quando tudo em mim quer provar algo. Em nome de Jesus, amém.

17 DE SETEMBRO

Cuide da sua vida

"Procurem viver em paz, tratem dos seus próprios assuntos e vivam do seu próprio trabalho, como já dissemos antes." (1 Tessalonicenses 4:11)

Você tem 24 horas no dia. Quantas delas você gasta cuidando da vida alheia? É muita energia olhando o Instagram dos outros, comentando decisões que não são suas, comparando dons que não lhe pertencem... É tanta distração!

A verdade é simples e confrontadora: quem vive observando demais o terreno do vizinho, esquece de regar o seu; e uma terra sem cuidado é incapaz de frutificar. O Senhor não o chamou para ser espectador do chamado alheio. Ele lhe deu algo próprio! Um dom, um território, uma missão.

O problema não é só a fofoca. É o foco perdido. É o dom enterrado. É o propósito estagnado, enquanto você corre atrás do que não lhe diz respeito. A Bíblia é clara: viva sua vida, cuide do que é seu, e Deus vai confiar ainda mais em você! (Mateus 25:21)

Quanto mais você se ocupa com o que o Pai lhe confiou, mais espaço você tem para crescer. Quanto mais você se distrai com a vida dos outros, mais sua própria vida estagna. Cuidar da sua vida é obediência, e quem cuida bem do que Deus entregou, não tem tempo para cuidar da vida dos outros.

Oração

Senhor, ensina-me a focar o que colocaste nas minhas mãos. Livra-me da comparação, da distração e de todo desejo de controlar o que não é meu. Que minha vida dê frutos, porque eu escolhi cuidar bem do que Tu me confiaste. Amém.

18 DE SETEMBRO

A chave é a motivação

"Você pode pensar que tudo o que faz é certo, mas o Senhor julga as suas intenções." (Provérbios 16:2)

Você está pedindo por portas abertas, mas Deus está olhando para a sua motivação. Se o seu coração estiver mais interessado no que a porta pode lhe dar do que naquilo que o Senhor quer construir dentro de você, essa porta não vai se abrir — não por castigo, mas por proteção.

A chave que abre portas espirituais, afinal, não é o esforço, é a motivação consciente. Deus, como Pai, não entrega coisas que vão corromper Seus filhos. Se o fogo no altar apagou e o foco virou só "a porta", "a promoção", "a visibilidade", então Ele vai segurar essa chave até que o fogo volte a queimar.

Temos a mania de pensar que tudo que parece bom é resposta de oração, no entanto Deus não é só Pai de milagres; Ele é Pai de processos. E, amoroso como é, não vai permitir que uma bênção nos destrua por dentro. Ele conhece o risco de nos dar algo antes da hora.

Por isso, antes de pedir que uma porta se abra, peça discernimento. Antes de pedir a chave, permita que Ele corrija o seu coração. Quando nossa motivação é purificada, ela chega naturalmente. Assim, você vai entrar por essa porta com maturidade, equilíbrio e fé.

Oração

Senhor, eu quero que a Tua presença seja mais importante para mim do que qualquer porta aberta. Corrige as minhas intenções, alinha o meu coração, faz-me lembrar do que realmente importa. Se for preciso esperar, que eu espere com o altar aceso. Em nome de Jesus, amém.

19 DE SETEMBRO

Não volte para o lugar de onde Deus já o tirou

"E continuou: 'Eu afirmo a vocês que isto é verdade: nenhum profeta é bem recebido na sua própria terra.'" (Lucas 4:24)

Nem todo mundo vai conseguir enxergar o que Deus está fazendo em você, principalmente quem conheceu suas versões anteriores ao seu encontro com Ele. Parentes, conhecidos e pessoas do passado, em geral, insistem em nos manter presos a um rótulo antigo, mesmo quando o Senhor já começou uma obra nova. Por isso, às vezes, seguir em frente exige também saber se afastar.

A verdade é que existem lugares e pessoas que se tornaram sinônimos de estagnação. Elas não são más, mas representam apenas o que você foi, não o que está se tornando. Continuar andando com quem insiste em lembrá-lo do passado pode atrasar o futuro para o qual o Eterno está querendo levar você.

Jesus passou por isso, ao ser desacreditado pelos da sua própria cidade. Você também vai passar! Vão minimizar sua mudança, rir do seu crescimento, duvidar daquilo que você carrega. Não pare por causa disso! Continue caminhando rumo à nova versão que o Altíssimo está moldando em você.

Não se trata de arrogância ou de orgulho, mas de proteção e direção. Há lugares em que você não será honrado, e tudo bem – sua identidade está em Deus, não na aprovação das pessoas. Se for preciso, mude de ambiente. Mude de círculo. Mude de rota. Só não volte para o lugar de onde Deus já o tirou.

Oração

Senhor, ajuda-me a não parar no meio do caminho por causa da opinião alheia. Dá-me coragem para continuar andando, mesmo quando não me reconhecem ou valorizam. Que eu tenha discernimento para me afastar de tudo o que me prende ao passado. Eu escolho avançar Contigo. Amém.

20 DE SETEMBRO

O verdadeiro sucesso

"Mas, agora que vocês conhecem a Deus, ou melhor, agora que Deus os conhece, como é que vocês querem voltar para aqueles poderes espirituais fracos e sem valor? Por que querem se tornar escravos deles outra vez?" (Gálatas 4:9)

Crescemos acreditando que ter sucesso era ser reconhecido; receber aplausos, números, elogios. A cultura nos treinou para isso: ser visto é ser validado. Mas, com o tempo, andando com Deus, vamos descobrir que sucesso mesmo é ser conhecido por Ele e reconhecido pelo céu, antes de ser celebrado por qualquer multidão.

Tem quem ache que está bem espiritualmente só porque está produzindo muito para Deus, mas será que ainda está andando com Ele? Sabemos que dá para falar dEle no púlpito sem ter falado com Ele no secreto há muito tempo! O Senhor não mede o sucesso como o mundo mede. Ele não se impressiona com uma agenda cheia, mas com um coração entregue.

A comparação é um ladrão de identidade – ela nos força a correr atrás de um padrão que nunca foi nosso. O problema disso é que, enquanto tentamos ser "melhores" como os outros, perdemos a simplicidade de sermos filhos. Nosso Pai não está atrás de filhos performáticos; Ele quer filhos que permaneçam perto!

Ser bem-sucedido para Deus é viver alinhado com o propósito dEle, ainda que isso nunca nos leve ao palco. É estar com o coração aceso, especialmente quando ninguém vê. O que vale, no fim, não é se muitos o conheceram, é se Ele conhece você.

Oração

Senhor, ajuda-me a redefinir o que é sucesso à luz da Tua Palavra. Ensina-me a viver não por reconhecimento, mas por obediência. Que a Tua presença sempre valha mais do que a minha performance. Que meu coração nunca se desvie do que realmente importa: ser Teu filho. Em nome de Jesus, amém.

21 DE SETEMBRO

A desordem que paralisa

"Cristo nos libertou para que nós sejamos realmente livres. Por isso, continuem firmes como pessoas livres e não se tornem escravos novamente." (Gálatas 5:1)

Você começa e para. Depois, começa de novo... e para outra vez. Parece apenas falta de foco, mas é mais profundo: é desordem emocional. Uma alma bagunçada tenta resolver por fora o que está desajustado por dentro. A cada novo projeto, nova ideia ou novo envolvimento, o padrão se repete: expectativa, agitação e frustração.

E tem mais: toda vez que você tenta dar um passo para a frente, alguém o puxa de volta. Sempre tem uma crise, uma chantagem emocional, uma culpa. A vida não anda porque você ainda está preso a vínculos que não sustentam liberdade, só controle. São laços que o adoecem. Enquanto não resolver isso, continuará travado.

A Bíblia ensina que Cristo nos libertou para vivermos livres. A liberdade exige firmeza emocional, espiritual e interpessoal. Enquanto você continuar voltando para sua antiga prisão, não vai experimentar o novo de Deus. Não adianta querer avançar sem abandonar o que o mantém cativo!

A boa notícia é que esse quadro tem solução. Mais do que curar você, o Senhor quer reestruturá-lo. Esse processo exige que você encare o que preferiria ignorar. Quando você permite que o Espírito Santo revele as raízes da sua desordem e do seu cansaço, também recebe ferramentas para reorganizar sua vida por dentro e por fora. Você não precisa continuar vivendo de tentativas. Com estrutura, liberdade e direção, tudo começará a fluir.

Oração

Senhor, eu reconheço minha instabilidade e os vínculos que ainda me paralisam. Ensina-me a viver a liberdade que conquistaste por mim. Cura minhas emoções, fortalece minha alma e me ajude a dizer "não" ao que me aprisiona. Que eu permaneça firme e livre, em nome de Jesus. Amém.

22 DE SETEMBRO

Eleve o nível

"Mas os que confiam no Senhor recebem sempre novas forças. Voam nas alturas como águias, correm e não perdem as forças, andam e não se cansam." (Isaías 40:31)

Tem horas que não dá mais para discutir, justificar ou devolver na mesma moeda. Quando a perseguição vem, o que mais querem é ver você reagindo no mesmo nível da ofensa!

Você já ouviu falar que a águia só tem um inimigo natural, na maioria das vezes? É o corvo. Ele não consegue vencê-la na força, então se aproxima sorrateiro, pousa sobre suas costas (entre suas asas) e vai bicando sem parar. Ela não revida, nem tenta brigar no ar. Só sobe. Sobe até onde o ar é rarefeito, onde o corvo não aguenta a falta de oxigênio e simplesmente cai. A águia vence sem qualquer ataque, apenas elevando o nível!

Assim é quem confia no Senhor. Quando a perseguição aperta, não devolva com ira. Quando a injustiça bater, não responda com grito. Apenas suba, ou seja, entre na Presença. Talvez hoje você esteja lidando com pessoas que tentam provocá-lo ou impedir seu voo. Suba o nível! Eleve sua mente, sua fé, seu espírito. Tem lugar que só quem tem asas de fé consegue alcançar; lá, o inimigo não resiste. Quem voa alto, não perde tempo com ataques baixos. Eleve o nível!

Oração

Senhor, ensina-me a responder como a águia: a não devolver no mesmo tom, mas a subir em oração, a elevar o meu espírito, a me refugiar em Ti. Quando as perseguições vierem, que eu não perca tempo com ofensas. Em vez disso, quero usar minhas asas para subir à Tua presença. Amém.

23 DE SETEMBRO

Não chegue sozinho

"Porém aquele que não cuida dos seus parentes, especialmente dos da sua própria família, negou a fé e é pior do que os que não creem." (1 Timóteo 5:8)

Vivemos em uma época em que o individualismo foi maquiado de "liberdade". Tudo é descartável, inclusive os vínculos. Se não está bom, termina. Se deu trabalho, desiste. O Reino de Deus, porém, propõe outro caminho: o de responsabilidade com a família.

O pai de Abraão, cujo nome era Terá, mesmo diante da dor da perda, escolheu recomeçar com os seus. Abraão, ao sair da sua terra natal, levou todos consigo. A Bíblia está repleta de homens e mulheres que entenderam que chegar ao destino sem a família não é vitória, é solidão, e que não existe ministério, sucesso ou conquista que valha a pena se, no final, o preço tiver sido deixar os seus para trás.

Talvez, hoje você esteja em uma encruzilhada emocional, tentando "aliviar o peso" da caminhada abrindo mão de vínculos que doem, que exigem e que cansam. Atente-se a isto, então: o caminho de Deus não é o mais rápido, é o mais profundo. Ele está chamando você para lutar não apenas por um lugar no destino, mas para ter com quem celebrar quando chegar lá.

Deus não o chamou para subir sozinho. Ele quer restaurar sua casa, firmar seus alicerces e ensiná-lo a vencer com sua família. O sucesso, aos olhos de Deus, não é onde você chega, é com quem você chega.

Oração

Senhor, dá-me sabedoria para cuidar dos que estão comigo. Ensina-me a não trocar pessoas por conquistas. Dá-me graça para lutar pela minha casa, mesmo quando for difícil. Que eu não aceite nenhum destino onde minha família não caiba. Em nome de Jesus, amém.

24 DE SETEMBRO

Deixe que sua história fale por você

"O que diz a verdade manifesta a justiça, mas a falsa testemunha diz engano." (Provérbios 12:17)

Sábio é aquele que deixa que a própria história seja o seu advogado de defesa. Quando você fica dizendo "é mentira!", "eu não falei isso", "não fiz isso" etc., no fundo, está tentando disputar no grito o que o tempo resolve com fatos. Tem hora que é melhor deixar a pessoa falando sozinha. Deixa! Quem não tem verdade para sustentar, se perde sozinho nas próprias versões. Quem tem integridade, não precisa correr atrás de provar nada, só continuar vivendo com coerência.

Chega uma hora em que a verdade grita mais alto que qualquer boato. As evidências vão se acumulando, os frutos começam a aparecer e, das duas, uma: ou quem o caluniou vai ter que admitir publicamente que errou, ou vai ser desmoralizado diante dos outros.

Deus é perito em justiça silenciosa. Ele não trabalha na nossa ansiedade, mas no secreto, desmontando mentira por mentira, enquanto nos ensina a descansar. Em determinado momento, tudo que você viveu, suportou e permaneceu vai brilhar como o sol do meio-dia. Como diz o salmista: "Ponha a sua vida nas mãos do SENHOR, confie nele, e ele o ajudará" (Salmos 37:5). Ele age na hora certa, do jeito certo, sem precisar de escândalo, só com a verdade.

Então, siga firme, viva de maneira íntegra. Quem anda em verdade pode até ser calado, mas nunca será desmoralizado.

Oração

Senhor, dá-me maturidade para não reagir com a carne quando for injustiçado. Ensina-me a confiar que Tu és meu juiz e que a verdade sempre prevalece. Que minha vida fale mais alto que minhas palavras. Que o tempo mostre quem eu sou. Em nome de Jesus, amém.

25 DE SETEMBRO

O projeto certo sempre nos leva para o altar

"Então Moisés respondeu: 'Se não fores com o teu povo, não nos faças sair deste lugar.'" (Êxodo 33:15)

Nem todo projeto bonito pertence a Deus. O maior termômetro para saber se o Pai está em algo não é o número de curtidas, de seguidores, de lucro ou de elogios. É o quanto esse projeto o aproxima dEle. Se o leva para mais perto do altar, pode continuar. Se lhe rouba a devoção, se esfria a sua fé, se o faz negligenciar seus valores e a Presença... Então, não tem como vir dEle.

Lembra de Noé? Deus deu o plano, as medidas, a missão. Quando a arca ficou pronta, Ele não disse "Vai", disse "Vem". Só pode dizer "vem" quem já está lá dentro! O que o Senhor estava dizendo para Noé era: "Eu não só lhe entreguei esse projeto, como também vou vivê-lo com você." Essa é a diferença entre um projeto com Deus e um projeto sem Ele: a Presença.

Tem coisa que parece avanço, mas é armadilha. O Diabo também sabe oferecer boas propostas, desde que elas o afastem do altar. Ele é sutil. Por isso, antes de aceitar qualquer oportunidade, pergunte-se: "Isso me aproxima ou me afasta de Deus?" Todo projeto divino o fará orar mais, amar mais, buscar mais, servir mais.

Não troque o altar pela plataforma, nem a Presença pela performance. O que vem do Pai fortalece, em vez de roubar sua comunhão. Se seu plano o arranca do secreto, pode estar arrancando você da rota também.

Oração

Senhor, não quero caminhar sem a Tua presença. Se for para viver algo que me afaste de Ti, que eu tenha coragem de dizer "não". Ensina-me a discernir os projetos que assinaste. Que, em tudo que eu fizer, Teu altar continue sendo o centro. Amém.

26 DE SETEMBRO

Vença a si mesmo primeiro

"Vigiem e orem para que não sejam tentados. É fácil querer resistir à tentação; o difícil mesmo é conseguir." (Mateus 26:41)

Já percebeu quanto tempo perdemos quando ficamos esperando algo dos outros? A mão que vai ajudar, a palavra que vai levantar, aquele elogio que vai motivar... Só que, na prática, isso quase nunca vem como esperamos. Quando vem, já pode ser tarde demais para quem parou de andar porque estava esperando.

O mundo real não gira em torno do nosso merecimento. A vida não faz uma pausa para esperar nosso ânimo voltar. Vencer na vida começa com vencer a si mesmo: seus medos, suas desculpas, seu ciclo de "segunda-feira eu começo".

Não adianta reclamar que ninguém o impulsiona, se você mesmo não teve a coragem de dar o primeiro passo. A verdade é que as pessoas falham, os apoios murcham. Se sua força estiver ancorada nos outros, você vai quebrar no meio do caminho.

Quem é sábio aprende a se autoalimentar de fé, a buscar força na Presença e a ajustar a motivação quando o desânimo aparece. No fim, a guerra mais dura não é contra o mundo lá fora. É contra o mundo aí dentro! Não espere o apoio vir para caminhar. Caminhe, mesmo quando parecer que está sozinho. Assim, você vai descobrir que Deus nunca o deixou, Ele só estava esperando você se levantar.

Oração

Senhor, ensina-me a vencer a mim mesmo, a não depender da aprovação dos outros para continuar; a confiar que, se estás comigo, já tenho tudo de que preciso para avançar. Dá-me discernimento para ajustar minha motivação e coragem para não parar, especialmente quando tudo parecer difícil. Em nome de Jesus, amém.

27 DE SETEMBRO

A escolha dos vencedores

"Mas quem ficar firme até o fim será salvo." (Mateus 24:13)

Crescemos ouvindo que seguir a Jesus é o caminho da felicidade, mas não é bem assim. Seguir a Cristo é, antes de tudo, o caminho da obediência. Obedecer custa caro. Dá trabalho andar direito. Nossa carne grita, o mundo chama, o pecado insiste. Ainda assim, escolhemos continuar, porque a verdadeira felicidade não está na vida fácil, e sim no viver certo. Só quem está no centro da vontade do Pai encontra a paz que não depende das circunstâncias.

A Palavra diz que há caminhos que parecem bons, mas terminam em morte. O que parece confortável hoje, pode custar caro amanhã. Por isso, não andamos por aparência, andamos por fé. A escolha de olhar para Jesus é diária, e é sempre a mais difícil. Exige negar a si mesmo, tomar a cruz e seguir, ainda que o corpo esteja cansado e o coração, ferido.

Hebreus 11 não chama de heróis aqueles que nunca caíram, mas os que permaneceram. Os que foram feridos, mas não recuaram. Os que andaram no deserto, mas não voltaram para o Egito. Os que olharam para o invisível e seguiram até o fim.

Hoje, não escolha a Jesus porque quer sentir algo bom, escolha-O porque Ele é o caminho. Esse é o certo a se fazer. Se você tropeçar ou sangrar, Ele vai levantar e curar você. Se você não parar, Ele o levará até o fim!

Oração

Senhor, ajuda-me a não negociar o caminho. Dá-me discernimento para permanecer mesmo quando minha vontade de desistir for maior. Que eu não busque atalhos, nem troque Tua presença por conforto. Ensina-me a escolher o que é certo, não o que é fácil. Que minha vida Te honre até o último dia. Em nome de Jesus, amém.

28 DE SETEMBRO

Fé barata não compra milagre caro

"Não se enganem; não sejam apenas ouvintes dessa mensagem, mas a ponham em prática." (Tiago 1:22)

Tem quem diga querer viver o extraordinário, mas continua preso no conforto do comum. Pede milagre, mas não move nem um centímetro em direção à fé. Quer cura, quer avanço, quer sobrenatural, mas a vida está estacionada no "Se Deus quiser". A verdade é que Deus quer. E você? Quer o suficiente para agir como quem crê?

Não existe fé de vitrine. Fé de verdade requer exposição. Todo milagre que Jesus fez envolveu alguém que se arriscou. Teve a mulher que se arrastou no meio da multidão, o cego que gritou sem parar, e alguns homens até quebraram o teto para que o amigo deles fosse curado! Ninguém ficou sentado esperando a bênção cair do céu.

"Ah, mas Deus conhece meu coração"... Conhece, sim. Ele conhece sua intenção, sua fé e também sua preguiça disfarçada de espiritualidade. Fé sem movimento não passa de teoria. Fé sem coragem não muda histórias. Você não foi chamado para viver uma vida morna. Foi chamado para viver o céu na terra!

Não dá para querer milagres absurdos tomando atitudes medíocres. O extraordinário exige uma fé que se levanta, que atravessa a multidão, que rompe o medo. O que o Pai tem para você é grande demais para ser vivido com a fé pequena de quem só espera.

Oração

Senhor, confronta-me quando minha fé for passiva. Sacode-me quando eu estiver parado esperando milagres sem mover nada. Quero ter uma fé que age, que se levanta, que rompe limites. Dá-me coragem para viver aquilo que já colocaste diante de mim. Em nome de Jesus, amém.

29 DE SETEMBRO

Não comece o caminho da ansiedade

"Quando estou aflito e preocupado, tu me consolas e me alegras." (Salmos 94:19)

A ansiedade é espiritual, antes de tudo. Por isso, precisa ser enfrentada com discernimento; não só com remédios, mas com a luz. Ela não começa de uma vez. Inicia-se pequena, como uma preocupação qualquer, um pensamento repetitivo, uma suposição, uma expectativa. Quando você vê, o coração já está acelerado, e a mente, sobrecarregada.

Deus nunca ignorou esse processo. A Bíblia está cheia de alertas, como: "Não se preocupem", "Não andem ansiosos", "Entreguem seus fardos". A preocupação é o primeiro degrau em que geralmente pisamos. Se não descemos dele logo, o próximo será o da ansiedade. Depois, vêm a tristeza profunda, a perda de sentido e o silêncio escuro da alma.

É por isso que o Eterno não diz apenas "Pare de se preocupar", mas: "Confie, entregue e venha a mim." Só existe uma forma real de vencer a ansiedade: não é negando que ela existe, mas trocando o peso pela Presença. O Pai não promete que você não vai ter motivos para se preocupar, e sim que estará com você quando os pensamentos forem excessivos.

Hoje, se seus pensamentos estiverem em um turbilhão dentro de você, não os empurre para debaixo do tapete. Fale com Deus. Peça alívio e consolo. O que parece pequeno hoje, pode virar uma prisão amanhã. Contudo, também pode ser interrompido agora mesmo. Comece entregando a Ele o primeiro degrau.

Oração

Senhor, eu reconheço que tenho deixado os pensamentos se multiplicarem dentro de mim. Às vezes, nem percebo que a ansiedade já começou. Ajuda-me a não normalizar o peso, mas a confiar, a entregar e a descansar na Tua presença. Que os meus dias sejam guiados pela Tua paz. Amém.

30 DE SETEMBRO

Quebre o ciclo

"As armas que usamos na nossa luta não são do mundo; são armas poderosas de Deus, capazes de destruir fortalezas. E assim destruímos ideias falsas." (2 Coríntios 10:4)

Existe uma linha invisível que corre pelas gerações. Às vezes, ela tem nome: medo, pobreza, mentira, violência, abandono... Outras vezes, se esconde em comportamentos repetitivos, em vícios emocionais, em padrões que foram normalizados. Abraão mentiu. Isaque repetiu. Jacó também. Até que veio José, que decidiu não continuar. Maldições espirituais se quebram com decisões espirituais.

Não adianta esperar que o tempo resolva o que só pode ser enfrentado com autoridade em Deus. O tempo não quebra pactos, nem desfaz ciclos, só repete o que não foi confrontado. Você precisa entender que, se Deus lhe mostrou o padrão, é porque o chamou para interrompê-lo. Alguém na sua família tem que dizer "Chega!", levantar a mão e mudar o rumo. Quem sabe esse alguém seja você!

José tinha tudo para repetir os erros da família, pois cresceu em um lar marcado por enganos e preferências tóxicas. Contudo, ele decidiu andar com Deus e viver com integridade. Foi injustiçado, vendido e esquecido, porém permaneceu fiel. Sua fidelidade o posicionou para salvar uma geração inteira. Quando você rompe com um ciclo, não é só você: quem veio antes e quem ainda vai nascer também são libertos!

Você não está lutando sozinho. Deus está ao seu lado, dando-lhe discernimento, força, estratégias e armas espirituais. Quando um filho dEle se levanta, a maldição tem que cair!

Oração

Senhor, não quero repetir os erros que me trouxeram até aqui. Dá-me discernimento para reconhecer os ciclos que precisam ser quebrados e coragem para fazer diferente, ainda que doa. Eu me posiciono em Ti. Que a minha vida seja o ponto de virada para a minha família. Em nome de Jesus, amém.

ANOTAÇÕES

ANOTAÇÕES

Outubro

Temos um encontro marcado todo dia 1º às 8h.
Escaneie o QR code para acessar nossa
plataforma e participar da live deste mês!

Mais um mês, *mais uma oportunidade de Deus para você.*

Antes de começar as leituras deste mês, separe alguns minutos para olhar para dentro. Use este espaço com sinceridade e intencionalidade.

Em *Objetivos do Mês*, escreva o que deseja viver com Deus nos próximos dias. Pode ser uma mudança de hábito, uma área da vida que precisa de cura, algo que você queira desenvolver espiritualmente ou até mesmo um simples "quero permanecer firme". Não escreva com pressa. Escreva com fé.

Em *Motivos de Gratidão*, liste tudo aquilo que, mesmo singelo, merece ser lembrado com um coração agradecido. A gratidão transforma a sua forma de enxergar a vida — ela ancora você no que Deus já fez e prepara seu coração para o que Ele ainda vai fazer.

Objetivos do Mês

- ○ ______________________
- ○ ______________________
- ○ ______________________
- ○ ______________________
- ○ ______________________

Motivos de Gratidão

____

____

____

____

____

1º DE OUTUBRO

O peso do chamado e a força da intercessão

"Não será por meio de um poderoso exército nem pela sua própria força que você fará o que tem de fazer, mas pelo poder do meu Espírito [...]." (Zacarias 4:6)

Há dias em que você pensa em desistir de tudo. Isso não é apenas exaustão física ou emocional, é espiritual. O que você carrega em Deus é grande, e toda grandeza no Espírito atrai resistência no invisível.

A oposição que você enfrenta é proporcional ao chamado que repousa sobre sua vida. Enquanto alguns seguem leves por carregarem pouco, você sente o peso da promessa. Isso não é orgulho, é responsabilidade com o propósito que não foi imposto por homens, mas desenhado por Deus. Esse peso, quando não é entregue no altar, pode esmagá-lo. É por isso que tentar vencer na força do braço não vai funcionar. Só o Espírito sustenta o que o céu confiou a você.

Nesse lugar de guerra, a intercessão se torna uma chave. Mais do que fazer pedidos pessoais, é preciso clamar por vidas, por famílias, por nações. O Pai está convocando hoje uma geração de intercessores, homens e mulheres que não correm da batalha, mas sobem a montanha da Presença para guerrear de joelhos.

Se o que você carrega é grande demais para lidar sozinho, talvez seja porque isso deve ser entregue, dia após dia, no lugar secreto. É ali que você vai encontrar alívio, direção e força para continuar. Você não foi chamado para quebrar, foi chamado para romper!

Oração

Senhor, reconheço que carrego algo grande, mas não quero tentar sustentá-lo sozinho. Eu me entrego hoje ao Teu Espírito. Leva-me à montanha da Tua Presença. Ensina-me a interceder, guerreando com os joelhos dobrados e o coração rendido. Que cada batalha da minha alma me leve para mais perto de Ti. Amém.

2 DE OUTUBRO

Transforme o ambiente

"Vocês são o sal para a humanidade [...]. Vocês são a luz para o mundo. Não se pode esconder uma cidade construída sobre um monte." (Mateus 5:13-14)

Não é o ambiente que determina a sua identidade, é a sua identidade que deve transformar o ambiente. Se você carrega o Espírito Santo, você carrega luz. E onde há luz as trevas não prevalecem. Dois homens de Deus entraram na casa de uma prostituta e não perderam sua essência (Josué 2:1). Eles não foram corrompidos porque sabiam quem eram, o que carregavam e por que estavam ali.

Você não foi chamado para ser mais um que se adapta. Foi chamado para ser resposta! Quem carrega graça, carrega presença, unção e propósito. Onde você chega, Deus chega com você. O seu andar carrega marcas do céu!

O problema é que, muitas vezes, esquecemos quem somos. Nos moldamos ao lugar, ao grupo, à situação. Contudo, os verdadeiros filhos sabem: "Sou luz, sal e templo." Onde você coloca os pés, o Reino de Deus se manifesta. Assim, ambientes quebrados são restaurados, mentes cegas são iluminadas, e vidas marcadas pela dor encontram cura.

Raabe e toda a sua casa foram poupadas porque dois homens entraram no território da promiscuidade sem se contaminar. Eles tinham um propósito. Por causa disso, o ambiente não os corrompeu, mas foi transformado por eles. O mesmo pode acontecer onde você estiver. Para isso, lembre-se: você não é qualquer um. Você é filho, é luz do mundo.

Oração

Senhor, que eu não me confunda com o ambiente em que estou. Que eu não me perca na adaptação. Lembra-me de quem eu sou em Ti. Que a Tua presença transborde onde eu estiver. Que os lugares mudem porque cheguei com o Senhor dentro de mim. Em nome de Jesus, amém.

3 DE OUTUBRO

Quando a carne abafa a voz do Espírito

"Porque o que a nossa natureza humana quer é contra o que o Espírito quer [...]. Os dois são inimigos, e por isso vocês não podem fazer o que vocês querem." (Gálatas 5:17)

Por que Deus demorou tanto para confrontar Davi após o adultério com Bate-Seba? A criança fruto daquela relação já havia nascido quando o profeta Natã apareceu com sua parábola e o expôs (2 Samuel 12). Não sabemos a resposta exata, mas uma coisa é clara: o pecado, especialmente o sexual, tem o poder de bloquear o discernimento espiritual.

A paixão desordenada, o envolvimento emocional e a sedução carnal criam uma espécie de véu sobre a mente. É como se a pessoa entrasse numa bolha onde só a vontade da carne faz sentido. Davi, Salomão, Sansão... homens que começaram com grande sensibilidade espiritual, mas, por não resistirem à promiscuidade, terminaram cegos, vulneráveis e desconectados da voz de Deus.

A Bíblia diz que a carne luta contra o Espírito. Se a carne vence por tempo demais, ela embota os sentidos, silencia a consciência e constrange o Espírito. Desse modo, o Senhor se cala, porque, nessa condição, nem mesmo Sua voz seria ouvida. Ele espera o momento em que a dor, o vazio ou as consequências despertem novamente o coração.

Se hoje o seu discernimento está fraco, examine suas escolhas. A carnalidade alimentada pelo pecado, mais do que uma fraqueza, é um obstáculo espiritual. Somente quando há arrependimento verdadeiro o véu cai — Deus volta a falar, o Espírito volta a acender, e o caminho é restaurado.

Oração

Senhor, não quero perder minha sensibilidade espiritual. Se em algum momento a minha carne estiver abafando a Tua voz, confronta-me. Mesmo que doa, mesmo que demore, mesmo que eu resista. Eu quero Te ouvir. Que minha alma não se conforme com o silêncio. Que o Teu Espírito me vença, todos os dias. Amém.

4 DE OUTUBRO

Cuidado com quem você escuta

"Se uma delas cai, a outra a ajuda a se levantar. Mas, se alguém está sozinho e cai, fica em má situação porque não tem ninguém que o ajude a se levantar." (Eclesiastes 4:10)

Em tempos de guerra espiritual, a voz que você escuta pode ser o que o faz resistir ou cair. Você está diante de uma batalha e corre para se aconselhar com quem já se rendeu? Busca apoio de quem não tem estrutura espiritual nem para si mesmo? Isso não é prudência, é suicídio emocional e espiritual.

A Palavra de Deus nos ensina que quem anda sozinho e cai, dificilmente se levanta. Pior ainda é andar com quem não tem forças nem fé para ajudá-lo a se levantar. A fé de quem o cerca precisa ser maior ou, no mínimo, parecida com a sua. Senão, em vez de impulsioná-lo, vai afundá-lo com palavras de dúvida, medo ou conformismo.

Guarde seus ouvidos como se fossem portões sagrados, afinal, o que entra por eles desce para o coração, e palavras têm o poder de ativar ou atrasar destinos. Há conexões que alimentam sua fé, enquanto outras silenciosamente sabotam sua caminhada.

Alinhe-se com quem tem visão de reino. Com quem crê no sobrenatural. Com quem, mesmo ferido, ainda ora. Nos momentos de fraqueza, é essa voz que vai lembrá-lo de quem você é. Dê ouvidos a Deus e a quem O ouve.

Oração

Senhor, dá-me discernimento para selecionar as vozes que permito chegar até mim. Que meus ouvidos estejam sensíveis à Tua Palavra, e que meu coração não seja influenciado por vozes de incredulidade. Cerca-me de pessoas cheias de fé, que me apontem para Ti quando eu estiver fraco. Amém.

5 DE OUTUBRO

Deus desfaz o que foi tramado às escondidas

"Mas o Senhor Jesus é fiel. Ele lhes dará forças e os livrará do Maligno."
(2 Tessalonicenses 3:3)

Todo trabalho feito às escondidas será desfeito! No capítulo 6 de 2 Reis, o rei da Síria estava convencido de que venceria Israel. Em segredo, ele montava armadilhas e estratégias, acreditando que tinha o controle do campo de batalha, embora Israel escapasse de todas elas. O rei ficou confuso, achando que havia algum espião, até que alguém disse: "O profeta Eliseu é quem conta ao rei de Israel tudo o que o senhor fala até mesmo dentro do seu próprio quarto" (2 Reis 12:6).

É isso que Deus faz com quem anda com Ele em espírito e em verdade. Ele revela, protege, redireciona, desvia e desfaz os laços escondidos. Não é que a armadilha deixa de existir, é que o Senhor nos livra dela. Preste atenção: Eliseu não era apenas um profeta, ele era um servo íntimo de Deus. Não basta querer revelação se você não vive em aliança. O Eterno não nos livra apenas para expor o inimigo, mas porque somos filhos, logo, Ele vela por quem vive debaixo da Sua direção.

Não perca tempo tentando descobrir quem armou o laço. Gaste energia buscando aquEle que o livra! O mundo espiritual é real; enquanto você ora, há quem esteja conspirando. Entretanto, quem caminha com o Senhor não é pego de surpresa. Deus revela. Deus livra. Deus guarda!

Oração

Senhor, eu escolho andar Contigo em espírito e em verdade. Que toda armadilha feita contra mim seja desfeita pelo poder do Teu nome. Não quero viver em desconfiança, mas em discernimento. Revela os caminhos, mostra as saídas e livra-me dos laços ocultos. Amém.

6 DE OUTUBRO

Judas não é o fim, é o caminho

"Até o meu melhor amigo, em quem eu tanto confiava, aquele que tomava refeições comigo, até ele se virou contra mim." (Salmos 41:9)

Você só pode se considerar maduro se aprender a lidar com quem está pronto para traí-lo. Maturidade não é resistir aos aplausos, é suportar os punhais. Não tem a ver com quem o ama, mas com como você reage a quem o fere. Quando você aprende a lidar com o traidor, com o fofoqueiro, com o mentiroso... está pronto para a próxima fase.

Jesus sabia quem era Judas. Mesmo assim, deu-lhe pão. Mesmo assim, lavou seus pés. Mesmo assim, chamou-o de amigo. Sabe por quê? Porque Judas não tinha o poder de tirar Jesus da rota, só de levá-Lo para mais perto do propósito. Judas não era um desvio, era uma ponte necessária. Foi ele quem abriu o caminho para o cumprimento da missão do Salvador.

Você não precisa mais temer quem o traiu, nem carregar amargura contra quem o apunhalou. O traidor pode até ferir você, mas não tem autoridade para pará-lo! O que ele faz não define quem você é. Se responder com maturidade, vai sair dessa mais forte e mais próximo do seu destino!

Oração

Senhor, ensina-me a responder com maturidade quando eu for traído. Que eu não pare nas feridas, mas avance no propósito. Ajuda-me a enxergar como Tu enxergas, e a tratar como Tu tratas. Se Judas tiver que me acompanhar por um tempo, que ele não tire minha paz, nem desvie meu foco. Em nome de Jesus, amém.

7 DE OUTUBRO

A dor que ativa o propósito

"E também nos alegramos nos sofrimentos, pois sabemos que os sofrimentos produzem a paciência, a paciência traz a aprovação de Deus, e essa aprovação cria a esperança." (Romanos 5:3-4)

Quando Deus quer motivar a sua fé, Ele utiliza um processo. Quando quer atraí-lo por inteiro, permite a dor. A dor tem uma forma silenciosa, porém poderosa, de nos desvincular do controle que insistimos em exercer e de nos empurrar para um propósito maior em Cristo.

A dor é pedagógica – revela nossos limites e nossa fragilidade, e nos direciona para a dependência de Deus. É impossível amadurecer sem passar por algum tipo de tribulação. Quem procura transformação sem desconforto, ainda não entendeu o que significa amadurecer na fé. O caminho da identidade e do propósito cristão passa pela cova escura do sofrimento; ele não deve paralisar você, mas impulsioná-lo!

Quando você alimenta a dor, ela o aprisiona; quando a entrega a Jesus, ela o conduz para o altar e para o plano dEle. Seu sofrimento não será em vão! Não desperdice esse momento. Se você está atravessando uma dificuldade, saiba que Deus pode transformar essa dor numa plataforma de propósito. A dor ativa a fé, afia o caráter e gera uma esperança viva que permanece mesmo diante das adversidades!

Oração

Senhor, no meio da dor, ensina-me a permanecer firme e disposto a aprender. Que cada tribulação produza em mim perseverança, caráter e esperança. Não deixe que eu me refugie no conforto. Ao contrário, conduza-me ao Teu altar, para que eu experimente o Teu propósito. Fortalece-me. Em nome de Jesus, amém.

8 DE OUTUBRO

Fé quando nada faz sentido

"Não tenho mais esperança, pois Deus me matará; mas assim mesmo defenderei a minha causa diante dele." (Jó 13:15)

O maior desafio da fé não é confiar quando tudo vai bem. É continuar andando com Deus quando tudo está dando errado. É manter a obediência quando o céu está em silêncio, a alma está seca, e nenhuma promessa parece se cumprir. Às vezes, você ora e não sente nada. Lê a Bíblia, e o texto não fala com você. Obedece, e as coisas só pioram. Esse é o lugar mais difícil da jornada espiritual!

O problema é que fomos treinados para associar espiritualidade com sensação. O verdadeiro amadurecimento, porém, acontece quando você continua firme, mesmo sem sentir. Quando você permanece, mesmo sem compreender. Quando você decide seguir, mesmo com o coração apertado. Fé não é emoção, é convicção.

No auge da dor, Jó disse: "Ainda que Ele me mate, eu confiarei." Esse homem não se sentia bem, não via a mão de Deus, não entendia o que estava acontecendo, mas não largou o Senhor. Essa é a fé que sustenta nos desertos e nas injustiças. O Eterno não exige que você entenda tudo, apenas pede que confie.

Talvez esse seja o seu tempo de travessia em silêncio, de seguir sem sinais e de obedecer sem recompensas visíveis. Continue! O silêncio de Deus nunca é um reflexo da Sua ausência. Às vezes, é um amadurecimento. Fé que só age quando tudo vai bem é frágil, mas aquela que permanece no escuro, essa é a fé que move montanhas!

Oração

Senhor, mesmo quando eu não sentir, quero permanecer. Mesmo quando tudo parecer confuso, ajuda-me a continuar crendo. Fortalece-me para obedecer, mesmo sem recompensas visíveis. Que a minha fé não dependa de sensações, mas da Tua Palavra. Eu confio em Ti, mesmo no silêncio. Amém.

9 DE OUTUBRO

Se esforce

"Mas sejam fortes e não fiquem desanimados, pois vocês serão bem-sucedidos em tudo o que fizerem." (2 Crônicas 15:7)

Não existe sonho legítimo sem esforço real. Não se pode colher o que não se plantou. Há quem diga que sonha com uma nova vida, mas não move um dedo para transformar o presente – dorme até tarde, evita responsabilidades, foge de compromissos e, depois, se frustra por não ver frutos. O Evangelho nunca prometeu conforto sem cruz. A promessa é que a recompensa virá para quem não desistir.

É mais fácil reclamar do que se levantar; culpar a vida, a família, o governo e o cenário do que se responsabilizar. A verdade, contudo, é que o esforço muda destinos. Se você não arrasta uma cadeira, não se inscreve em nada, não termina o que começa... como pode dizer que quer uma transformação? A Palavra diz que o trabalhador é digno do seu salário, ou seja, há uma dignidade no esforço. A fé precisa andar de mãos dadas com o movimento. Quando Deus ordena que nos esforcemos, não está sendo duro, apenas nos instruindo a usar a força que já colocou dentro de nós!

A resposta divina para muitos hoje não é "espera mais um pouco", é "se esforce!". A vida nunca será perfeita, o momento nunca será o ideal, mas o seu "sim", mesmo no meio do caos, pode ser o começo de uma virada. Se você já se levantou outras vezes, pode se levantar de novo. Deus não o chamou para viver estacionado.

Oração

Senhor, perdoa-me por tantas vezes me esconder atrás da desculpa da dificuldade. Ensina-me a viver com responsabilidade e fé. Quero me esforçar e honrar os sonhos que carrego e as promessas que liberaste sobre mim. Dá-me coragem para continuar. Eu escolho me levantar. Amém.

10 DE OUTUBRO

Deus unge sua mente

"Tu, ó Senhor, dás paz e prosperidade às pessoas que têm uma fé firme, às pessoas que confiam em ti." (Isaías 26:3)

Durante quarenta dias, Golias não precisou levantar uma espada para vencer; suas palavras já estavam destruindo os soldados de Israel. A guerra era psicológica. O medo plantado pela repetição diária da ameaça já era suficiente para paralisar os mais experientes. Ainda é assim que o inimigo atua: tentando vencer você pela mente antes de qualquer confronto real.

Existe um segredo na história de Davi. Ele foi ungido por Deus antes da batalha! O óleo não caiu quando ele subiu no trono, e sim quando ainda era só um pastor de ovelhas. A unção veio antes da guerra e caiu exatamente onde o inimigo tentaria atacar: na mente. Golias chegou tarde demais. A mente de Davi já estava blindada!

Essa unção sobre a mente é um ato profético. Sua cabeça não será depósito de lixo emocional, nem casa para a ansiedade, nem reduto de pensamentos destrutivos. Você pode estar ouvindo vozes que o intimidam, mas nenhuma delas terá autoridade sobre a voz de Deus, que já declarou: você é ungido para vencer!

Talvez, sua maior luta esteja dentro de você. Se o Eterno derramou óleo sobre a sua mente, está preparando você não apenas para suportar, mas para romper. Não aceite como verdade o que o inimigo sussurra quando ninguém está olhando. Lembre-se: se o óleo veio antes, o gigante já perdeu!

Oração

Senhor, entrego minha mente ao Teu cuidado. Não quero mais ser governado por pensamentos de medo, confusão ou derrota. Que Teu óleo renove meu entendimento, fortaleça minha alma e traga paz ao meu interior. Guarda minha mente em Ti e me ensina a lutar no espírito. Eu creio: Golias não terá a última palavra. Amém.

11 DE OUTUBRO

O perdão de uma vida inteira

"Então Pedro aproximou-se de Jesus e perguntou: 'Senhor, quantas vezes deverei perdoar a meu irmão quando ele pecar contra mim? Até sete vezes?' Jesus respondeu: 'Eu lhe digo: não até sete, mas até setenta vezes sete.'" (Mateus 18:21-22)

Pedro achava estar sendo generoso quando sugeriu perdoar até sete vezes, contudo Jesus lhe respondeu algo que parecia impossível: setenta vezes sete. Não se tratava de um cálculo literal. Essa era uma provocação ao coração, um chamado para viver o perdão como estilo de vida, não como exceção.

Setenta vezes sete é o número simbólico de uma vida inteira. Cristo não estava contando ofensas, estava ensinando que o perdão precisa acompanhar os nossos dias como o ar que respiramos. Enquanto Pedro pensava em uma semana de paciência, Jesus falava sobre uma vida inteira de graça. Quando o próprio Filho de Deus, na cruz, clamou "Pai, perdoa esta gente!" (Lucas 23:34), mais do que ensinar, estava mostrando o caminho.

O perdão verdadeiro não vem da emoção, vem da compreensão. Perdoar não significa esquecer o que aconteceu, mas se libertar da prisão que o rancor constrói. Quando você perdoa, solta o outro, mas quem fica livre é você. O amor se revela naquilo que recebemos de Deus, enquanto o perdão se revela naquilo que entendemos do Evangelho.

Se você acha impossível perdoar, talvez ainda não tenha entendido o quanto já foi perdoado. Jesus não nos deu limite para amar, nem número para perdoar. Ele nos deu um exemplo e nos chamou para segui-lo até o fim.

Oração

Pai, reconheço que carrego marcas e feridas, mas não quero viver preso a elas. Ensina-me a perdoar como Tu me perdoaste. Dá-me sabedoria para lidar com quem me fere e coragem para não guardar rancor. Que o perdão seja minha resposta, e a liberdade, meu caminho. Em nome de Jesus, amém.

12 DE OUTUBRO

Lutando contra o inimigo errado

"Tenho pensado na minha maneira de agir e prometo seguir os teus ensinamentos." (Salmos 119:59)

Você consegue desafiar gigantes! Já enfrentou momentos difíceis, tomou decisões corajosas, bancou responsabilidades pesadas. Mas e quando o gigante mora dentro? Quando o inimigo não está fora, mas em pensamentos persistentes que distorcem a realidade e drenam sua esperança?

Às vezes, não é o cenário que precisa mudar, mas a lente com que você o vê. Você insiste em alimentar pensamentos que só o afastam da verdade. Insiste em dar voz ao medo, ao desânimo, à mentira de que Deus o esqueceu. Hoje, o Senhor o está chamando não para lutar contra os outros, mas para confrontar a si mesmo.

Sua perspectiva errada está bloqueando sua percepção dos milagres que o Eterno já está fazendo. "Você não está em desvantagem. Eu estou com você. Estou na entrada da sua caverna, chamando-o de volta para a luz, para a consciência, para a fé", Ele lhe diz. Voltar para Deus também é voltar para dentro, para um lugar de alinhamento. É reconhecer que nem toda guerra é externa, logo, precisam ser vencidas no silêncio do arrependimento e na coragem da mudança de mentalidade.

Oração

Senhor, eu reconheço que tenho lutado contra o inimigo errado. Tenho alimentado pensamentos que me afastam de Ti e da verdade. Ajuda-me a confrontar a minha mente e a reordenar os meus pensamentos à luz da Tua Palavra. Se estou errado, corrige-me. Se estou cego, ilumina-me. Se estou fraco, sustenta-me. Amém.

13 DE OUTUBRO

Suporte como quem dá à luz

"Sejam sempre humildes, bem-educados e pacientes, suportando uns aos outros com amor." (Efésios 4:2)

No versículo acima, o verbo "suportar" não se refere a aguentar alguém com esforço ou tolerância amarga. O original traz o sentido de "sustentar", "carregar com intencionalidade", como quem nutre algo que está sendo formado. É o mesmo verbo usado para descrever uma mãe que sustenta o filho no ventre ou uma árvore que compartilha seus nutrientes para gerar frutos.

Deus não nos chama para amar apenas quando é fácil. Ele nos chama para dar suporte com tudo que somos e temos, como a árvore que entrega seu melhor ao fruto. Suportar alguém com amor é escolher se doar por aquilo que ainda está em processo, é permanecer por causa de algo maior que está sendo formado.

É esse amor comprometido, profundo e corajoso que sustenta famílias, amizades e ministérios. Amar desse jeito é uma decisão, não uma emoção. Exige humildade, paciência e a consciência espiritual de que estamos sendo cooperadores de Deus na formação de vidas. Você não está apenas aguentando pessoas difíceis. Você está gerando, com o Criador, realidades eternas!

Oração

Pai, ensina-me a suportar como Tu suportas: com amor que sustenta, com paciência que rega, com humildade que não busca mérito. Que eu me torne alguém que gera, sustenta e dá suporte com alegria, mesmo quando é difícil. Quero amar com a Tua força, e não com os meus limites. Em nome de Jesus, amém.

14 DE OUTUBRO

A escolha de andar com Deus

"Foi pela fé que Enoque escapou da morte. Ele foi levado para Deus, e ninguém o encontrou porque Deus mesmo o havia levado. [...] antes disso ele já havia agradado a Deus." (Hebreus 11:5)

Andar com Deus é uma decisão, não uma obrigação. Enoque não foi forçado a viver em intimidade com o Senhor, ele escolheu isso; e essa escolha mudou tudo. Ele andou com o Senhor de tal forma que sua vida foi marcada pela fé, e agradou tanto ao Eterno que foi levado sem passar pela morte! Esse homem de fé viveu a fé em cada passo.

Há um tipo de intimidade com o Todo-Poderoso que transforma a nossa identidade. Assim como amizades próximas nos mudam, caminhar com Ele gera um reflexo divino em nossa personalidade, bem como em nossas escolhas e formas de ver o mundo. Quanto mais perto dEle ficamos, mais parecidos com Ele nos tornamos. A presença dEle nos molda.

Não se engane: andar com Deus não é sinônimo de ausência de dificuldades, é presença de direção. O testemunho de Enoque é uma denúncia contra toda religiosidade vazia, porque mostra que é possível viver uma vida inteira de comunhão real com o Pai. Essa comunhão não depende de sentimentos, mas de decisão.

Se você anda com Deus hoje, decida continuar andando. Se você se afastou, decida retornar. A fé que agrada ao Senhor é a que escolhe permanecer, mesmo quando nada parece fazer sentido. Enoque foi um exemplo disso. Que você também seja!

Oração

Senhor, quero andar Contigo de maneira tão íntima que minha vida seja um reflexo do Teu caráter. Mesmo sem entender tudo, eu escolho Te seguir. Fortalece minha fé, afasta de mim as distrações, molda meu coração e me dá perseverança. Que a minha vida seja marcada por comunhão e obediência. Em nome de Jesus, amém.

15 DE OUTUBRO

A disciplina do descanso

"Quando me deito, durmo em paz, pois só tu, ó Senhor, me fazes viver em segurança." (Salmos 4:8)

Pedro estava preso, acorrentado, com data marcada para morrer. Herodes já havia matado Tiago, e ele seria o próximo. No entanto, quando o anjo do Senhor chegou à prisão para libertá-lo, encontrou Pedro... dormindo. Não aflito, não orando em agonia, não se debatendo, mas dormindo (Atos 12:6).

Como alguém consegue dormir diante de tamanha ameaça? Talvez Pedro se lembrasse de outra tempestade, quando estava no barco com Jesus. As águas agitadas ameaçavam virar tudo, mas Cristo dormia. Naquele dia, esse discípulo aprendeu algo: quem confia, descansa, porque a presença do Senhor é mais forte do que qualquer vento contrário.

Descansar não é agir com passividade, é confiar. Essa é uma disciplina espiritual que nem todo mundo aprendeu. Nos acostumamos a tentar resolver tudo com a força do nosso braço, da ansiedade, da pressa etc., embora descansar seja justamente entregar o comando. Nada mais é que dizer com ações o que se crê com a boca: "Deus está no controle."

A Bíblia afirma que o Pai dá aos seus amados enquanto dormem (Salmos 127:2). Mais do que um sono físico, descansar é viver em um estado de confiança que liberta. O descanso é uma forma de adoração. É a prova pública de que você confia naquEle que tudo pode.

Oração

Senhor, ensina-me a descansar de verdade. Quando tudo parecer fora do lugar, dá-me a graça de confiar no Teu governo. Que o meu coração não viva agitado, mas ancorado em Ti. Que eu aprenda a dormir mesmo quando o amanhã é incerto, porque Tu estás comigo. Em nome de Jesus, amém.

16 DE OUTUBRO

Não brinque com a tentação

"Quem tem juízo toma cuidado a fim de não se meter em dificuldades, mas o tolo é descuidado e age sem pensar." (Provérbios 14:16)

Jesus nos ensinou a orar: "Não nos deixes cair em tentação" (Mateus 6:13, NVI). Essa oração carrega uma responsabilidade: não brincar com o perigo. Muitos querem ser guardados por Deus enquanto caminham em direção ao que pode destruí-los — é como pedir livramento, mas insistir em andar com quem sempre o empurra para longe do Pai; ou se relacionar com quem não respeita seus limites espirituais; ou, ainda, frequentar lugares onde seu espírito se enfraquece e sua carne ganha força. O pedido "livra-me da tentação" não é mágica, é escolha.

Cristo disse a Satanás: "Não ponha à prova o Senhor, seu Deus" (Mateus 4:7). O mesmo serve para mim e para você. Colocar-se deliberadamente em situações que já sabemos ser perigosas é tentar a Deus. É como pular de um prédio esperando que Ele envie um anjo para nos segurar, quando o Pai já nos deu sabedoria para evitar o salto.

A verdadeira maturidade espiritual não está apenas em resistir à tentação, mas em evitá-la sempre que possível. Sabedoria é reconhecer o padrão e fugir antes que o ciclo recomece.

Oração

Senhor, ajuda-me a ser sábio nas minhas escolhas. Que eu não ande perto do que me afasta de Ti. Livra-me de mim mesmo, das minhas vontades impulsivas, das minhas justificativas. Dá-me olhos espirituais para discernir os ambientes, as conversas e as companhias. Amém.

17 DE OUTUBRO

Não existe sucesso que compense o fracasso em casa

"Como são felizes os filhos de um pai honesto e direito!" (Provérbios 20:7)

Tem gente que trabalha tanto para "dar o melhor" para a família, que perde justamente o que há de melhor: a presença e a construção diária. O mundo aplaude quem conquista status e patrimônio, mas Deus olha para dentro do seu lar. Como está sua família? Como estão seus filhos? Sua esposa confia em você? Seu marido encontra em você descanso ou desconfiança?

Existem mais de 24 milhões de milionários no mundo, porém muitos deles choram em mansões vazias. Têm dinheiro, mas não têm paz. Têm carreira, mas perderam o vínculo com os filhos. Alguns dormem ao lado de quem não podem confiar. Outros compram presentes caros, tentando compensar a ausência. Isso não é sucesso, é apenas uma ilusão cara.

A Bíblia diz que os justos vivem com integridade e que os filhos deles são felizes. Felicidade familiar não é fruto de dinheiro, é fruto de presença, afeto e compromisso com os princípios de Deus. Você pode ser aplaudido no mundo, contudo, se seus filhos estiverem gritando por atenção, é hora de recalcular a rota.

O sucesso verdadeiro começa em casa. Seu lar é seu primeiro ministério. O que adianta ser admirado na rua e ignorado pelos filhos? O que adianta ter seguidores e um casamento à beira do divórcio? O que adianta ser referência no mercado e uma ausência emocional no lar?

Oração

Senhor, abre os meus olhos para o que realmente importa. Que eu nunca troque o essencial pelo superficial. Dá-me sabedoria para construir minha casa com integridade e presença para amar de forma prática aqueles que o Senhor me confiou. Restaura, alinha e fortalece minha família. Em nome de Jesus, amém.

18 DE OUTUBRO

Conexões que destravam destinos

"O conselho de José agradou ao rei e aos seus funcionários. E o rei lhes disse: [...] Neste momento eu o ponho como governador de todo o Egito." (Gênesis 41:37-38, 41)

José não assumiu o governo do Egito porque tinha um plano de carreira. Ele estava preso. Foi injustiçado. Não tinha um currículo político. Mas foi lembrado por alguém a quem havia servido. A conexão foi plantada antes, quando ele estava numa posição inferior. Ele interpretou sonhos. Ajudou outros em suas crises. Foi uma resposta para quem precisava.

Inúmeras pessoas querem crescer, porém só sabem reclamar. Querem ser lembradas, só que vivem murmurando. Querem ser promovidas, mas não resolvem nada para ninguém. Se você quer ser chamado para a mesa do rei, comece sendo útil no porão! José não ficou jogando a culpa nos outros, pois estava ocupado em servir. Você está ocupando seu tempo com o quê?

Conexões se constroem enquanto você serve. Indicações não acontecem no vácuo; são fruto de um histórico. Quem você tem servido? De quem você tem sido a resposta? Deus nos promove no ambiente da fidelidade, da humildade e do serviço. José foi lembrado porque facilitou a vida de alguém. E você?

A chave não está no status, mas na disposição. Você está servindo ou está exigindo? Está se conectando com honra ou com carência? Quem serve com excelência, não precisa correr atrás de portas; elas se abrem sozinhas.

Oração

Senhor, ensina-me a servir com humildade e excelência. Que eu seja resposta, não peso. Que minha atitude em lugares escondidos construa as conexões que o Senhor usará no tempo certo. Não quero atalhos, quero a Tua rota. Usa minha vida como ponte. Que, enquanto eu sirvo, Tu vás destravando os caminhos do meu destino. Amém.

19 DE OUTUBRO

Quando o sucesso incomoda

"Mas, se no coração de vocês existe inveja, amargura e egoísmo, então não mintam contra a verdade, gabando-se de serem sábios." (Tiago 3:14)

Precisamos entender que nem todo ataque é pessoal. Muitas vezes, é só um reflexo do incômodo que sua luz causa em quem ainda vive na sombra. O sucesso, a coragem e os movimentos rumo ao propósito incomodam quem escolheu se esconder atrás de desculpas. É mais fácil criticar quem está em movimento do que ter coragem de sair do lugar.

É por isso que alguns começam a falar mal, perseguir ou copiar. Na verdade, o que há por trás disso é admiração mal resolvida. No fundo, essas pessoas veem em você o que poderiam ter sido se tivessem escolhido obedecer, se tivessem decidido caminhar. O problema não é com você, é com o espelho que sua vida virou para elas.

Então, não gaste energia tentando se explicar. Viva com excelência. A sua obediência será sempre seu maior argumento. A melhor resposta é permanecer frutificando, mesmo quando lançam pedras sobre você.

Você não foi chamado para agradar a todos, mas para inspirar muitos. Toda vida inspiradora inevitavelmente incomoda. Ser uma referência não é um peso, é um privilégio.

Oração

Pai, que eu não me abale com as críticas e perseguições que surgem no meu caminho. Dá-me discernimento para não devolver com raiva o que é fruto de inveja ou frustração alheia. Ensina-me a continuar frutificando, mesmo quando me ferem. Que minha vida continue sendo resposta e que eu tenha maturidade para lidar com a inveja com graça. Amém.

20 DE OUTUBRO

Fale com sabedoria, não com emoção

"As pessoas corretas pensam antes de responder; as pessoas más respondem logo, porém as suas palavras causam problemas." (Provérbios 15:28)

Quer ter uma conversa séria e sair dela em paz, sem se arrepender depois? Então, entenda uma coisa: não trate emoções como se fossem fatos. Dizer "eu sinto que você me persegue" ou "eu sinto que você não gosta de mim" não é argumento, é ruído. Começou com "eu sinto", já perdeu a força... Sentimentos são válidos, mas não devem ser o principal. Em vez de dizer "eu sinto que você me rejeita", é melhor dizer: "Naquela situação, quando você falou tal coisa, eu me senti desrespeitado." Lide com fatos, não com acusações.

Não importa se o assunto é delicado. Se você mostrar irritação, perderá o equilíbrio e, junto com ele, a credibilidade. Pode até estar certo no conteúdo, porém, se errar no tom, o outro não escutará mais nada. Irritação vira grito, e grito vira conflito. Se isso acontece, já era a reconciliação!

Agora, o ponto mais importante: se você quer ter essa conversa só para desabafar ou "lavar a roupa suja", nem entre. Você vai sair mais ferido e ainda vai ferir o outro. Mas, se for com o coração certo, para tentar restaurar, ressignificar, aí, sim, vale a pena.

Antes de abrir a boca, reflita: "O que eu vou falar tem solução? Eu quero resolver ou quero descarregar?" Quem só quer descarregar, não resolve, destrói; quem quer restaurar, aprende a falar sem ferir.

Oração

Senhor, ensina-me a falar com verdade e equilíbrio. Que eu não seja guiado pela minha raiva, nem pelas minhas suposições. Quero tratar as coisas como elas são, com clareza e com um espírito manso. Se for para conversar, que seja para construir, não para derrubar. Amém.

21 DE OUTUBRO

Deus não trabalha com fingimento

"O Senhor Deus detesta os mentirosos, porém ama os que dizem a verdade." (Provérbios 12:22)

Timóteo não foi escolhido por Paulo por causa de carisma, talento ou aparência. Ele foi chamado porque tinha algo raro: uma fé não fingida (2 Timóteo 1:5). Infelizmente, o que mais vemos hoje são pessoas forçadas nos bancos e nos púlpitos. Gente que canta, mas cujo coração está em outro lugar. Gente que ora, mas só repete frases decoradas. Gente que serve, mas não ama o Senhor com inteireza. Fingem adoração, fingem entrega, fingem santidade. Quando tudo desaba, elas dizem que Deus as abandonou, sem nunca terem estado, de fato, com Ele.

A fé fingida é cansativa e frustrante. Exige esforço constante para manter uma imagem. Por outro lado, a fé verdadeira, mesmo nos dias difíceis, carrega leveza e propósito. O Senhor não rejeita os imperfeitos, e sim os falsos. Ele prefere quem chora no altar com sinceridade a quem levanta as mãos sem verdade no coração.

Seja alguém de verdade. Não precisa saber tudo, fazer tudo, ser tudo. Só precisa ser honesto diante dEle. Deus transforma quem se entrega de verdade, porém não trabalha com máscaras. A autenticidade é o que sustenta ministérios duradouros.

Oração

Pai, tira de mim todo fingimento. Que a minha fé seja limpa, verdadeira, sem disfarces. Ensina-me a Te adorar com integridade, mesmo nos dias em que não sinto nada. Que eu não viva de aparência, mas de obediência. Cria em mim um coração puro e um espírito reto. Não quero ser mais um na multidão, quero ser Teu de verdade. Amém.

22 DE OUTUBRO

A ofensa revela a ferida

"[...] Mas eu lhe darei saúde novamente e curarei as suas feridas. Eu, o Senhor, estou falando." (Jeremias 30:17)

Como identificar nossas feridas emocionais? Elas se revelam sempre que algo nos ofende de forma desproporcional. Sempre que uma situação lhe desperta uma reação que nem você gostaria de ter, é sinal de que existe uma ferida emocional ainda não resolvida. Aquilo que o incomoda profundamente, que gera sentimentos negativos e descontrolados, em geral é um reflexo de algo que ainda não foi curado.

Você pode achar que está reagindo a uma pessoa, quando, na verdade, está reagindo a uma dor antiga. Quantas vezes você já se pegou perguntando: "Por que eu reagi desse jeito?" A resposta está em algo que ficou inconcluso lá atrás. A gente até tenta justificar ou se acostumar com certos padrões, mas, no fundo, sabe: tem algo dentro de nós que ainda precisa de cura.

Deus não ignora suas dores. Ele não espera que você esconda, negue ou finja que não sente nada. Ele quer entrar justamente onde dói, porque é ali que a transformação começa. Todavia, a cura só alcança quem decide viver na verdade. Enquanto você mascara, Ele respeita. Quando você se abre, Ele restaura. Toda ferida entregue nas mãos do Altíssimo, um dia, se torna um testemunho de cura.

Oração

Senhor, hoje quero ser sincero diante de Ti. Mostra-me onde ainda estou ferido. Ajuda-me a parar de reagir por dor e a começar a viver por cura. Toca nas minhas áreas escondidas, nas lembranças que ainda me afetam. Cura meu coração, renova minha mente, restaura o que foi quebrado em mim. Eu não quero apenas esconder, eu quero ser transformado. Em nome de Jesus, amém.

23 DE OUTUBRO

Cale-se por sabedoria

"Não critique o governo nem mesmo em pensamento e não critique o homem rico nem mesmo dentro do seu próprio quarto, pois um passarinho poderia ir contar a eles o que você disse." (Eclesiastes 10:20)

Nem tudo que você sente precisa virar fala. Nem tudo que você sabe precisa ser contado. A Bíblia é clara: até mesmo o que dizemos em segredo pode ser espalhado. Quando você estiver com quem não tem intimidade nem uma relação profunda, tampouco um entrosamento espiritual, não abra a boca mais do que deveria. Há quem esteja apenas esperando você falar.

José contou um sonho e foi odiado. Sansão contou seu segredo e perdeu a força. Ezequias mostrou seus tesouros e abriu portas para a destruição. A Bíblia não romantiza a exposição; alerta sobre ela. Existem pessoas que ouvem para distorcer ou que perguntam para usar sua fala contra você. Elas não precisam saber o que você está sonhando ou sentindo, nem o que o Pai está lhe revelando no secreto.

Cuidado com sua necessidade de validar suas conquistas. O que é sagrado não se mostra a quem não tem aliança com o altar. Palavras soltas em ambientes desonestos viram armas nas mãos erradas. Seja como Maria, que guardava tudo no coração. Há bênçãos que só florescem no sigilo.

Silêncio não é proteção, é discernimento. Quem fala demais, entrega a direção da própria vida a quem não tem compromisso com ela. Guarde o que Deus lhe deu. Em vez de provar o que sabe, preserve o que carrega. Tem palavras que o Pai confiou a você, não ao mundo.

Oração

Senhor, ensina-me a falar menos e a guardar mais. Dá-me discernimento para reconhecer onde não devo plantar sementes com minhas palavras. Guarda minha boca de conversas imprudentes e minha mente da necessidade de aprovação. Que eu só abra os lábios onde houver aliança, maturidade e verdade. Amém.

24 DE OUTUBRO

Vai passar muita gente pela sua vida

"O Senhor examina os que lhe obedecem e também aqueles que são maus [...]." (Salmos 11:5)

Você quer ser alguém segundo o coração de Deus? Então se prepare: vai passar muita gente pela sua vida! Algumas pessoas virão para prová-lo. Vai passar Saul, o líder que você serviu fielmente e que, ao perceber que a unção divina está sobre você, vai tentar destruí-lo. Vai passar Simei, cuja casa você abençoou, e, no dia da sua dor, ele vai chamá-lo de fracassado. Vai passar Doegue, que lutou ao seu lado, mas escolheu crescer traindo você. Vai passar Mical, que, mesmo dentro da sua casa, vai criticar sua forma de adorar.

Entretanto, não pense que é só dor! Vai passar Golias também. Um gigante que parece ameaça, mas é porta de promoção. Ele vai revelá-lo para o mundo e para si mesmo. Vai passar Samuel, que reconhece o que você carrega antes de todo mundo. Vai passar Natã, que vai apontar seus erros sem medo, confrontando-o não por ódio, mas por zelo da sua alma.

Todos eles fazem parte da jornada. Deus permite cada rosto, cada nome, cada momento; uns para testá-lo, outros para elevá-lo. Alguns para ensiná-lo sobre humildade, outros para treiná-lo em sabedoria. Um coração segundo o do Pai não é forjado apenas em palácios, mas no deserto, nos becos da alma, nos confrontos públicos e nas guerras internas.

Oração

Senhor, dá-me discernimento para entender quem é cada pessoa que passa pela minha vida. Que eu não me perca na dor, nem me exalte na vitória. Que eu entenda que cada confronto é uma forja, que cada traição é um teste. Ensina-me a não revidar, mas a confiar que Tu conheces o meu coração e estás me moldando para algo eterno. Amém.

25 DE OUTUBRO

Aprendendo a andar

"Os caminhos de Deus, o Senhor, são certos; os bons andarão neles, mas os pecadores tropeçarão e cairão." (Oséias 14:9)

Aquele que nunca caiu, é porque nunca tentou andar. Toda criança que aprende a caminhar passa pelo processo das quedas. Ninguém estranha ver um bebê caindo, nem sentencia, ao vê-lo tropeçar: "Esse não nasceu para andar." Esperamos que ele caia, crendo que se levantará. Logo, logo ele estará correndo pela casa!

A vida com Cristo também é assim. Muitos desistem antes de começar porque acham que não vão conseguir se libertar de tudo que ainda os prende. O medo de falhar com Deus paralisa. A consciência da salvação traz consigo a consciência do pecado e o desejo sincero de não entristecer mais o Senhor. Igualmente, surge a cobrança de querer mudar tudo de uma vez, mas não é assim que funciona.

Deus não o chama porque você é perfeito, e sim porque o ama. Quem ama, caminha junto no processo. A santificação é progressiva. Cristo não se assusta com as suas quedas, só espera que você não pare de tentar andar. Quanto mais íntimo você se torna dEle, mais firme fica. Sim, vão existir dias de tropeço; o que você não pode fazer é transformar a queda no seu endereço fixo.

Assim como uma criança, você também precisa se levantar. Se parar de tentar, vai depender sempre dos outros para carregá-lo, e Cristo quer ensiná-lo a andar com Ele.

Oração

Senhor, ensina-me a caminhar Contigo sem medo de tropeçar. Que eu não desista da jornada por causa das minhas fraquezas. Que o medo de cair nunca me impeça de começar. Ajuda-me a levantar quantas vezes for preciso, sabendo que o Teu amor não depende do meu desempenho, mas da Tua graça. Amém.

26 DE OUTUBRO

Nem toda voz deve ser ouvida

"[...] não acreditem em todos os que dizem que têm o Espírito de Deus. Ponham à prova essas pessoas para saber se o espírito que elas têm vem mesmo de Deus; pois muitos falsos profetas já se espalharam por toda parte." (1 João 4:1)

Mais importante do que saber que voz você deve ouvir, é discernir qual voz precisa ser ignorada. A serpente falou, Eva ouviu, Adão caiu, e a morte entrou no mundo. Em contrapartida, Lázaro ouviu a voz do Cordeiro e saiu da morte para a vida. Vozes não são neutras; carregam intenções espirituais.

Quando Jesus não permitiu que o demônio falasse, ensinou que nem todos estão prontos para ouvir tudo. Uma palavra mal dita pode envenenar uma mente despreparada. É por isso que o silêncio, às vezes, é a estratégia mais sábia de proteção espiritual. Satanás é astuto, ofereceu pão a quem é o próprio Pão, e rocha a quem é a Rocha Eterna (Mateus 4:1-4). Se nem Jesus respondeu tudo, quem somos nós para dar ouvidos a qualquer sugestão?

Adão caiu comendo. Sansão caiu tocando no que não podia comer. E Jesus venceu ao recusar o pão oferecido no deserto. Aquilo que você alimenta define o que vai dominá-lo. Não negocie com vozes que contradizem o que Deus já falou. Não permita que palavras contrárias à verdade entrem no seu coração.

Nem tudo o que soa espiritual vem do Pai das luzes. Aprenda a testar o espírito por trás da voz. Nem tudo que parece pão alimenta, e nem toda fala é inofensiva. Quando você silencia a voz errada, abre espaço para ouvir com clareza a voz do céu.

Oração

Senhor, dá-me discernimento para identificar as vozes que não vêm de Ti. Ensina-me a calar o que pode me afastar da Tua vontade e a me apegar à Tua Palavra. Que eu não aceite sugestões disfarçadas de conselhos, nem me alimente daquilo que contamina. Guia meus ouvidos, meu coração e minha atenção. Em nome de Jesus, amém.

27 DE OUTUBRO

Quando só sobram folhas

"Vendo uma figueira à beira do caminho, aproximou-se dela, mas nada encontrou, a não ser folhas. Então lhe disse: 'Nunca mais dê frutos!' Imediatamente a árvore secou." (Mateus 21:19)

Religiosidade não tem cheiro de céu. Tem cheiro de hipocrisia disfarçada de santidade. É quando a aparência fala mais alto que a essência; quando o externo floresce, mas o interno já morreu há tempos. É parecer cheio de vida diante dos homens e estar seco diante de Deus. Religiosidade é se esconder atrás de títulos, cargos ou rituais, enquanto se recusa a amar. É ter a Bíblia decorada na mente, e um coração vazio de compaixão. É ignorar quem está ao lado pedindo ajuda, enquanto levanta as mãos nos cultos como se nada estivesse errado. É ter folhas verdes, mas nenhum fruto.

O Senhor não busca aparência, Ele busca a verdade. Por mais que consigamos disfarçar por um tempo, os que se aproximam, além do próprio Deus, logo percebem nossa esterilidade. Ninguém se alimenta de árvore que não dá fruto. Chega um momento em que nem as folhas conseguem esconder o que está ausente.

O Pai está nos chamando para frutificar, para que nossa fé seja vivida, não encenada. Para que nosso coração seja tão limpo quanto nosso discurso. Para que haja coerência entre o que pregamos e o que praticamos. Não dá mais para ser só folha. Deus quer frutos!

Oração

Pai, livra-me de uma fé de aparência. Que eu não seja alguém que Te adora com os lábios, mas Te nega com atitudes. Que haja verdade em mim, no meu amor, no meu serviço, na minha compaixão. Que eu frutifique, mesmo quando ninguém estiver olhando. Não quero só parecer Teu, quero ser Teu. Por inteiro. Amém.

28 DE OUTUBRO

Você ora, o céu sustenta

"[...] peço que sejam feitos orações, pedidos, súplicas e ações de graças a Deus em favor de todas as pessoas." (1 Timóteo 2:1)

Há momentos em que o cansaço bate tanto que a vontade de parar parece justa. Quando isso acontecer, olhe para quem está ao seu redor. Tem alguém sendo sustentado pela sua intercessão. Tem alguém respirando porque você decidiu não parar de clamar. Sua oração, mesmo que pareça fraca, é corda de resgate para quem está afundando.

Foi isso que Moisés entendeu diante dos amalequitas. Enquanto ele mantinha os braços erguidos, Israel vencia. Quando seus braços baixavam, o inimigo avançava (Êxodo 17:11). Não tinha a ver com a força dele, mas com a persistência. Quando Moisés cansou, Deus levantou ajudadores para manter seus braços firmes. Desistir nunca foi uma opção.

A vida de quem ora tem resistência espiritual. Sua oração é um escudo invisível! É um muro que o inimigo não atravessa. Você pode não ver, mas cada súplica sua está segurando um casamento, protegendo um filho, sustentando um ministério. Quando parece que você está sozinho, o Espírito vem e levanta os seus braços outra vez.

Não ore só por você. Ore por quem ainda não tem forças para orar. Ore por quem está preso em vícios. Por quem perdeu a fé. Por quem não consegue mais dobrar os joelhos. Há pessoas que só chegarão até Deus porque você decidiu permanecer de pé. Quando tudo passar, você vai entender: não era cansaço, era guerra.

Oração

Senhor, mesmo quando me sinto fraco, ajuda-me a continuar orando. Levanta meus braços quando eu não aguentar mais. Que eu não pare de interceder por aqueles que amo. Que minha fé sustente o que meus olhos não veem e que a força do Teu Espírito me mantenha firme até ver o milagre chegar. Amém.

29 DE OUTUBRO

A chave da grandeza é a simplicidade

"Ele livra da humilhação os pobres e tira da miséria os necessitados; ele faz com que eles sejam companheiros de governantes, dos governantes do seu povo." (Salmos 113:7-8)

Quanto mais simples você for, mais espaço Deus terá para engrandecê-lo. A simplicidade abre portas onde arrogância nenhuma entra. Isso não tem nada a ver com falta de inteligência, e sim com consciência de lugar. Jesus, sendo o mais profundo dentre todos, escolheu viver como o mais acessível. Sabia tudo, mas não andava explicando o tempo todo. Sua presença ensinava mais do que discursos complexos.

Atualmente, vemos o contrário. Pessoas que sabem pouco, mas querem parecer importantes. Gente pequena tentando forçar uma grandeza que ainda não tem. No fim, o que impressiona mesmo é quem se importa com o outro. Quem fala de um jeito que qualquer um entende. Quem não quer parecer superior, mas se mostra como igual.

A simplicidade o faz caber onde os soberbos não passam. O Senhor exalta os humildes, não porque eles são invisíveis, mas porque não disputam lugar com ninguém – chegam pequenos e, por isso, saem grandes. Já os que chegam inflados demais não encontram espaço nem para crescer.

Deus não aumenta ninguém que já se acha grande. Se você quiser ser promovido por Ele, comece pequeno. A grandeza espiritual começa quando você decide não ser o centro de nada. Só então o Pai o faz sentar com príncipes, não porque você exigiu, mas porque o céu o colocou lá.

Oração

Senhor, ensina-me a viver com simplicidade. Que eu nunca tente parecer maior do que sou, nem me esconda atrás de títulos ou palavras bonitas. Quero ter o coração limpo e o espírito ensinável. Que a minha grandeza venha de Ti, e não daquilo que os outros veem. Diminui meu ego e aumenta a Tua presença em mim. Amém.

30 DE OUTUBRO

Tem adeus que é recomeço

"Porém eu finjo que sou surdo e não ouço; eu me faço de mudo e não falo." (Salmos 38:13)

Algumas despedidas não acontecem de uma vez. Vão ocorrendo aos poucos, como quem vai fechando uma porta devagar. Você não se despede somente da pessoa. Você se despede da expectativa, do plano, do "e se". É um luto de algo que ainda vive, mas não dentro de você.

A dor é legítima, mas o que você faz com ela define o quanto vai durar. A panela de pressão da alma precisa ser aberta com sabedoria: aos poucos, em oração, sem pressa de parecer bem. Porque o adeus não se resume à ausência física, mas a cortar laços internos, e isso exige mais fé do que coragem.

Sabe o que mais atrasa a cura? Continuar tentando alimentar a presença de quem já não está mais: checar o status, revirar redes sociais, dar desculpas espirituais para continuar preso ao passado. Isso é autoengano. Fé é confiar que, se Deus permitiu a saída, também já preparou a chegada.

Despedidas não são fracassos. Às vezes, são livramentos. Quando você coloca Deus como centro de tudo, até o luto vira uma alavanca. Priorize a presença dEle. Sirva no Reino. Busque ao Senhor de todo o seu coração. Quem aprende a se alimentar do Eterno, não se vende por migalhas humanas.

Oração

Senhor, ensina-me a me despedir com maturidade e paz. Que eu saiba abrir mão do que não vem mais de Ti, sem me agarrar ao que apenas me fere. Dá-me discernimento para reconhecer os recomeços que se iniciam com um adeus. Eu escolho Te colocar no centro de tudo. Guia meus passos para o novo. Amém.

31 DE OUTUBRO

O que tem na sua xícara?

"O homem sábio pensa antes de falar; por isso o que ele diz convence mais." (Provérbios 16:23)

Você só derrama o que está cheio dentro de você. Pode parecer que é o outro que provocou sua reação, mas a verdade é que o que sai de você revela o que já estava aí antes. A vida o chacoalha de tempos em tempos, e isso não é sinal de punição, é oportunidade de revelação. Você tem estado cheio do quê?

Muita gente acha que é madura, equilibrada, cheia de fé... até ser contrariada, até levar um esbarrão. Aí transbordam a raiva, as palavras duras, o ressentimento. Não foi o esbarrão que inventou isso, ele só revelou – o que está na sua xícara vai inevitavelmente se derramar nos momentos de tensão!

Também tem gente que, quando tudo desaba, consegue responder com paz e confiança. Essas pessoas não estão fingindo ser fortes, pois são cheias de algo maior: são cheias de Deus. E não é porque a vida delas é perfeita, mas porque aprenderam a cultivar o que realmente importa por dentro.

Você pode não ter controle sobre o que a vida vai permitir esbarrar em você, porém tem total responsabilidade sobre o que vai carregar. Por isso, cuide do seu conteúdo. Vai chegar o dia em que a vida vai sacudir você, e todos ao redor vão ver quem você é, sem filtro. Quando isso acontecer, que fique claro que você é filho do Pai.

Oração

Pai, ajuda-me a cuidar do que tenho dentro de mim. Que o meu coração esteja cheio de coisas que vêm de Ti: paz, mansidão, fé, amor, domínio próprio. Que, mesmo quando a vida me apertar, o que sair de mim seja fruto do Teu Espírito. Purifica os meus pensamentos, cura minhas reações e enche minha xícara com a Tua presença. Amém.

ANOTAÇÕES

Novembro

Temos um encontro marcado todo dia 1º às 8h.
Escaneie o QR code para acessar nossa
plataforma e participar da live deste mês!

Mais um mês,
mais uma oportunidade de Deus para você.

Antes de começar as leituras deste mês, separe alguns minutos para olhar para dentro. Use este espaço com sinceridade e intencionalidade.

Em *Objetivos do Mês*, escreva o que deseja viver com Deus nos próximos dias. Pode ser uma mudança de hábito, uma área da vida que precisa de cura, algo que você queira desenvolver espiritualmente ou até mesmo um simples "quero permanecer firme". Não escreva com pressa. Escreva com fé.

Em *Motivos de Gratidão*, liste tudo aquilo que, mesmo singelo, merece ser lembrado com um coração agradecido. A gratidão transforma a sua forma de enxergar a vida — ela ancora você no que Deus já fez e prepara seu coração para o que Ele ainda vai fazer.

Objetivos do Mês

○ ______________________________

○ ______________________________

○ ______________________________

○ ______________________________

○ ______________________________

Motivos de Gratidão

____

____

____

____

____

1º DE NOVEMBRO

Você é a resposta de alguém

"Sigam o meu exemplo como eu sigo o exemplo de Cristo." (1 Coríntios 11:1)

Tem gente observando você. Sem que diga uma palavra, sua vida está pregando o evangelho para alguém — seja um vizinho, um colega de trabalho, um parente descrente ou até mesmo uma pessoa da sua igreja que está desanimada. Sem saber, sua fidelidade tem se tornado esperança para quem achava que não era mais possível continuar.

Muitos escutam a Palavra, mas buscam referências vivas, gente que lhes mostre que ser íntegro é uma opção, mesmo com as lutas e a pressão do dia a dia; amar, mesmo sendo ferido e ofendido... Quando eles olham para você e percebem que, apesar das dificuldades, você não parou, algo dentro deles desperta!

Por isso, não despreze sua caminhada. Embora haja provações e você se sinta pequeno de vez em quando, saiba que Deus está usando sua perseverança como um sinal. Você pode até não ver, mas alguém está sendo tocado pela sua postura.

Continue sendo fiel. Você não está sozinho. O Senhor permanece fiel a você e está escrevendo sua história com um propósito. Até os capítulos mais silenciosos têm o poder de alcançar alguém que está precisando ver que ainda é possível crer.

Oração

Senhor, ajuda-me a lembrar que a minha vida também é uma mensagem. Que, ainda que eu me sinta fraco ou insignificante, Tu estás me usando. Dá-me forças para continuar fiel, inclusive quando ninguém parece notar. Que a Tua fidelidade sobre mim desperte esperança nos que estão à minha volta. Amém.

2 DE NOVEMBRO

O que Deus lhe dá não destrói o resto

"A bênção do Senhor Deus traz prosperidade, e nenhum esforço pode substituí-la." (Provérbios 10:22)

Deus não entrega bênçãos com peso de culpa. Não há propósito divino que exija o colapso da sua casa, nem ministério que precise do seu casamento em ruínas para prosperar. O que vem dEle flui sem arrastar para o abismo aquilo que Ele mesmo plantou em outras áreas da sua vida.

Se você está animado com algo que parece dar muito certo, mas que, silenciosamente, tem drenado sua paz, seus vínculos e sua comunhão com o Pai, pare. Reflita. Nem toda porta aberta foi escancarada pelo céu. O que é de Deus, soma; o que é do inimigo, isola, cega, consome e depois cobra um preço caro demais.

A obsessão por qualquer coisa, mesmo que a princípio nobre, pode se tornar uma idolatria. O problema dos ídolos é que, uma vez entronizados, passam a exigir sacrifícios. Primeiro, o tempo. Depois, a saúde. E, então, os relacionamentos, a fé... Quando percebem, muitos já estão no fundo do poço, abraçados a um troféu que custou tudo o que realmente importava.

O que é de Deus não fragmenta sua vida. Ele é quem integra, alinha propósitos e estabelece equilíbrio. Se algo está exigindo demais de você, à custa de deixar o restante em frangalhos, talvez não seja bênção, mas distração, ou, pior, armadilha.

Oração

Senhor, abre os meus olhos para reconhecer o que vem de Ti e o que me afasta de Ti. Não quero me enganar com aquilo que parece bênção, mas me desconecta do essencial. Dá-me discernimento para recuar quando for necessário e coragem para preservar o que realmente importa. Em nome de Jesus, amém.

3 DE NOVEMBRO

As pessoas certas nem sempre são as mais agradáveis

"É melhor ouvir a repreensão de um sábio do que escutar elogios de um tolo." (Eclesiastes 7:5)

Procuramos boa companhia, mas o que nos transforma é a convivência com as pessoas certas. Às vezes, Deus vai colocá-lo ao lado de pessoas que não são fáceis, mas servem exatamente para o seu momento. Gente que fala o que você precisa ouvir, não o que massageia o seu ego; que não tem a fala doce, mas carrega sabedoria; que não faz média, e sim a diferença.

É fácil acompanhar quem nos apoia e aplaude. Difícil é permanecer perto de quem nos confronta. Porém, esses confrontos nos alinham. A pessoa certa para a sua vida pode ser a que mais o incomoda em um primeiro momento. O Senhor a escolheu para posicionar você!

A Bíblia diz que é melhor ouvir a repreensão de um sábio do que as canções agradáveis do tolo — o tolo encanta, mas não edifica; o sábio incomoda, mas desperta. Às vezes, o ambiente certo para o seu crescimento é justamente aquele em que você se sente desafiado a amadurecer!

Nem toda pessoa agradável é estratégica. Ore pedindo discernimento para reconhecer quem são as pessoas certas, escolhidas como instrumento do céu para endireitar você.

Oração

Senhor, ensina-me a reconhecer as pessoas certas para a minha vida, mesmo que não sejam as mais agradáveis. Dá-me humildade para receber conselhos, sabedoria para discernir os ambientes em que devo permanecer e maturidade para valorizar quem me impulsiona, mesmo quando me confronta. Amém.

4 DE NOVEMBRO

Obediência não é opcional

"Eles dizem que conhecem a Deus, mas o que eles fazem mostra que isso não é verdade. Estão cheios de ódio, são rebeldes e não são capazes de fazer nenhuma coisa boa." (Tito 1:16)

Poucas palavras incomodam mais o ego humano do que esta: obediência. É que obedecer exige reconhecer autoridade, e isso fere o orgulho de quem foi treinado a acreditar que sua vontade é soberana. Vivemos em uma geração que confunde graça com licença, e liberdade com autonomia absoluta. Mas o evangelho verdadeiro continua sendo sobre um Senhor que nos salva e governa.

Cristo não morreu para que você fosse dono de si, mas para que você fosse livre do pecado e passasse a viver sob um novo comando. Chamá-lo de Senhor e ignorar Suas ordens é contraditório. Jesus mesmo perguntou: "Por que vocês me chamam 'Senhor, Senhor', e não fazem o que eu digo?" (Lucas 6:46). A obediência não é um adereço espiritual, é o selo de quem nasceu de novo.

Aquele evangelho confortável que diz "Deus o ama do jeito que você é e ponto", sem qualquer chamado à transformação, é uma armadilha. Ele ama, sim, mas é Senhor – amor sem senhorio não é graça, é desvio. E a Bíblia aponta que quem diz conhecer o Pai, porém vive em desobediência, nega-O com suas atitudes.

Talvez você tenha assinado um contrato sem ler as cláusulas, mas hoje é dia de resgatar a verdade: seguir a Jesus é uma entrega de vida, não apenas de palavras.

Oração

Senhor, eu reconheço que muitas vezes chamei o Teu nome sem viver conforme a Tua vontade. Perdoa-me pelas vezes em que confundi liberdade com desobediência. Ensina-me a Te honrar com minha vida, com meus passos, com minhas escolhas. Quero ser fiel, mesmo quando obedecer for difícil. Que o Teu senhorio seja real em mim. Amém.

5 DE NOVEMBRO

Você não foi criado para agradar ao público

"Por acaso eu procuro a aprovação das pessoas? Não! O que eu quero é a aprovação de Deus. Será que agora estou querendo agradar as pessoas? Se estivesse, eu não seria servo de Cristo." (Gálatas 1:10)

Você não foi criado para caber nas expectativas do público. Se tentar, vai falhar. Suas forças não sustentam o peso da opinião alheia. Sua saúde não suporta a cobrança de quem quer o seu desempenho, mas não conhece o seu coração. Sua família sofre quando você vive mais para "parecer bem" do que para estar em paz.

A expectativa humana é uma prisão sutil; vem embalada em elogios, palmas, curtidas e sorrisos, mas, por dentro, consome. Quanto mais tentamos corresponder àquilo que esperam de nós, mais distantes ficamos daquilo que Deus deseja realizar em nós e através de nós. O Espírito sopra onde quer; se estamos distraídos demais tentando impressionar os outros, perdemos o Vento que nos move.

Você não foi criado para se adaptar às demandas do mundo. Foi separado para responder à voz do céu, que não o chama para performar, mas para ser. Quando o Espírito sopra, não procura quem agrada todo mundo, e sim quem está disponível para obedecer.

É tempo de esvaziar sua alma das cobranças que Deus nunca colocou sobre você. O céu não espera que você seja perfeito, só que esteja sensível ao sopro.

Oração

Senhor, eu não quero mais viver refém da expectativa alheia. Ensina-me a ouvir o céu mais do que os aplausos, a me guiar pelo Teu Espírito, e não pela pressão dos outros. Livra-me do peso de tentar agradar e ajuda-me a viver com os olhos voltados para Ti. Que o Teu sopro me conduza, me corrija e me fortaleça. Em nome de Jesus, amém.

6 DE NOVEMBRO

Não dê lugar ao inimigo

"Não ajam como pessoas sem juízo, mas procurem entender o que o Senhor quer que vocês façam." (Efésios 5:17)

Nem sempre a queda de alguém começa com uma grande rebelião. Em geral, basta uma pequena brecha. Judas caminhava com Jesus, ouviu tudo, viu milagres, partilhou do pão. Ainda assim, cedeu – ele deixou um espaço não tratado dentro de si, e o inimigo usou exatamente esse espaço.

A Palavra diz: "Então Satanás entrou em Judas" (Lucas 22:3). Não foi de repente. Primeiro, a cobiça; depois, a negociação; por fim, a traição. Judas não caiu de uma vez; foi cedendo aos poucos. Por isso, recebemos o alerta de não dar lugar ao diabo (Efésios 4:27). Ele não precisa de portas escancaradas; uma fresta da janela aberta basta para começar o estrago.

Hoje, muitas brechas continuam sendo abertas nos olhos que não se desviam, nos desejos que não são entregues, nas decisões que não são levadas à oração. E o preço? Casamentos falidos, filhos distantes, sonhos roubados, ministérios afundados. Não há promessa que se sustente se o inimigo estiver sentado à mesa conosco enquanto fingimos estar tudo bem.

Onde há vigilância, há proteção. Onde há entrega, há cobertura. O Eterno deseja nos guiar, mas precisa de nossa ajuda, também. Ele não invade, Ele instrui. Quando obedecemos, a paz volta, a direção chega e a vitória se estabelece.

Oração

Senhor, abre os meus olhos para as brechas que deixei. Se houver em mim qualquer espaço que o inimigo possa usar, revela-me com clareza e ensina-me a fechar cada um deles com a Tua presença, verdade e vontade. Quero viver de forma íntegra, sem dar lugar ao mal. Guarda minha mente, meu coração, meus passos. Que a Tua vontade seja meu norte, e a Tua voz, minha segurança. Em nome de Jesus, amém.

7 DE NOVEMBRO

O pouco com Deus

"É melhor ser pobre e temer a Deus, o Senhor, do que ser rico e infeliz." (Provérbios 15:16)

O mundo nos ensinou a associar felicidade com quantidade – mais dinheiro, mais conquistas, mais reconhecimento. No entanto, a Palavra nos convida a mudar o referencial: o quanto se tem não é importante em comparação a companhia de quem se está. O pouco com Deus é muito. O muito sem Deus é nada.

O texto bíblico acima não faz apologia à escassez, nos lembra apenas de onde vem a verdadeira segurança. O justo é feliz com pouco, não porque ele se contenta com menos, mas porque sabe que aquilo que tem é sustentado pelo Senhor. Ter o Pai nunca é pouco.

A nossa visão sobre a vida define o nosso contentamento. Jó fez um pacto com os próprios olhos porque entendeu que a forma como via as coisas poderia contaminá-lo ou purificá-lo. Às vezes, não é a vida que está bagunçada, é o nosso olhar que está distorcido. Olhos amargurados veem falta em tudo. Olhos gratos veem milagre até nas pequenas coisas.

Oração

Senhor, ensina-me a encontrar alegria no que vem das Tuas mãos. Que eu aprenda a valorizar o pouco, se for com a Tua presença, e a recusar qualquer abundância que me afaste de Ti. Alinha os meus olhos, os meus desejos e a minha percepção, para que eu veja com clareza o que realmente importa. Que o meu coração esteja cheio não do que possuo, mas de Quem habita em mim. Amém.

8 DE NOVEMBRO

Confie e entregue

"Escutem, vocês que temem o Senhor e obedecem às ordens do seu servo: se o caminho em que andam é escuro, sem nenhum raio de luz, confiem no Senhor, ponham a sua esperança no seu Deus." (Isaías 50:10)

Confiar de verdade é renunciar o controle, mesmo quando a alma pede explicações. É tomar decisões responsáveis, sim, mas com o coração ancorado em uma certeza: Deus é quem cuida do que não está ao meu alcance. Há um limite claro entre o que nos compete e o que pertence ao invisível. Transposto esse limite, tudo o que resta é a fé.

Você não é capaz de prever o amanhã. Quando tentamos antecipar todas as variáveis da vida, adoecemos. Deus, que é eterno, já está lá. O que ainda é futuro para você, Ele já viu, já redimiu, já preparou. Isso não anula sua responsabilidade, mas sustenta sua confiança. Faça a sua parte. Caminhe com sabedoria. O que for inevitável, deixe nas mãos daquEle que não falha.

Isaías nos lembra que, mesmo andando em trevas, sem nenhum raio de luz, é possível confiar, porque a fé não é enxergar o caminho, é confiar em Quem segura sua mão no escuro. Quando você entrega seu futuro ao Senhor, troca a ansiedade pela paz. Essa entrega é mais poderosa do que qualquer planejamento humano!

Então, planeje e se mova, mas com o coração sossegado. Há coisas que só Deus pode resolver. O futuro não pertence aos ansiosos, pertence aos confiantes.

Oração

Senhor, hoje eu entrego nas Tuas mãos tudo aquilo que eu não posso controlar. Eu escolho confiar, mesmo quando não vejo. Ajuda-me a caminhar em paz, a fazer a minha parte com responsabilidade, e a não carregar o peso do que pertence somente a Ti. Que a minha fé esteja firmada em Ti, e não nas circunstâncias. Amém.

9 DE NOVEMBRO

Fale com sua alma

"Deus é tudo o que tenho; por isso, confio nele." (Lamentações 3:24)

Tem momentos em que não adianta conversar com ninguém. Nem o melhor conselho consegue acalmar o que está inquietando sua alma. É nessa hora que você precisa fazer o que o salmista fez: conversar consigo mesmo. Enfrentar o espelho e declarar, com autoridade espiritual: "Volta, minha alma, ao seu sossego. Deus já cuidou de você antes, Ele não vai falhar agora."

Falar com a própria alma não é loucura, é fé. O salmista fazia isso constantemente, colocando-se no lugar de ouvinte da própria crença. Em vez de ser arrastado pela angústia, ele assumia o volante da sua confissão. A alma, quando deixada solta, tende a esquecer as promessas, por isso precisamos nos lembrar de quem é o nosso Deus.

O versículo de Lamentações, na Nova Versão Internacional (NVI), nos mostra isso de forma clara: "Digo a mim mesmo: a minha porção é o Senhor." Não é uma sensação. É uma decisão. É uma conversa firme entre você e a sua alma. Quando tudo parece incerto, a firmeza que nos mantém de pé é um coração que escolhe esperar, apesar do medo.

Hoje, antes de tentar explicar para os outros como você está, converse com a sua alma. Diga que ela tem um Deus; que não foi esquecida; que ela vai, sim, cantar outra vez. Deus já foi bom demais com você. E Ele não mudou!

Oração

Senhor, ensina-me a falar com a minha alma em tempos de caos. Dá-me coragem para enfrentar minhas sombras com fé. Que eu não espere pelo ânimo externo, mas que me alimente da Tua verdade. Que eu saiba me lembrar do que já fizeste, mesmo quando tudo grita o contrário. Tu és a minha porção, e a minha esperança continua firme em Ti. Amém.

10 DE NOVEMBRO

O que você ainda não vê

"Ainda não chegou o tempo certo para que a visão se cumpra; porém ela se cumprirá sem falta [...]." (Habacuque 2:3)

Ter visão não é um exercício dos olhos, mas da fé. Tem quem só acredite no que vê, mas os que caminham com Deus aprendem a ver o que ainda não chegou. É como a história de Walt Disney. Quando decidiu construir a Disney na Flórida, um terreno pantanoso e sem prestígio à época, acharam loucura. Ele morreu antes da inauguração do parque. No dia em que os portões se abriram, alguém comentou: "Uma pena ele não ver isso", ao que outro respondeu: "Ele já tinha visto. Nós é que estamos vendo o que ele enxergou primeiro." Essa é a diferença entre ver e ter visão: os olhos veem o agora, a fé enxerga o futuro.

Habacuque nos lembra que as visões divinas acontecem no tempo certo. Então, por que viver preso àquilo que seus olhos estão captando, se o Senhor já lhe mostrou algo no espírito? O risco de viver só pelo que se vê é achar que o presente define tudo. Quando o passado vira modelo, o futuro vira repetição. Quem tem visão de Deus, rompe ciclos, enxerga o novo e crê no invisível.

O Pai está chamando você para viver assim, com os olhos firmados não no que você sente, mas no que Ele prometeu. Hoje, alimente sua fé mais do que seus sentidos. O que o Senhor lhe mostrou não era ilusão, era semente. Se você guardar essa visão com fé, ela vai florescer.

Oração

Pai, eu quero aprender a viver pela visão que vem do Teu Espírito, e não pelos meus olhos limitados. Ensina-me a confiar no que ainda não vejo, mas naquilo que já foi gerado no céu. Dá-me perseverança para não abandonar sua promessa. Que eu caminhe com base na Tua Palavra, e não nas circunstâncias. Amém.

11 DE NOVEMBRO

As três respostas do céu

"O Senhor Deus é bom. Em tempos difíceis, ele salva o seu povo e cuida dos que procuram a sua proteção." (Naum 1:7)

Deus sempre responde. Pode não ser do jeito que você esperava, nem na hora desejada, mas responde. Há três caminhos de onde a resposta dEle pode vir: o "sim" que acalma, o "não" que protege e o "ainda não" que prepara.

Quando o Senhor diz "sim", a alma reconhece. A paz se instala no nosso coração. Os caminhos se abrem, confirmações aparecem, e o Espírito testifica. É hora de avançar, declarar, se posicionar. O "sim" de Deus tem a força de mil confirmações humanas.

Quando diz "não", nossos sentimentos se revoltam, nossas expectativas se frustram. Porém, é justamente nesse "não" que o amor de Deus se manifesta. Portas fechadas, contratos cancelados e relacionamentos encerrados são livramentos disfarçados de frustração. O "não" de Deus é um muro entre você e o abismo.

Quando diz "ainda não", vivemos a espera. O tempo parece não andar. Você já orou, jejuou, fez tudo certo, mas ainda não aconteceu. Lembre-se, porém, que você está em processo de construção. O Pai está dizendo: "Sim, mas não agora." Nesse caso, exige-se algo mais precioso do que o entusiasmo: a perseverança.

Seja qual for a sua resposta, confie. O Senhor está protegendo você, guardando-o de perigos e preservando propósitos que você ainda não entende. O céu não falha, mesmo quando se cala.

Oração

Senhor, ajuda-me a confiar na Tua resposta, seja ela qual for. Dá-me paz quando disseres "sim", humildade para aceitar o "não", e paciência para esperar pelo "ainda não". Que minha fé não dependa das circunstâncias, mas da Tua fidelidade. Tu és bom em todo tempo e justo em todas as Tuas decisões. Em nome de Jesus, amém.

12 DE NOVEMBRO

Eu só quero o que é meu

"Não cobice a casa de outro homem. Não cobice a sua mulher, os seus escravos, o seu gado, os seus jumentos ou qualquer outra coisa que seja dele." (Êxodo 20:17)

Existe uma paz profunda que habita o coração de quem sabe esperar por aquilo que é seu. Quando você entende que o que Deus tem para a sua vida não está nas mãos de ninguém, não há motivo para comparação, disputa ou inveja. A vida do outro pode até inspirá-lo, mas nunca deve ser sua medida.

Não queira o carro de ninguém. Nem a casa, nem o ministério, nem o casamento, nem a aparência, nem o faturamento. Quem deseja o que é do outro se esquece de cuidar do que tem. Quando a mente se ocupa demais com a grama do vizinho, o próprio jardim morre por falta de rega.

A inveja é uma sabotagem silenciosa. Rouba sua alegria, bloqueia sua gratidão e o cega para o que Deus está fazendo em você. Por outro lado, a honra multiplica. Celebre os que estão prosperando. Bata palma de verdade. Parabenize com sinceridade. Quem honra o que é dos outros, se prepara para receber o que é seu.

Ore assim: "Deus, eu não quero nada de ninguém. Só quero o que é meu." Enquanto você ora, está semeando. Suas escolhas de hoje são sementes, e o Eterno é um excelente multiplicador. Cada passo de obediência, cada decisão íntegra, cada atitude de humildade é como uma semente poderosa que, no tempo certo, vai gerar uma colheita tão única quanto você.

Oração

Senhor, livra o meu coração de toda comparação e cobiça. Ensina-me a esperar o que é meu, a honrar o caminho dos outros e a regar com gratidão o meu próprio jardim. Eu confio que separaste porções únicas para a minha vida. Que cada escolha minha seja uma semente de sabedoria para uma colheita que carrega a Tua assinatura. Amém.

13 DE NOVEMBRO

Quando a crítica vem da igreja

"Mas eu abençoarei aquele que confia em mim, aquele que tem fé em mim, o Senhor." (Jeremias 17:7)

Eu não sei exatamente o que Penina dizia para Ana, mas sei que Penina não era uma mulher de Deus, porque gente de Deus não vive para causar dor no outro. Gente de Deus é bálsamo, é consolo, é ombro; ajuda a carregar o peso, não adiciona mais carga em cima de quem já está curvado.

Ao lermos 1 Samuel 1:6, podemos imaginar o tipo de ataque que Ana recebia: "Você não vive orando? Não vive na igreja? Não vive se derramando diante do Senhor? E continua aí, estéril, doente, chorando? Eu nem crente sou e estou cheia de filhos!" Pessoas assim são assassinas de sonhos. Querem convencê-lo de que, se a sua fé fosse real, sua vida seria perfeita. Contudo, não é isso que a Bíblia ensina!

Ana é um retrato de maturidade. Mesmo ferida, não abriu mão da sua fonte. Mesmo provocada, não deixou de ir ao templo. Mesmo silenciada por dentro, continuou orando. Ela sabia que sua dor não desmentia a fé. Você precisa entender isso também! Ana não perdeu a fé por causa da dor, e você também não pode perdê-la.

Guarde isto: dentro da igreja, tem Penina, mas também tem Ana. Tem gente amarga, sim, mas tem gente que ora com você. Tem gente que critica, mas tem gente que intercede. Não deixe que as provocações dos outros silenciem o seu clamor.

Oração

Senhor, guarda meu coração da amargura, da comparação e das vozes que tentam calar minha fé. Ensina-me a ser como Ana: persistente, fiel e confiante, ainda que em meio à provocação. Que eu não me torne como Penina, nem use minha boca para ferir alguém em oração. Dá-me maturidade para permanecer na Tua presença, mesmo quando parece que nada muda. Eu confio em Ti. Amém.

14 DE NOVEMBRO

Amplie suas fronteiras

"Aumente a sua barraca, torne ainda maior o lugar onde você mora e não faça economia nisso. Encompride as cordas da barraca e pregue bem as estacas." (Isaías 54:2)

Talvez você esteja acomodado. Se acostumou com pouco porque acha que não merece mais, ou porque alguém fez você acreditar que sonhar grande é orgulho. Mas não é. O texto de Isaías nos mostra um Deus que nos chama para a expansão, para alargar as nossas tendas.

Jabez fez esse tipo de oração. Ele não pediu riqueza e mais território por vaidade, mas porque queria ser um instrumento maior nas mãos de Deus (1 Crônicas 4:10). Jabez não aceitou ser definido pelo nome que lhe deram, cujo significado era "dor", nem se resignou à limitação do passado ou à expectativa alheia. Ele reagiu. Desejou crescer e abençoar. E o Senhor lhe atendeu!

A zona de conforto é um lugar silenciosamente destrutivo. Parece segura, mas esconde as sementes que nunca foram plantadas. Sua alma foi feita para crescer, e crescer dói. O risco de não crescer, porém, é ainda maior: viver uma vida que não honra o potencial que Deus colocou em você.

Hoje, o Eterno o chama para expandir; expandir seus pensamentos, sua fé, sua visão. Você não nasceu para viver à margem. Deus quer usá-lo com mais impacto, mais autoridade e mais alcance. Para tanto, você precisa desejar sair do lugar estreito e alargar a tenda, firmar suas estacas e ir além.

Oração

Senhor, livra-me do comodismo. Eu não quero viver preso em limitações que não foram determinadas por Ti. Alarga meus horizontes, amplia minha visão, fortalece minha fé. Se há mais território para ocupar, mais pessoas para alcançar, mais propósito para cumprir, então me conduz para lá. Que a minha vida não fique marcada pela mediocridade, mas pela Tua glória. Amém.

15 DE NOVEMBRO

Nem todo mundo vai com você

"[...] O povo voltará para você, mas você não deve voltar para eles." (Jeremias 15:19)

Toda vez que Deus quer nos levar para um próximo nível, faz uma separação. Nem sempre é porque alguém foi ruim conosco, às vezes é porque aquela pessoa não cabe no propósito. Há conexões que foram importantes por um tempo, mas não podem permanecer para onde o Senhor quer levá-lo. Se você insistir, a bagagem emocional do outro vai travar sua caminhada.

Abraão teve que deixar sua terra, sua parentela, e seguir um caminho solitário para herdar a promessa. No entanto, ele insistiu em levar Ló, que acabou sendo um peso, gerando conflito e atraso. Só depois que Ló se separou do grupo é que Deus mostrou a terra a Abraão. Às vezes, você só vai enxergar o que o Pai tem quando deixar ir quem tanto tentou segurar.

O versículo de hoje nos ensina que existem pessoas que o Senhor já tirou da sua vida, mas você insiste em resgatar. Só que voltar para quem Ele o mandou deixar é o mesmo que retroceder. É impossível seguir rumo à promessa arrastando quem não tem estrutura para a jornada.

Nem todo mundo vai entender o que você carrega. E tudo bem! Honre o que foi bom, libere em amor o que precisa ir, e siga com quem caminha na mesma direção. Aprenda a perder pessoas para não perder a si mesmo, nem a Deus.

Oração

Senhor, dá-me discernimento para entender os ciclos que precisam terminar. Ensina-me a lidar com as perdas que fazem parte do Teu processo. Tira do meu coração o apego a conexões que não me levam mais para o centro da Tua vontade. Que eu saiba abrir mão de quem não caminha mais comigo sem mágoa, mas com obediência. Amém.

16 DE NOVEMBRO

Quem tem uma palavra, tem tudo

"Mas eu não me sinto envergonhado, pois o Senhor Deus me ajuda. Por isso, eu fico firme como uma rocha e sei que não serei humilhado." (Isaías 50:7)

As pessoas ao seu redor não vão entender, nem precisam. Quem não ouviu o que você ouviu, não entende a firmeza do seu posicionamento. O mundo vê loucura, exagero, fanatismo. Mas você sabe o que ouviu! Você sabe o que Deus falou no secreto. Quem tem uma palavra do céu, tem tudo o que precisa para permanecer em pé, mesmo quando tudo grita "acabou".

A mulher sunamita, em 2 Reis 4:26, disse: "Está tudo bem", mesmo com o filho morto no quarto. Ela não estava negando o problema nem a dor, estava apenas declarando sua fé no Deus que havia lhe prometido aquele filho. Quem tem promessa, não se curva à aparência das circunstâncias.

Vão chamar você de doido, rir do seu posicionamento e questionar sua esperança. Todavia, você não está vivendo para convencer ninguém! Você está vivendo a partir do que Deus lhe disse.

O versículo de hoje revela o segredo dos que caminham convictos: "Eu fico firme como uma rocha." Quem está alinhado com o céu, pode parecer louco na terra, mas carrega a aprovação mais importante que existe: a do Senhor.

Continue profetizando, mesmo que pareça impossível. Continue orando por um casamento em que ninguém acredita mais. Continue preparando o ambiente para algo que os outros acham que não vai acontecer. Quem tem a Palavra, tem tudo.

Oração

Senhor, eu quero caminhar segundo a Tua Palavra, mesmo que ninguém mais a entenda. Fortalece-me para que eu não me curve às opiniões humanas, nem me confunda com as circunstâncias. Eu sei o que ouvi, sei o que carrego, sei o que o Senhor prometeu. Ajuda-me a manter os olhos firmes, até que a Tua promessa se cumpra. Em nome de Jesus, amém.

17 DE NOVEMBRO

Não lave as redes antes da hora

"A riqueza que você perdeu não será nada comparada com o que Deus lhe dará depois." (Jó 8:7)

Os discípulos passaram a noite inteira pescando, sem sucesso. Quando amanheceu, lavaram as redes, expressão comum entre pescadores, que significa "por hoje, chega". Eles estavam prontos para encerrar. Mas Jesus chegou justamente no momento em que a esperança havia sido recolhida junto com as redes vazias. Ali, naquela praia, Ele mudou o rumo de tudo.

Talvez você também esteja nesse lugar, lavando suas redes, convencido de que não há mais nada a fazer. Entretanto, o céu ainda não deu o veredito. Deus não trabalha apenas com começos, Ele também é especialista em recomeços. O fim da linha para você pode ser apenas o ponto de partida para Ele.

Na Bíblia, não existe aposentadoria espiritual. Enquanto há vida, há propósito. É melhor sofrer por não ter conseguido do que se frustrar por nunca ter tentado. A história não conta a jornada dos que desistiram no meio do caminho, mas dos que, mesmo cansados, continuaram. É melhor viver uma fase difícil dentro de uma grande história, do que passar a vida inteira em uma única fase.

Aquilo de que você está prestes a desistir pode ser o cenário da sua maior vitória amanhã! Não lave as redes antes da hora. Não encerre o que Deus ainda não terminou. Respire fundo, olhe para o céu e diga: "Senhor, sustenta-me com a Tua mão e ensina-me a tentar de novo."

Oração

Senhor, ajuda-me a não encerrar as histórias que ainda estás escrevendo. Dá-me ânimo para continuar, mesmo quando tudo parece perdido. Que minha fé não descanse nos resultados do presente, mas na Tua promessa de sustento e direção. Mesmo que eu caia, sustenta-me com a Tua mão. Eu confio que ainda há páginas novas para viver. Amém.

18 DE NOVEMBRO

A entrega que denuncia

"A pessoa que tem o Espírito Santo pode julgar o valor de todas as coisas, porém ela mesma não pode ser julgada por ninguém." (1 Coríntios 2:15)

Sempre que uma torre reta é construída, denuncia o que está torto ao redor. O mesmo acontece no ambiente espiritual. Quando alguém se entrega de verdade, essa entrega evidencia o quanto os outros estão vivendo na superficialidade.

Foi isso que aconteceu com a mulher que se lançou aos pés de Jesus e derramou sobre eles unguento (Lucas 7:37-38). Enquanto ela adorava, homens naquele ambiente a julgavam, pensando: "Se Ele fosse profeta, saberia quem é essa mulher." Mas Jesus, conhecendo os pensamentos deles, os confrontou: "Vocês não me deram água, nem beijo, nem honra. Ela está entregando tudo." O nível da entrega dela escancarou o vazio da entrega deles. Sua devoção os expôs; sua luz mostrou a escuridão alheia.

É sempre assim – quando algo genuíno é colocado diante de nós, tudo que é falso se constrange. A entrega real incomoda o comodismo. A paixão verdadeira escancara a apatia. A fé viva desafia a religiosidade morta. Não se surpreenda se sua intensidade for criticada; talvez não seja pessoal, apenas revela o quanto outros estão frios.

Jesus não estava interessado no passado daquela mulher, mas na entrega do presente. O céu sempre reconhece quem entrega tudo, mesmo quando a terra tenta ridicularizá-lo. Continue sendo inteiro e verdadeiro. Seu perfume não é desperdício, é honra.

Oração

Senhor, que minha entrega não dependa da opinião dos outros, mas da convicção que tenho do Teu valor. Dá-me coragem para ser intenso em um tempo de superficialidade. Que o meu perfume Te honre, apesar das críticas. Que a minha fé seja viva, visível e verdadeira, ainda que silenciosa. Eu escolho Te entregar tudo. Amém.

19 DE NOVEMBRO

O inimigo não respeita ofertas de paz

"Não deem ao Diabo oportunidade para tentar vocês." (Efésios 4:27)

Se não respeita sua casa, sua história, seus valores, por que você ainda insiste em manter por perto? Você curte, comenta, envia mensagem, aparece sorrindo nas fotos, faz de conta que está tudo bem... Depois, vem a angústia, o vazio, a frustração. Quem não o honra, não merece acesso.

Em um momento crítico, o rei Ezequias recebeu uma carta de afronta. O inimigo desafiou sua fé, zombou do Deus de Israel e tentou intimidá-lo com palavras e estratégias de medo. O rei não respondeu com bajulação, não tentou negociar, não enviou presentes para evitar o confronto. Ele subiu ao templo, rasgou a carta diante do Senhor e orou (Isaías 37:15-20), de modo que Deus enviou um anjo e destruiu o exército inimigo em uma única noite.

Quem oferece paz quando o Diabo declara guerra está assinando a própria derrota. O inferno não respeita quem se rende. Satanás não recua diante de tentativas de negociação ou de bajulação, mas diante da autoridade de quem sabe em quem crê. Tem coisa que não se responde com sorriso, mas sim com espada na mão e joelho no chão.

Pare de justificar quem só o enfraquece. Pare de chamar de honra o que é apenas medo. Há momentos em que a única resposta espiritual é: "Aqui, não." Não negocie com quem já declarou guerra ao que Deus construiu na sua vida. Posicione-se. Quem não honra, não permanece.

Oração

Senhor, dá-me discernimento para não me curvar quando devo resistir. Ensina-me a romper laços que desonram o que construíste em mim. Não me deixa oferecer paz onde o céu espera guerra espiritual. Que minha voz se levante com coragem, e que meu espírito permaneça firme. Eu pertenço a Ti, e em Ti sou guardado e posicionado.

20 DE NOVEMBRO

A máscara sempre cai

"Deus sabe por onde você anda e vê tudo o que você faz." (Provérbios 5:21)

Não existe personagem que aguente tempo demais em cena. Não há farsa que o tempo e a verdade não destruam. A hipocrisia vive da ilusão de que o oculto permanecerá assim para sempre. Mas a Palavra de Deus é pontual quando diz que tudo está nu e exposto diante dEle. Os bastidores da alma não são invisíveis aos olhos do Pai.

Você pode sustentar uma boa aparência, carregar um vocabulário bíblico, ter a agenda cheia de ministério, e ainda assim estar vivendo uma encenação. O Senhor não vê como o homem vê. Ele não é enganado por postagens, por discursos, por ensaios de espiritualidade. Ele sonda o íntimo. E conhece a motivação por trás do sorriso e a verdadeira intenção.

O grande perigo da hipocrisia é que, com o tempo, ela vira identidade. A pessoa começa encenando e termina acreditando que é aquilo. Mas Deus, em Sua graça ou juízo, expõe o que precisa ser curado. Ele derruba máscaras não para envergonhar, mas para libertar. Onde há verdade, há cura.

Seja honesto com Deus. Não espere que a queda pública seja o único caminho para a restauração. Permita que a verdade venha primeiro no secreto, no arrependimento, na transformação. Não finja ser quem ainda não é. Se entregue a Deus como está, porque Ele é o único que pode fazer você se tornar quem realmente deveria ser.

Oração

Senhor, sonda o meu coração. Revela o que há em mim que precisa ser confrontado. Eu não quero viver de aparência, nem me esconder atrás de falsos discursos. Que a Tua luz invada os bastidores da minha vida e limpe tudo que está oculto. Não quero sustentar máscaras, mas viver em verdade diante de Ti e dos homens. Amém.

21 DE NOVEMBRO

Corte a fofoca agora

"O mexeriqueiro espalha os segredos; por isso fique longe de quem fala demais." (Provérbios 20:19)

Tem gente que se comporta como secretária do inferno – chega de mansinho, falando: "me contaram", "fiquei sabendo", "ouvi por aí, mas não diz que fui eu que te disse"... Essas são as piores companhias que alguém pode ter. Elas não vêm trazer solução, vêm trazer peso. Não querem paz, querem plantar bomba emocional e sair de cena.

Toda carta sem remetente é uma bomba-relógio. Jogue-a fora! Se quem fala não assina, não se responsabiliza e ainda pede segredo, essa pessoa só quer confusão. É manipulação disfarçada de preocupação; fofoca mascarada de cuidado.

Aprenda a responder com firmeza: "Se você não pode dizer quem falou, então não diga o que foi dito." A honra está em cortar o mal pela raiz. A nobreza está em deixar o fofoqueiro sem palco. O que sustenta a fofoca é o ouvido que se inclina para ouvi-la. E o inferno celebra toda vez que você dá audiência para isso.

Seja conhecido como alguém que não tolera veneno disfarçado de informação. Não seja um depósito do lixo emocional de quem não quer mudança, só confusão. Se você quer paz, então precisa aprender a fechar a porta na cara da fofoca.

Oração

Senhor, guarda os meus ouvidos e a minha boca. Que eu não seja cúmplice do que não Te agrada e saiba discernir o que alimenta o mal disfarçado de conversa. Dá-me coragem para confrontar, sabedoria para silenciar e maturidade para não dar espaço ao que não edifica. Que a verdade, o amor e a paz guiem cada palavra que eu ouço e falo. Amém.

22 DE NOVEMBRO

Tem hora que é jejum

"O Senhor Deus diz: 'Mas agora voltem para mim com todo o coração, jejuando, chorando e se lamentando'." (Joel 2:12)

Existem batalhas na vida em que, mais do que pedir, você precisa clamar. Não basta falar, é preciso se recolher, jejuar e dizer: "Deus, ou o Senhor age, ou eu pereço." São momentos em que o coração está aflito, as forças se esgotam, e a única resposta possível é se dobrar diante do céu.

O jejum, que parece ultrapassado para nossa geração apressada, ainda é uma das ferramentas mais poderosas de rendição espiritual. Ele não manipula Deus, ele esvazia você. Não se trata de convencer o céu, mas de silenciar a carne para ouvir a direção dada.

Foi isso que Jesus ensinou aos discípulos quando eles falharam ao tentar expulsar um espírito. A pergunta deles foi legítima: "Por que não conseguimos?" E a resposta de Jesus foi: "Essa casta só sai com oração e jejum." Ou seja: há resistências espirituais que só caem quando o corpo se curva e o espírito se eleva.

Se você está em uma dessas batalhas difíceis, onde nada parece surtir efeito, talvez não seja hora de tentar mais, talvez seja hora de se render mais. De consagrar seus olhos, pensamentos, apetite e ansiedade. Jejum é entrega. É clamor!

Oração

Senhor, ensina-me a usar o jejum não como um rito religioso, mas como uma arma espiritual e expressão de total dependência. Quando tudo ao meu redor parecer sem solução, ajuda-me a me recolher no secreto, a jejuar com propósito e a confiar que pelejas por mim. Eu creio que existem vitórias que virão quando eu parar de lutar do meu jeito e passar a lutar com as armas do Espírito. Amém.

23 DE NOVEMBRO

O perigo das pequenas coisas

"Peguem as raposas, apanhem as raposinhas, antes que elas estraguem a nossa plantação de uvas, que está em flor." (Cânticos 2:15)

Na Califórnia, nos Estados Unidos, existem as maiores árvores do mundo, as sequoias. Elas resistem a tempestades, ventos violentos e até incêndios. São gigantes que impõem respeito. Certa vez, porém, uma dessas árvores colossais tombou! Não foi o vento, nem a tempestade; foram os cupins. Pequenos, discretos, quase invisíveis... e vorazes. Roeram tudo por dentro, até que não sobrou sustentação.

Quantos casamentos não são parecidos com essa situação? Resistiram às crises financeiras, às perdas, às pressões da vida, mas aos poucos foram sendo corroídos pela rotina, pela ausência de cuidado; pela falta de tempo a dois, de riso e de leveza. A destruição não veio de fora. Veio de dentro, com as pequenas negligências do dia a dia.

Não são apenas os pecados escandalosos que adoecem uma relação. Às vezes, é a falta de uma conversa sincera, o esquecimento de um abraço, a indiferença repetida. São as raposinhas "inofensivas" que estragam a vinha em silêncio, corroendo o essencial.

Cuide do que importa antes que a estrutura ceda. Amor não sobrevive só de intenção; ele precisa de expressão. Uma relação se fortalece com oração e com ação. O céu abençoa, mas quem cultiva é você.

Oração

Senhor, abre os meus olhos para enxergar as pequenas coisas que tenho deixado passar. Ensina-me a cuidar da minha casa, do meu casamento, das minhas relações mais importantes. Dá-me sensibilidade para perceber quando o "normal" virou nocivo e coragem para agir antes que seja tarde. Que o amor não se apague por falta de cuidado. Amém.

24 DE NOVEMBRO

Cale a boca, seu idiota

"O tolo pensa que sempre está certo, mas os sábios aceitam conselhos." (Provérbios 12:15)

Esta foi a última frase dita por um piloto antes de uma das maiores tragédias aéreas da história da aviação: "Cale a boca, seu idiota." O voo 965, que partia de Miami rumo a Cali, seguia normalmente: céu limpo, rota conhecida, piloto experiente. Mas, quando o alarme do avião começou a alertar, pedindo para subir, a soberba respondeu com desprezo. Em minutos, o avião caiu.

Parece uma tragédia distante, porém quantas vezes o Espírito Santo grita dentro de nós: "Volta. Recalcula. Cuidado com esse caminho."? Nossa resposta, mesmo que silenciosa, é parecida: "Agora, não. Eu sei o que estou fazendo." Ignoramos sinais, desprezamos conselhos, seguimos com a confiança inflada de quem acha que experiência basta, mesmo que a consciência já esteja alarmando.

Existem rotas que parecem seguras até não serem mais. O que começa como autoconfiança, muitas vezes termina em autossabotagem. O orgulho nos cega. A soberba recusa conselhos. Quando damos as costas à direção do Altíssimo, o resultado quase sempre é a queda.

É preciso coragem para mudar a rota, humildade para admitir ignorância e sensibilidade para ouvir o alarme interior que vem do céu. Deus ainda alerta e mostra. A questão é: você está ouvindo ou respondendo com arrogância?

Oração

Senhor, livra-me de um coração orgulhoso e de ouvidos surdos à Tua voz. Não quero andar por caminhos que só parecem seguros. Dá-me sensibilidade para reconhecer Teus alertas, Tuas correções e Teus redirecionamentos. Que eu não confie apenas em minha experiência, mas na Tua sabedoria. Se eu estiver prestes a errar, grita mais alto em mim. Eu me rendo à Tua direção. Amém.

25 DE NOVEMBRO

Veneno por trás dos dentes

"As palavras dos maus destroem os outros, mas a sabedoria livra do perigo os homens corretos." (Provérbios 11:9)

O pior tipo de veneno do mundo não vem de serpente, nem de escorpião; vem de gente. Gente com língua afiada, coração azedo e sorriso disfarçado. O inimigo mais letal é aquele que se esconde atrás da boca e disfarça maldade com palavras doces. Tiago (3:5) já disse que a língua é como fogo: uma pequena faísca é capaz de incendiar uma floresta inteira.

Davi conheceu esse veneno. Foi no aperto da dor que os "amigos" apareceram. Visitas que chegavam sorrindo, mas saíam espalhando. Gente que se sentava ao seu lado, mas desejava o seu fim. Não há dor mais cruel do que esta: ser ferido e apunhalado por quem o abraça.

Maledicência é covardia. É assassinar a reputação alheia sem tocar em um fio de cabelo. É jogar lama, e depois dizer que só estava "comentando". Mas a Bíblia não passa pano: quem fere com a língua, prestará contas; quem se alimenta de fofoca, colherá o fruto do veneno que alimentou.

Se você está sendo alvo disso, firme-se. Deus é o seu escudo. Se estão distorcendo o que você é, o Senhor saberá exaltar quem anda em verdade. Se, por acaso, você tem sido instrumento disso, cale-se. Ainda dá tempo de cortar a raiz amarga. Não se esqueça de que o mesmo fogo que destrói uma floresta pode destruir sua própria casa.

Oração

Senhor, guarda minha boca e meu coração. Que eu nunca seja instrumento de destruição na vida de ninguém. Se fui ferido por palavras maldosas, cura-me e fortalece meu espírito. Se fui eu quem feriu, perdoa-me e transforma minha conduta. Que minha boca seja fonte de vida, não de morte. Que minha língua abençoe, nunca amaldiçoe. Amém.

26 DE NOVEMBRO

O poder de uma decisão

"[...] Eu lhes dou a oportunidade de escolherem entre a vida e a morte, entre a bênção e a maldição. Escolham a vida, para que vocês e os seus descendentes vivam muitos anos." (Deuteronômio 30:19)

A palavra "decisão" vem do latim "*decidere*", que significa literalmente "cortar fora". Decidir é excluir possibilidades. É abrir mão de uma direção para seguir outra com firmeza. Isso explica por que tantos evitam decidir — toda escolha verdadeira exige um corte, e toda renúncia dói, ainda que seja libertadora.

Tem gente que ora, busca, escuta, anota e ouve de novo, mas nunca se decide. Costumo dizer que, quando Deus fala com você uma vez, é direção; quando fala duas vezes, é confirmação; quando fala três ou mais vezes, é sinal de que você já deveria estar vivendo o que continua apenas ouvindo.

O problema não é a ausência de instrução, mas de posicionamento. O céu não se move por dúvida, mas por fé, e fé que não toma decisões é, na verdade, hesitação. O tempo de viver o que Deus falou não virá com sentimentos perfeitos, e sim com coragem para obedecer, apesar dos medos.

Oração

Senhor, eu não quero mais adiar decisões que já foram confirmadas por Ti. Dá-me coragem para cortar o que precisa ficar para trás e firmeza para seguir o caminho que apontaste. Que eu não viva paralisado entre opções, mas seja movido por fé e obediência. Ensina-me a ouvir e, principalmente, a responder com ação. Em nome de Jesus, amém.

27 DE NOVEMBRO

Ele é

"Eu sou a porta. Quem entrar por mim será salvo; poderá entrar e sair e achará comida." (João 10:9)

A salvação não é uma ideia bonita. Não é um sistema religioso. Nem uma doutrina entre tantas. A salvação é uma Pessoa: Jesus. O mesmo vale para a libertação. Não é uma campanha, um culto forte nem uma atmosfera emocional. A libertação também tem nome: Jesus. E a provisão? Ela não está em estratégias, discursos motivacionais ou manipulação espiritual. A provisão é Ele.

Jesus não traz apenas as coisas, Ele é tudo! Quem O tem, tem também porta, liberdade e pasto; direção, sustento, descanso e propósito. Cristo declarou ser a porta. Quem por Ele entra, encontra vida, liberdade e passagem. Ou seja, em um só nome há salvação, libertação e provisão. E tem mais! João 5:21 nos lembra: é Ele quem dá vida, em todas as suas dimensões. Quando algo morre em nós, é Ele quem pode ressuscitar a esperança, os sonhos e a coragem.

Em um mundo que tenta substituir a fé por performance e os milagres por técnicas, a Palavra nos reposiciona: Jesus é o centro. Ele não está à venda, nem em promoção. Ele é o Filho do Deus vivo, e quem crê nEle jamais será confundido.

Oração

Jesus, Tu és tudo. Eu me prostro diante da Tua soberania, reconhecendo que em Ti está a vida que eu tanto preciso. Perdoa-me por cada vez que tentei buscar soluções fora de Ti. Ensina-me a depender, a confiar e a caminhar na certeza de que o Teu nome sustenta todas as coisas. Em Ti está a minha salvação, a minha liberdade e a minha provisão. Eu confio em Ti.

28 DE NOVEMBRO

O amor que constrói

"Quem ama os outros não faz mal a eles. Portanto, amar é obedecer a toda a lei." (Romanos 13:10)

O amor verdadeiro não é só um sentimento, é postura e construção. Não fere, não manipula, não suga, não impõe medo. Quem ama de verdade, não destrói, não controla, não causa dor desnecessária. Quem ama, abençoa e cuida.

Às vezes, dizemos amar, porém a forma como tratamos quem está ao nosso lado denuncia outra coisa. O amor não se mede pelo quanto dizemos "eu te amo", mas pelo quanto tornamos a vida do outro mais leve, mais segura, mais próxima de Deus.

O texto bíblico é claro: o amor não faz mal ao próximo. Em outras palavras, quem ama, não contribui com tormento, ansiedade ou peso. O amor não sufoca, não ameaça, não diminui. O amor aponta para cima, puxa para a luz e edifica.

Por isso, hoje é dia de avaliação. A sua presença tem feito bem a quem vive com você? O seu amor tem curado ou ferido? A sua casa é mais segura por causa da forma como você ama? O verdadeiro amor é mais silêncio do que grito, mais abrigo do que cobrança.

Você pode amar melhor. Você pode ser resposta Divina para a vida de quem está ao seu lado. O amor de Cristo em nós não é passivo, mas transformador. Que a sua forma de amar seja cura, e não ferida.

Oração

Senhor, ensina-me a amar como Tu amas. Tira de mim toda forma egoísta, controladora e tóxica de lidar com quem eu digo amar. Que a minha presença seja abrigo, e não tempestade. Que meu amor edifique, proteja e abençoe. Quero amar de forma que o outro Te veja em mim. Que a minha casa seja um reflexo do Teu amor. Amém.

29 DE NOVEMBRO

O paradoxo da transformação

"Examinemos seriamente o que temos feito e voltemos para o Senhor." (Lamentações 3:40)

Olhar para dentro nem sempre é agradável. Às vezes, é assustador. O autoconhecimento tira as máscaras que colocamos em nós mesmos e nos revela partes que preferiríamos esconder. Contudo, não há cura sem verdade, e não há verdade sem coragem. Quando nos conhecemos de verdade, descobrimos que o problema nem sempre é o outro.

Descobrir que, em algum nível, contribuímos para a dor que sentimos pode ser paralisante. Vez ou outra, nos omitimos, reagimos mal... Em vez de transformar, nos afundamos em culpa. Mas a culpa aprisiona, e Deus não nos chamou para viver em prisões emocionais, mas para sermos livres.

Só conseguimos mudar quando nos aceitamos. Isso parece contraditório, porém é um princípio espiritual. Enquanto lutamos contra nós mesmos, a transformação não flui. Entretanto, quando nós nos olhamos com verdade e graça, deixamos de nos punir e passamos a nos responsabilizar — aí, sim, a mudança começa.

Aceitar-se não é conformar-se. É abraçar o processo. É dizer: "Eu vejo onde errei, mas não serei definido por isso. Vou usar essa dor como combustível para crescer." Este é o convite de Deus: pare de fugir da verdade sobre você, porque é nesse encontro que começa a libertação.

Oração

Senhor, ajuda-me a enxergar minhas sombras com coragem e humildade. Tira de mim a culpa paralisante e ensina-me a me responsabilizar com leveza. Que eu não fique preso ao que fui, mas avance na direção do que Tu queres que eu me torne. Transforma minha dor em crescimento e meu passado em sabedoria. Que a verdade me liberte e a graça me conduza. Amém.

30 DE NOVEMBRO

Não é contra pessoas

"Pois nós não estamos lutando contra seres humanos, mas contra as forças espirituais do mal que vivem nas alturas, isto é, os governos, as autoridades e os poderes que dominam completamente este mundo de escuridão."
(Efésios 6:12)

Nada nos fere mais do que pessoas. Pessoas que traem, enganam e decepcionam. É muito mais fácil lidar com um problema material do que com um coração partido por alguém. Às vezes, passamos noites em claro por causa de uma frase, de um olhar ou de uma ausência. Tudo dentro de nós grita por justiça e explicação.

Mas Paulo nos convida a olhar além: nossa luta não é contra carne e sangue. Por trás de muitas dores, há influências invisíveis. Pessoas erram, mas o inimigo aproveita isso para nos atingir. Enquanto lutamos contra as pessoas, perdemos tempo e energia, e nos esquecemos de atacar a raiz do problema.

Mesmo que você conseguisse afastar quem o feriu, outra pessoa surgiria com outro tipo de dor. Se você não aprender a lidar com os bastidores espirituais das suas relações, vai ficar trocando de cenário e repetindo o mesmo enredo. Pessoas podem nos ferir ou nos curar, porém nenhuma delas é o verdadeiro inimigo!

A sabedoria está em saber separar o que é pessoal do que é espiritual. Orar mais do que acusar e perdoar mais do que retaliar. Posicione-se espiritualmente, sem se tornar refém emocional de ninguém. Quem ora, discerne. E quem discerne, vence sem perder a paz.

Oração

Senhor, ensina-me a enxergar além das atitudes humanas. Dá-me discernimento espiritual para não lutar com as armas erradas. Que eu não perca tempo travando batalhas com pessoas, mas enfrente o verdadeiro inimigo em oração e posicionamento. Guarda meu coração da amargura e meus olhos da vingança. Que eu saiba perdoar, sem me curvar ao mal, e que a minha luta sempre seja do lado da verdade e do amor. Amém.

ANOTAÇÕES

ANOTAÇÕES

Dezembro

Temos um encontro marcado todo dia 1º às 8h.
Escaneie o QR code para acessar nossa
plataforma e participar da live deste mês!

Mais um mês, *mais uma oportunidade de Deus para você.*

Antes de começar as leituras deste mês, separe alguns minutos para olhar para dentro. Use este espaço com sinceridade e intencionalidade.

Em *Objetivos do Mês*, escreva o que deseja viver com Deus nos próximos dias. Pode ser uma mudança de hábito, uma área da vida que precisa de cura, algo que você queira desenvolver espiritualmente ou até mesmo um simples "quero permanecer firme". Não escreva com pressa. Escreva com fé.

Em *Motivos de Gratidão*, liste tudo aquilo que, mesmo singelo, merece ser lembrado com um coração agradecido. A gratidão transforma a sua forma de enxergar a vida — ela ancora você no que Deus já fez e prepara seu coração para o que Ele ainda vai fazer.

Objetivos do Mês

- ○ ______
- ○ ______
- ○ ______
- ○ ______
- ○ ______

Motivos de Gratidão

______

______

______

______

______

1º DE DEZEMBRO

Onde você está?

"Mas o SENHOR Deus chamou o homem e perguntou: – Onde é que você está?"" (Gênesis 3:9)

Deus ainda está perguntando: "Onde você está?" A questão não se refere à geografia, mas à espiritualidade. Onde repousa sua alma? Onde estacionou sua fé? Onde se perdeu sua mente?

Já estamos em 1º de dezembro. Enquanto muitos estão embalando os dias como quem arquiva uma etapa, o céu ainda está escrevendo. O ano não terminou. Dezembro não é uma linha de chegada, é a reta final. É o momento em que os focados se destacam e os distraídos se perdem. Há quem esteja diminuindo o ritmo por cansaço, mas há também quem disfarce sua desistência chamando-a de "tempo de descanso". A verdade é que, não raro, o que chamamos de pausa é apenas fuga.

Mas ainda dá tempo! O Senhor pode transformar sua rota se você tiver coragem de responder com sinceridade: "Onde estou? O que tenho feito com os dias que me foram dados?" Não se engane: o fim do ano não neutraliza o chamado, a cruz não tira férias e o céu não espera por quem procrastina a própria obediência.

Há algo que pode ser restaurado antes de o ano acabar. A Palavra afirma que o Pai faz novas todas as coisas, porém não diz que Ele espera janeiro para começar. O extraordinário não é questão de data, é questão de decisão. Afinal, onde você está?

Oração

Senhor, desperta a minha consciência. Que eu não me acomode com o fim do calendário, mas viva com intensidade até o último dia. Se ainda há tempo, que eu não o desperdice. Se ainda há propósito, que eu não me esconda. Hoje, escolho posicionar-me diante do Teu chamado. Que eu termine este ano mais perto de Ti do que quando comecei. Amém.

2 DE DEZEMBRO

Orar é coisa de fraco?

"Procurem a ajuda de Deus enquanto podem achá-lo; orem ao Senhor enquanto ele está perto." (Isaías 55:6)

Orar é para os fracos, sim, porque reconhecer a fraqueza é o primeiro passo para acessar o poder de Deus. A oração nasce quando entendemos que não sabemos de tudo, que não conseguimos nada sozinhos. Quem ora não é quem tem a vida resolvida, é quem se rendeu à verdade de que precisa de Deus para absolutamente tudo.

A oração não é um discurso decorado, nem uma rotina vazia. É um diálogo vital! Oramos antes de tomar decisões, antes de falar, antes de começar o dia. Oramos para não nos perder, para não nos corromper, nem nos deixar enganar. Oramos porque precisamos entender o tempo e a direção divina, mesmo quando Ele fecha portas ou não se manifesta.

Tem gente que se sente forte demais para orar — acha que sabe de tudo, que vê tudo, que é capaz de tudo. No entanto, quem realmente experimenta o poder do céu sabe que a força verdadeira se manifesta nos joelhos dobrados. Não é fraqueza, é dependência; é humildade!

Você precisa orar! Orar por sabedoria nos negócios, por discernimento nos relacionamentos, pela sua casa, pelo seu chamado, pelo seu coração, por proteção, por força, por sensibilidade. Orar não muda Deus. Muda você. E muda o ambiente ao seu redor, porque o alinha ao céu.

Oração

Senhor, eu sou fraco, e é por isso que eu oro. Eu preciso de Ti. Preciso que guies os meus passos; que me dês sabedoria para decidir, discernimento para enxergar, força para continuar. Ensina-me a depender mais e mais de Ti. Que a oração seja meu lugar de abrigo, não de obrigação. Que seja meu alimento, não um costume. Que eu viva de joelhos, para caminhar de pé. Amém.

3 DE DEZEMBRO

Quando Deus sabe e eu não

"Como são grandes as riquezas de Deus! Como são profundos o seu conhecimento e a sua sabedoria! Quem pode explicar as suas decisões? Quem pode entender os seus planos?" (Romanos 11:33)

Existem dores que parecem injustificáveis e perdas inaceitáveis para o coração. Nessas horas, muitos olham para o céu e dizem: "Deus foi injusto comigo." Mas e se Ele estiver enxergando algo que os olhos humanos não alcançam? E se aquela perda foi, na verdade, um livramento de algo maior? E se a continuação da história trouxesse ainda mais sofrimento? O fato é que o Senhor sabe de coisas que jamais saberemos. Ele conhece os desfechos, nós não.

O coração inquieto quer respostas, mas o Eterno oferece uma paz que só se revela com a oração, quando ficamos de joelhos não para exigir explicações, mas para reconhecer: "Deus sabe de tudo, eu não sei de nada." Assim, nossa alma finalmente se rende à soberania divina e aprende a confiar no invisível.

O Pai não comete erros. Se algo aconteceu de determinada forma, foi porque, mesmo em meio à dor, essa era a maneira mais segura de nos ensinar, amadurecer e lapidar. Não há detalhe que escape ao controle dEle.

A dor não faz acepção de pessoas. Mais cedo ou mais tarde, ela baterá à porta. Quando for a sua vez, será necessário decidir: como você vai atravessar essa estação? Com revolta ou com fé? Como você escolhe lidar com a dor revela o quanto compreende, ou não, os caminhos do Senhor.

Oração

Pai, reconheço não compreender tudo o que acontece, mas quero descansar na Tua sabedoria. Quando meu coração quiser se rebelar, ensina-me a repetir com humildade: "Tu sabes de tudo. Eu não sei de nada." Que essa verdade me sustente nos dias difíceis e que, mesmo sem entender, eu permaneça confiando na Tua perfeição. Amém.

4 DE DEZEMBRO

O sucesso acontece no secreto

"O Senhor Deus vê o que acontece em toda parte; ele está observando todos, tanto os bons como os maus." (Provérbios 15:3)

O dia da vitória quase nunca é o dia em que todos aplaudem. A maioria confunde o brilho do reconhecimento com o momento em que o sucesso, de fato, aconteceu. A verdade é que o sucesso se constrói longe dos holofotes, quando ninguém vê; quando não há palmas, nem câmera, nem celebração.

John Maxwell diz que o verdadeiro dia do sucesso foi aquele em que você pensou em desistir, mas insistiu. Foi quando disseram que você não era capaz e, mesmo assim, continuou. Foi quando, exausto e sozinho, você se ajoelhou e disse: "Senhor, me fortalece mais uma vez." Ninguém viu; não houve fotos ou registros.

Há dias em que você luta calado e veste sua roupa comum, sem ânimo, sem maquiagem, sem motivação. Ainda assim, escolhe continuar. Esses são os dias mais importantes da sua vida! O mundo jamais os reconhecerá, mas o céu os marca com honra.

O sucesso não está no palco; está no quarto fechado, nas decisões que ninguém testemunha, contudo Deus registra. É por isso que, antes da recompensa, vem o secreto. O crente que não persevera em tais circunstâncias, dificilmente permanece quando os olhos humanos se voltam para ele.

Oração

Senhor, não deixeis que eu me iluda com o brilho da aprovação alheia. Ensina-me a valorizar os dias silenciosos, os passos firmes que dou sem testemunhas, os momentos em que meu sucesso é simplesmente não desistir. Que eu aprenda a viver diante dos Teus olhos, e não dos olhos do mundo. Amém.

5 DE DEZEMBRO

Cuidado com as comparações

"Mas entre vocês não pode ser assim. Pelo contrário, o mais importante deve ser como o menos importante; e o que manda deve ser como o que é mandado." (Lucas 22:26)

Há uma armadilha sutil que aprisiona até os que foram chamados para seguir a Jesus: a comparação. Basta aparecer em forma de um corpo idealizado nas redes sociais, de um resultado de vendas no ambiente profissional ou até mesmo da estrutura de uma igreja sendo exibida com orgulho disfarçado de espiritualidade. A comparação não só distorce o olhar sobre si mesmo, como também enfraquece a visão do Reino.

Jesus sabia que isso nos seduziria. Por isso, quando viu Seus discípulos discutindo entre si sobre quem seria o maior, Ele foi direto: "Entre vocês não pode ser assim." O mundo exalta quem aparece, quem domina, quem ganha; já o Reino valoriza quem serve, quem obedece, quem permanece.

A lógica do mundo corporativo, das redes sociais e até de vários ambientes religiosos é impulsionar a comparação para gerar moção. O evangelho não precisa disso. Ele é simples e poderoso por si só! Quer ser abençoado? Sirva. Quer crescer? Semeie com integridade.

O céu não mede grandeza por palco, resultado ou aparência, mas por serviço. Quem permanece fiel no pouco, mesmo quando parece estar perdendo, está sendo preparado para herdar aquilo que o mundo jamais entenderá: a verdadeira vitória, que não é aqui, mas na eternidade.

Oração

Senhor, livra-me da armadilha da comparação. Não quero mais medir minha vida pelo padrão dos homens, mas pelo Teu propósito eterno. Ensina-me a servir, mesmo quando isso não gera reconhecimento. Dá-me contentamento no lugar onde Tu me plantaste e força para não me desviar por causa do brilho passageiro deste mundo. Que meu coração permaneça fiel até o fim. Amém.

6 DE DEZEMBRO

Quando o amor se transforma em prisão

"Que as pessoas perversas mudem a sua maneira de viver e abandonem os seus maus pensamentos! Voltem para o Senhor, nosso Deus, pois ele tem compaixão e perdoa completamente." (Isaías 55:7)

Existe um tipo de "amor" que não tem nada de abençoado – é aquele que controla, sufoca e prende. Geralmente, parte de pessoas inseguras, que colocam sua existência nas mãos de alguém e se o perdem, elas colapsam. Não há identidade própria, nem limites claros. Tudo gira em torno do outro. São almas vazias tentando existir por meio de outras pessoas.

Do outro lado, há quem não ama, mas domina. São aqueles que confundem amor com posse e usam o controle emocional como arma. São perversos em seus gestos e palavras, manipuladores sutis, podendo fazer o outro duvidar da própria sanidade. Com isso, a vítima vai se apagando aos poucos; perdendo voz, força e liberdade.

Nenhum relacionamento que anula sua identidade pode ser saudável. Nenhuma forma de amor que o diminui é genuína. Deus não criou vínculos para aprisionar, e sim para fortalecer. Se você precisa se apagar para manter alguém por perto, é sinal de que essa presença não é bênção, é prisão.

O Evangelho nos convida à liberdade. O amor que vem do Pai cura, não adoece; fortalece, não aprisiona. Se você está em um relacionamento onde há abuso emocional, chantagem, controle ou manipulação, não ignore os sinais. O amor verdadeiro lança fora o medo, e o que resta é paz.

Oração

Senhor, livra-me de qualquer relação que me adoeça. Dá-me coragem para me afastar do que me anula, e força para reconstruir minha identidade em Ti. Ensina-me a amar com equilíbrio e a respeitar os meus limites e os do outro. Que toda dependência seja quebrada e que o verdadeiro amor, o Teu, seja o alicerce dos meus vínculos.

7 DE DEZEMBRO

Disponível, não à disposição

"Que o 'sim' de vocês seja sim, e o 'não', não, pois qualquer coisa a mais que disserem vem do Maligno." (Mateus 5:37)

Estar disponível não é o mesmo que estar à disposição. A primeira é uma expressão de amor. A segunda, muitas vezes, é um caminho para o esgotamento. Quando essa linha se apaga, surgem relações desequilibradas, exigentes e até abusivas, de modo que o outro se acostuma com uma presença que não respeita limites.

Jesus nos ensinou a viver com clareza: sim é sim, não é não. Isso também serve para relações interpessoais. Ser uma pessoa generosa, empática e disposta a ajudar não significa abandonar os próprios compromissos, nem apagar a própria identidade. Amar alguém não significa estar disponível vinte e quatro horas por dia; significa estar presente de forma honesta, íntegra e equilibrada.

Nem mesmo Cristo esteve sempre à disposição. Ele subia ao monte para orar, afastava-se das multidões, escolhia momentos de silêncio... Ainda assim, amava como ninguém! Por que, então, temos vivido sob o peso de responder imediatamente, agradar e nos justificar o tempo todo?

Estar disponível é saudável. Estar à disposição o tempo todo é insalubre. Essa confusão tem gerado culpa em quem deveria estar apenas exercendo sabedoria. Não se trata de egoísmo, mas de maturidade. Existe um tempo para cada coisa – respeitar isso é, inclusive, uma forma de amor próprio e com o outro.

Oração

Senhor, ensina-me a viver em equilíbrio. Que eu não seja dominado pela culpa de dizer "não", nem pelas expectativas que anulam minha individualidade. Quero servir com amor e sabedoria. Que minha disponibilidade nunca ultrapasse os limites que Tu me ensinaste a guardar. Amém.

8 DE DEZEMBRO

Já está pronto

"Por estarem unidos com Cristo Jesus, vocês foram enriquecidos em tudo, tanto no dom de anunciar o evangelho como no dom da sabedoria espiritual." (1 Coríntios 1:5)

Já está pronto! O que Deus separou para a sua vida não será construído com base no seu desempenho, nem limitado pelas feridas que você carrega. Ele já sabe de suas carências emocionais, suas cicatrizes não verbalizada, do buraco aberto na sua alma desde a infância. Mesmo assim, decidiu chamar você!

Talvez você tenha passado a vida tentando provar algo, buscando uma aprovação que nunca recebeu, tentando se sentir inteiro sem saber como. Cresceu com a ausência de quem deveria ter ficado, com a falta de palavras nunca ditas, com a dor de uma rejeição. Isso moldou sua forma de caminhar, de se relacionar e de crer.

Hoje, porém, o Senhor lhe diz: "Eu conheço cada parte do que você é, até aquelas que esconde de si mesmo. Não vou te deixar incompleto." A plenitude que Deus preparou para a sua vida começa em seu interior. O que Ele vai fazer não é apenas público, é profundo; não é apenas visível, é curador.

Você não precisa continuar acreditando que ainda falta algo para ser usado, para ser aceito, para ser visto. Em Cristo, você foi enriquecido! Se Ele o chamou, é porque já preparou tudo. Você está pronto para viver, e não porque tudo em você está resolvido, mas porque tudo nEle é suficiente!

Oração

Senhor, eu entrego a Ti tudo aquilo que me falta: minhas dores silenciosas, meus traumas não resolvidos, as marcas invisíveis que carrego. Tu me conheces por inteiro e, mesmo assim, decidiste me amar e me chamar. Cura o que ainda dói, preenche o que ainda está vazio e completa em mim a Tua vontade. Eu confio no Teu plano, porque sei que ele já está pronto. Amém.

9 DE DEZEMBRO

Relacionamento exige discernimento

"Não faça amizade com pessoas grosseiras ou violentas; você poderá pegar os seus maus costumes e depois não conseguirá livrar-se deles." (Provérbios 22:24-25)

Você não escolhe com quem convive. Alguns fazem parte do seu dia, mas não precisam fazer parte do seu interior; outros você escolhe trazer para perto, abrir o coração, dividir dores e conquistas, e é com esses que mora a responsabilidade do discernimento.

O evangelho ensina a amar, a não fazer acepção de pessoas, a perdoar, a ajudar, a servir. Todavia, amar não é sinônimo de permitir convivência irrestrita. Jesus amava a todos, mas nem todos caminhavam com Ele. Guardar o coração é um mandamento, não uma sugestão. Parte dessa proteção envolve selecionar quem participa dos seus bastidores. Você pode conviver, socorrer, aconselhar e, ainda assim, manter distância emocional de quem não sabe honrar o espaço que ocupa.

Cristo não nos chamou para nos contaminarmos em nome da paz, mas para sermos agentes de luz, e a luz não se apaga para agradar as trevas. Relacionamentos saudáveis começam com discernimento. Ame a todos, porém não permita que qualquer um ocupe o lugar reservado para aqueles que constroem com você.

O versículo de hoje nos lembra que o comportamento de quem nos cerca pode se tornar o nosso. Relações não são neutras, elas nos moldam. Quem caminha ao seu lado hoje está levando você para mais perto do seu propósito ou de uma armadilha?

Oração

Senhor, dá-me sabedoria para guardar o meu coração sem fechar o meu espírito. Ensina-me a amar sem me anular, a servir sem ser manipulado, a perdoar sem me expor além do necessário. Que eu saiba conviver com todos, mas selecionar com sabedoria quem levo comigo. Quero honrar Teus princípios em cada relação, sem adoecer minha alma. Amém.

10 DE DEZEMBRO

Minhas cicatrizes contam milagres

"E, se alguém perguntar: 'Que ferimentos são esses no seu peito?', ele responderá: 'São os ferimentos que recebi na casa dos meus amigos.'" (Zacarias 13:6)

Você pode até esconder suas feridas das pessoas, mas o Senhor não despreza nenhuma delas. Ele conhece cada marca que restou do tempo em que você pensou em desistir. Da estação em que você estava quebrado por dentro (ou por fora). Do dia em que seu casamento quase acabou. Da noite em que a dor o fez duvidar se conseguiria continuar. Ainda assim, você está aqui.

Há quem se envergonhe de ter cicatrizes. Elas ferem o orgulho, expõem a fraqueza e abalam a "estética" de uma vida aparentemente perfeita. Para quem está com Deus, porém, elas não são sinal de derrota, são memórias de livramento. São marcos de onde nosso Pai — que é Jeová Jireh ("o Senhor proverá"), Jeová Rafah ("o Senhor que sara") e Jeová Shalom ("o Senhor é paz") — entrou na história e virou a página.

Este foi o ano em que você quase não conseguiu pagar as contas? Em que a doença bateu à porta? Em que seu casamento balançou? Guarde isto: não foi o fim! Foi o cenário do milagre! Foi o lugar onde a glória de Deus se revelou, mesmo no caos. O testemunho que hoje você carrega nasceu de dores que só você e o céu viram. Agora, essas dores têm nome: superação, restauração e provisão.

Você não precisa esconder o que o marcou. Quando é entregue a Deus, toda cicatriz carrega milagres. Quem olhar, não verá a ferida aberta, verá o milagre encerrado!

Oração

Senhor, obrigado pelas cicatrizes. Elas me lembram que estiveste comigo nos dias em que quase não suportei. Eu consagro cada marca da minha história a Ti e Te peço: usa tudo isso para revelar a Tua glória. Que cada pessoa que olhar para mim perceba o Teu agir, o Teu cuidado, o Teu milagre. Amém.

11 DE DEZEMBRO

Só ensina quem já viveu

"Lembrem como o nosso Deus guiou vocês pelo deserto esses quarenta anos [...]." (Deuteronômio 8:2)

Não há sabedoria real sem caminho percorrido. Teorias podem impressionar, mas somente a experiência produz autoridade verdadeira. Quem nunca foi provado, até pode falar, mas não carrega peso em suas palavras. O deserto ensina mais que qualquer livro. Quem passou por ele, quando fala, carrega uma unção que só vem de quem sangrou no processo.

É por isso que precisamos aprender a filtrar os conselhos que recebemos. Nem toda fala bonita vem de um lugar de verdade. Antes de acolher a fala de alguém, pergunte-se: "Essa pessoa viveu isso? Enfrentou esse tipo de guerra?" Quem já foi quebrado, sabe o que não sustenta. Quem já caiu, sabe o que não funciona. E quem foi restaurado por Deus, sabe que nada substitui a dependência.

O povo de Israel foi instruído pelo Pai a se lembrar do deserto não para viver preso a ele, mas para reconhecer de onde vem a sabedoria. Há lições que só vêm da dor, da espera, da escassez, da humilhação. Quem passa por tudo isso e continua de pé, esse, sim, tem o que ensinar.

Nem sempre estudamos para saber todas as respostas. Às vezes, aprendemos para fazer perguntas melhores. Saber perguntar é o início da sabedoria. Honre quem tem história, não só quem tem fala. Ouça quem viveu e aprenda – especialmente o que não fazer – com quem já caiu.

Oração

Senhor, dá-me discernimento para ouvir as vozes certas. Ensina-me a valorizar a sabedoria que vem da experiência, e não apenas da aparência. Que eu aprenda com quem já passou pelo vale, e que a minha caminhada me transforme em alguém com autoridade para servir aos outros. Amém.

12 DE DEZEMBRO

Faça enquanto é tempo

"Portanto, comete pecado a pessoa que sabe fazer o bem e não faz."
(Tiago 4:17)

Há coisas na vida que não podem ser adiadas. Existem decisões que, se não forem tomadas hoje, perderão o valor amanhã – não porque o sentimento deixará de existir, mas porque o tempo não permitirá. Oportunidades não são eternas, e a omissão pode ter mais consequências do que o erro.

É fácil postergar a visita que você prometeu, o perdão que está guardando há anos, a palavra de afirmação que vive presa na garganta, o abraço que foi substituído pela distância, a oferta que o Espírito tocou você para dar. Depois, pode ser tarde. Depois, talvez a pessoa não esteja mais aqui. Depois, talvez a porta já tenha se fechado.

O amor se revela no tempo certo, e o tempo certo é agora. Não espere um funeral para elogiar. Não espere a ausência para valorizar. Não espere a dor para despertar. A vida acontece no presente. O bem que não se faz no tempo oportuno, transforma-se em culpa, silêncio e arrependimento.

Como Tiago disse, saber o que deve ser feito e não fazer é pecado. Omissão é negligência espiritual. O Espírito Santo nos alerta: faça enquanto é tempo. Ame enquanto há vida. Fale enquanto há voz. Doe enquanto há mãos. Perdoe enquanto há chance. Honre enquanto o outro ainda pode ouvir!

Oração

Senhor, não me deixe adiar o que é sagrado. Dá-me coragem para agir enquanto ainda há tempo. Que eu não retenha o bem que posso fazer, nem o amor que posso demonstrar. Que eu não seja dominado pelo orgulho, pela pressa ou pela distração. Que cada gesto meu carregue propósito e urgência. Amém.

13 DE DEZEMBRO

A humildade que blinda

"Ouça os conselhos e esteja pronto para aprender; assim, um dia você será sábio." (Provérbios 19:20)

A razão pela qual muitos não evoluem não é falta de oportunidade, nem ausência de recursos, é orgulho. Tem gente que já decidiu que sabe tudo, que não precisa ouvir, que não quer ser confrontada. Quando o ouvido se fecha, o espírito endurece. Onde não há humildade, não há crescimento.

A escuta é uma prova silenciosa de maturidade. Quando alguém diz "estou aprendendo com você", essa pessoa ativou uma das válvulas mais poderosas do desenvolvimento humano: a humildade. É nesse ambiente que o conhecimento flui, que a verdade se revela, que a sabedoria se multiplica. Quem ouve, cresce. Quem agradece, amadurece. Quem se cala para aprender, colhe honra.

O orgulho repele. A humildade atrai. Não é à toa que pessoas gratas e prontas a aprender estão sempre cercadas de quem quer ajudar, ensinar, levantar. A humildade gera conexão e, ao mesmo tempo, é a maior blindagem contra a contaminação do ego. A gratidão protege, mantendo o coração no lugar certo.

Você quer crescer? Comece com um "obrigado", "não sei", "me ensina". Parece pouco, mas é tudo. Quando a humildade entra, a arrogância sai. Onde a arrogância não entra, o céu permanece.

Oração

Senhor, livra-me de pensar que já sei o suficiente. Dá-me um coração que deseja aprender, disposto a ouvir, a reconhecer minhas limitações. Que a gratidão brote em mim todos os dias e me aproxime da humildade verdadeira. Blinda meu coração contra o orgulho e faz de mim alguém com quem Tu podes contar. Amém.

14 DE DEZEMBRO

Não se esqueça de você

"Cuide de você mesmo e tenha cuidado com o que ensina. Continue fazendo isso, pois assim você salvará tanto você mesmo como os que o escutam." (1 Timóteo 4:16)

Você se colocou na sua própria lista de tarefas de hoje? Ou tem vivido como se cuidar de si fosse um luxo? Há pessoas que sabem exatamente o que os outros precisam, resolvem problemas de todos ao redor, mas não se lembram da última vez em que pararam para se ouvir. É fácil se tornar eficiente no que faz e, ao mesmo tempo, negligente com quem é. Em nome das responsabilidades, da produtividade, da expectativa alheia, muitos vão se apagando. Continuam entregando, resolvendo, servindo, mas com o coração cada vez mais esquecido.

O apóstolo Paulo orienta Timóteo: "Cuide de você mesmo." Cuidar de si também é obedecer. Esse não é um chamado para a autopreservação egoísta, mas para uma vida íntegra, em que a alma não seja deixada por último. Você não foi criado para sustentar tudo ao seu redor e esquecer de si mesmo no processo.

Não espere que alguém pare tudo para lembrá-lo de que você importa. Faça isso por si. Coloque-se na agenda. Faça pausas. Se trate com o mesmo zelo que oferece aos outros. Você também precisa ser cuidado. Talvez, hoje, o que Deus esteja tentando fazer não é lhe dar mais força para continuar, é ensiná-lo a voltar para si com sabedoria.

Oração

Senhor, eu tenho cuidado de muitas coisas, mas tenho deixado minha alma por último. Ensina-me a parar antes que eu quebre, a descansar antes que eu adoeça. Que eu aprenda a valorizar a vida que Tu me deste não apenas para servir, mas também para viver. Amém.

15 DE DEZEMBRO

Você vai terminar bem

"O fim de uma coisa vale mais do que o seu começo. A pessoa paciente é melhor do que a orgulhosa" (Eclesiastes 7:8)

Terminar bem não é questão de sorte, é o resultado de quem coloca o controle nas mãos certas. Pode ser que você esteja olhando para os últimos dias do ano se perguntando: "Será que ainda dá tempo? Será que Deus ainda vai fazer?" A resposta não está no quanto você consegue fazer, mas em quem decide confiar.

Deus conhece a história toda. Ele não está preso aos seus medos, aos seus atrasos ou às suas limitações. Ele o viu quando ninguém via. Ele conhece suas dores não verbalizadas. Ele sabe o que lhe falta e o que ainda será necessário na jornada. Foi Deus quem soprou cada promessa e sustenta cada uma delas enquanto você caminha.

A Palavra diz: "Só eu sei os planos que tenho para vocês" (Jeremias 29:11). Isso significa que, mesmo quando você não sabe mais o que esperar, Ele sabe exatamente o que está fazendo. Sua trajetória não será interrompida pelas circunstâncias, basta permanecer debaixo da obediência e do temor do Senhor.

Sim, você vai terminar bem e atravessar essa estação com a alma cheia de fé! Não se trata de dinheiro, de status, nem de méritos humanos, mas de viver uma vida guiada por promessas e sustentada pela fidelidade do Eterno. Você verá promessa após promessa se cumprir, porque decidiu obedecer e entregar!

Oração

Senhor, eu entrego a Ti o restante dos meus dias. Não quero terminar este ano no controle, mas na dependência. Que meus olhos não se desviem das Tuas promessas, mesmo quando tudo parecer tardio ou confuso. Eu escolho confiar. Sei que Tu conheces o fim desde o início, e por isso eu descanso. Que a Tua vontade se cumpra, e que minha vida reflita a Tua fidelidade. Amém.

16 DE DEZEMBRO

Você foi alistado

"Como fiel soldado de Cristo Jesus, tome parte no meu sofrimento."
(2 Timóteo 2:3)

A Bíblia não nos descreve como espectadores da fé. Somos chamados de soldados em serviço! Isso significa que há uma guerra em andamento, um propósito sendo cumprido, um Reino sendo estabelecido, e cada um de nós tem uma posição a ocupar.

Quem se converteu, além de ser salvo, foi alistado no exército celestial. Agora, é alguém que carrega um fardo que não é pesado, mas é real. A fé não é apenas algo que se consome; é algo que se defende, que se anuncia, que se vive com responsabilidade. Estamos em guerra contra as trevas, contra os desejos desordenados da carne, contra tudo que tenta nos tirar do alinhamento com o plano de Deus.

O problema é que muitos se achegam ao Reino com uma mentalidade de consumo: "O que isso vai me oferecer?", quando deveriam perguntar: "O que posso oferecer a esse Reino que me salvou?" Jesus nunca chamou seguidores para serem plateia, mas para serem parte ativa da missão, contribuindo não só com dinheiro, mas também com tempo, intercessão, serviço e entrega.

Você não foi apenas salvo do inferno. Foi salvo para avançar com o Reino, influenciar ambientes, se levantar em oração, ensinar, servir, edificar, exortar e amar. Se Deus o alistou, não viva como um civil. Existe uma missão em andamento, e a sua omissão, por menor que pareça, tem impacto eterno.

Oração

Senhor, eu reconheço que fui chamado, salvo e alistado. Não quero viver para consumir, quero contribuir com zelo, amor e responsabilidade. Mostra-me meu lugar no Teu exército. Ensina-me a lutar com oração, com serviço, com fidelidade. Eu digo "sim" à missão. Amém.

17 DE DEZEMBRO

Vai frutificar

"Quer ele esteja acordado, quer esteja dormindo, ela brota e cresce, sem ele saber como isso acontece." (Marcos 4:27)

Há um tipo de fé que só floresce quando a necessidade de entender é vencida. Muitos param porque não conseguem ver como tudo vai acontecer. Querem lógica antes da obediência. Entretanto, no Reino de Deus, não é assim que funciona. Ele não nos chamou para controlar processos, mas, sim, para praticar princípios.

Jesus comparou o Reino a um homem que lança a semente na terra. Ele dorme e acorda, segue a rotina, e a semente germina, sem que ele saiba como. Assim, você não precisa dominar os detalhes do processo espiritual para experimentar os frutos. Precisa apenas plantar. O milagre está na obediência, não na explicação.

Não é o mais teológico que frutifica, é o mais obediente. Não é o que entende mais, é o que pratica com mais constância. Existem pessoas que estudam, questionam e analisam, porém nunca plantam. E há outras que, mesmo sem entender tudo, confiam, agem e obedecem — são essas que veem a colheita.

A fé não exige domínio do processo, exige entrega à vontade de Deus. O solo trabalha em silêncio, e a semente cresce no invisível. A sua parte é lançar. A parte de Deus é fazer crescer. Acredite: vai frutificar, mesmo que agora você não entenda como.

Oração

Senhor, eu não quero viver pela lógica, mas, sim, pela fé. Ajuda-me a confiar no que disseste mesmo sem ver ou entender. Ensina-me a plantar com obediência, a regar com perseverança e a esperar com confiança. Eu entrego o processo nas Tuas mãos. Amém.

18 DE DEZEMBRO

Um DNA que Deus reconhece

"Porque na luta contra o pecado vocês ainda não tiveram de combater até à morte." (Hebreus 12:4)

O que Deus sempre procurou em quem Lhe serve não foi aparência, nem desempenho, foi essência. Um coração que O honre. Uma mente que O tema. Uma vida que reflita compromisso real. Ao longo das Escrituras, vemos que o que move o céu não são dons extraordinários, mas fidelidade interior. A santidade nunca saiu de moda diante do Altíssimo.

Deslizes acontecem. Homens como Davi erram, mas não brincam com o erro. Se arrependem com lágrimas, jejum e transformação. A graça não é uma rede de descanso para quem ama o pecado, mas um empurrão para quem quer vencê-lo. A nova aliança não alivia a guerra contra as trevas, ela a intensifica. Lute até as últimas consequências se for preciso, como instrui o autor de Hebreus!

É assustador ver como tantos usam a graça como licença para viver uma vida frouxa diante do altar, quando, na verdade, ela deveria nos constranger a viver com ainda mais cuidado, reverência e temor. Onde há rebelião deliberada, o juízo continua sendo uma realidade.

Deus está procurando gente com DNA de cruz, que odeie o pecado não porque tem medo de perder algo, mas porque sabe que isso O fere. Ele busca homens e mulheres que não se acostumaram com o erro, que não negociam com a escuridão, que choram por santidade e carregam o peso da Presença com responsabilidade.

Oração

Senhor, purifica meu coração. Dá-me um espírito firme e comprometido com a verdade, com a santidade e com a Tua presença. Que eu nunca brinque com o que deveria me levar ao arrependimento. Ensina-me a odiar o pecado como Tu odeias e a amar a justiça como Tu amas. Marca minha vida com um DNA que Tu reconheças. Amém.

19 DE DEZEMBRO

A moeda do céu é a honra

"Porque os outros deram do que estava sobrando. Porém ela, que é tão pobre, deu tudo o que tinha para viver." (Marcos 12:44)

Marcos cita uma viúva pobre, sem nada. Ainda assim, ela deu o que tinha, pois escolheu colocar Deus antes até das suas necessidades mais básicas. Jesus a viu. Ninguém mais reparou. Não teve barulho, nem cerimônia. Duas moedinhas quase sem valor. Ali estava o tipo de oferta que o céu não só recebe, como também registra.

Jesus não estava impressionado com os números, mas com a proporção, com o lugar que Deus ocupava na vida daquela mulher. Os ricos deram do que lhes sobrava, ela deu sem nem saber que sobraria. Os ricos agiram como quem cumpre um protocolo religioso, ela, como quem confia. Os ricos deram sem risco, ela, com entrega. Nisto está o segredo: a moeda do céu não é o dinheiro, é a honra.

No Reino de Deus, o que vale não é a quantia, é a motivação. Não é a sobra, é a prioridade. Honrar é colocar Deus antes de si. É dizer: "Tu vens primeiro, mesmo quando eu venho com pouco." A viúva não deu porque podia, e sim porque entendeu algo que poucos compreendem: quando Deus é o primeiro, nunca faltará o necessário.

A contabilidade do céu é diferente da nossa. Lá, a grandeza não está no valor numérico, mas no espaço que o Senhor ocupa no seu coração. Esse espaço é revelado pelo que você entrega e pelo quanto da sua vida depende dEle após a entrega.

Oração

Pai, ensina-me a Te honrar não só com palavras, mas com escolhas. Que eu não espere sobrar para me lembrar de Ti. Que o Teu lugar seja sempre o primeiro, não importa o quanto eu tenha. Não quero apenas entregar, quero Te oferecer o melhor, com fé, confiança e reverência. Que a minha vida revele a Tua prioridade. Amém.

20 DE DEZEMBRO

Vai ficar tudo bem se...

"Quem presta atenção no que lhe ensinam terá sucesso; quem confia no Senhor será feliz." (Provérbios 16:20)

Todos querem ouvir que vai ficar tudo bem, mas nem todo mundo está disposto a fazer o necessário para que isso aconteça. Vai ficar tudo bem se o bem for buscado com sinceridade, se a confiança for depositada no lugar certo, se sua alma estiver firmada em Deus, não nas circunstâncias.

Se você fizer do Senhor a sua fortaleza, não será abalado. Se o seu refúgio for a Presença, e não a distração, você será sustentado. Se ouvir mais o que Deus diz do que o que as vozes contrárias gritam, sua mente encontrará paz. Se proteger o que recebeu do Pai com zelo e reverência, o óleo não se perderá, porque estará bem guardado.

A Palavra diz que até uma mosca pode contaminar o óleo precioso. Pequenos descuidos podem minar grandes unções! É por isso que não basta apenas crer que vai ficar tudo bem, é preciso decidir viver honrando a presença de Deus. Isso exige vigilância e escolhas firmes. Exige priorizar o secreto antes do público, a vontade de Deus antes da própria.

Então, sim: vai ficar tudo bem. Se você buscar o bem. Se guardar o que carrega. Se confiar em Deus acima das opiniões alheias. Se abrir mão da sua agenda para viver a dEle. Se isso acontecer, o que vier será leve e cheio de propósito, e você vai permanecer firme até o fim.

Oração

Senhor, eu sei que a Tua vontade é boa, perfeita e agradável. Ensina-me a viver alinhado com ela, mesmo quando o caminho parecer estreito. Que eu guarde o que recebi, proteja minha fé, escolha bem os acessos e honre a Tua voz acima de todas as outras. Eu quero viver esse "tudo bem" que vem da Tua fidelidade, não da minha conveniência. Amém.

21 DE DEZEMBRO

O próximo é quem estiver diante de você

"Então Jesus perguntou ao mestre da Lei: — Na sua opinião, qual desses três foi o próximo do homem assaltado?" (Lucas 10:36)

A pergunta feita a Jesus foi: "Quem é o meu próximo?", porém o que o coração daquele homem realmente queria saber era: "Quem eu posso deixar de amar sem culpa?" O Mestre contou uma história, deixando claro que o próximo não é definido por laço, localização ou afinidade. O próximo é definido pela oportunidade de amar!

No Reino de Deus, o próximo é a "bola da vez". É quem estiver na sua frente. É quem foi colocado diante de você naquele momento específico. Não importa se você o conhece, se gosta dele, se compartilha dos mesmos valores ou se ele faria o mesmo por você. Se há necessidade, se há dor, se há uma brecha para expressar o amor, essa pessoa se torna o seu próximo!

É mais fácil amar quem nos ama e ajudar quem se parece conosco, no entanto o chamado de Jesus nunca teve a ver com fazer o que é fácil; mas sim com fazer o que é justo, o que é digno, o que revela o Pai. Ele mesmo mostrou que ser próximo é uma decisão, não uma coincidência geográfica. É ação movida por compaixão.

Então, a pergunta muda: você está pronto para ser o próximo de alguém? Porque o amor verdadeiro não espera uma conexão, ele age diante da necessidade. Isso é o que distingue quem apenas ouve o evangelho de quem o vive.

Oração

Senhor, abre os meus olhos para ver quem está diante de mim como o meu próximo. Livra-me da pressa, da indiferença e da seletividade. Que eu não ame por conveniência, mas por obediência. Dá-me coragem para parar, servir, cuidar e expressar o Teu amor onde for necessário. Amém.

22 DE DEZEMBRO

Enxergue como quem tem promessa

"Porém não sejam rebeldes contra o Senhor e não tenham medo do povo daquela terra. Nós os venceremos com facilidade. O Senhor está com a gente e derrotou os deuses que os protegiam. Portanto, não tenham medo." (Números 14:9)

Doze homens viram a mesma terra, os mesmos gigantes, as mesmas muralhas, os mesmos obstáculos. Dentre eles, apenas dois, Josué e Calebe, reagiram com fé. Onde os outros viram perigo, eles viram oportunidade. Muitos recuaram, eles avançaram. O que fez a diferença? O olhar de quem carrega uma promessa.

Josué e Calebe não eram ingênuos. Eles viram os desafios, não negaram os fatos. Mas também não permitiram que os fatos abafassem a fé, porque a realidade precisa ser lida à luz da promessa, e não o contrário. A fé não desconsidera os gigantes, ela só lembra que o Deus que prometeu é maior do que todos juntos.

Eles rasgaram as roupas em sinal de indignação e declararam: "O Senhor está com a gente." Mais que otimismo, era convicção e confiança no caráter de um Deus que promete e cumpre. Eles não estavam dizendo "vai ser fácil", e sim "vai acontecer, porque Deus falou".

Quantas vezes a realidade quer roubar nossa esperança? Ter fé não é ignorar o realismo, é não o idolatrar. A última palavra não vem das circunstâncias, vem do Senhor. Quem tem promessa, precisa decidir como vai enxergar: com os olhos do medo ou com os olhos da aliança.

Oração

Senhor, ensina-me a enxergar como Josué e Calebe. Que a minha fé não seja abafada pelos obstáculos, mas fortalecida pela Tua presença. Dá-me coragem para não recuar, mesmo quando os gigantes forem reais. Lembra-me, todos os dias, que a Tua promessa é maior do que qualquer ameaça. Amém.

23 DE DEZEMBRO

Oração, não autodefesa

"Depois que Jó acabou de orar pelos seus três amigos, o Senhor fez com que ele ficasse rico de novo e lhe deu em dobro tudo o que tinha tido antes." (Jó 42:10)

Ninguém gosta de ser mal interpretado, nem celebra quando é injustamente acusado, quando sua reputação é ferida, quando palavras mentirosas são lançadas sem freio. É natural querer se defender, explicar, limpar o nome. Assim como Jó quis. Ele se queixou, argumentou, clamou por justiça. Mas sua virada só aconteceu quando ele orou por quem o feriu!

Isso é um escândalo para a lógica humana: Deus não manda Jó silenciar seus sentimentos, mas o convida a redirecionar sua reação: "Saia da arena da autodefesa e entre na brecha da intercessão." Ninguém consegue orar sinceramente por alguém e alimentar mágoa ao mesmo tempo.

A Bíblia diz que Deus restaurou a sorte de Jó depois que ele orou por seus amigos (não antes!), e fez isso em dobro! O que Satanás tentou destruir, Deus retribuiu a Jó com dupla honra. Esse homem não venceu uma discussão, ele venceu a si mesmo. Perdoar foi o que o libertou. Interceder foi o que o destravou.

Hoje, talvez você esteja preso em um ciclo de autodefesa, tentando explicar quem você é e mostrar o quanto foi injustiçado. Entretanto, o Senhor está chamando você para um lugar mais alto: a brecha da intercessão. Pare de tentar convencer os outros e comece a mover o céu em favor deles. A restituição não virá com explicações, virá com oração!

Oração

Senhor, eu confesso: tenho me defendido mais do que intercedido. Ensina-me a vencer essa luta como Jó, ajoelhando-me, não levantando argumentos. Eu entrego a dor da injustiça e escolho liberar perdão. Que minha boca não seja usada para provar nada, mas para clamar por misericórdia até por quem me feriu. Amém.

24 DE DEZEMBRO

Enquanto todos corriam, só eles pararam

"Quando viram a estrela, eles ficaram muito alegres e felizes." (Mateus 2:10)

Era noite. Homens sábios, vindos de longe, pararam tudo para seguir uma estrela. Eles não sabiam todos os detalhes, mas sabiam que algo divino estava acontecendo e decidiram não ignorar. Enquanto outros corriam em seus próprios afazeres, eles escolheram parar. Por isso, chegaram até Jesus.

Hoje é dia 24 de dezembro. Para muitos, é só mais um dia de lista de compras: roupa nova, comida especial, mesa farta. Nada contra as celebrações! Mas há um risco: o de repetir o movimento da cidade de Belém naquela noite, quando todos estavam ocupados demais para perceber que o Salvador nascia ali perto.

Mateus nos conta que os magos do Oriente ficaram muito alegres e contentes. Não foi o palácio de Herodes, nem os líderes religiosos, nem os vizinhos da estrebaria que reconheceram a glória daquele momento. Foi quem veio de longe; quem estava disposto a parar e adorar.

O que está colocando no centro da sua véspera de Natal? O que estiver aí terá sua atenção, seu investimento, sua energia. Se Cristo não for o centro, tudo o que sobra é atuação. Se Ele não for o motivo, tudo vira ritual. É possível estar perto da manjedoura e, ainda assim, não O reconhecer. Hoje, o céu procura adoradores, não consumidores; pessoas que ainda sabem parar, inclinar o coração, abrir o tesouro e dizer: "O Senhor é digno", não apenas em palavras, mas em prioridade.

Oração

Senhor, hoje é dia 24 de dezembro. Ajuda-me a não repetir o erro de Belém, quando muitos estavam ocupados demais para perceber a Tua chegada. Que eu seja como os sábios do Oriente: atento, disposto, quebrantado. Ensina-me a parar tudo para Te reconhecer. Amém.

25 DE DEZEMBRO

Ele nasceu, e agora?

"Pois já nasceu uma criança, Deus nos mandou um menino que será o nosso rei [...]." (Isaías 9:6)

O céu tocou a terra. Deus vestiu pele humana e entrou no tempo não com alarde, mas com humildade. Não em palácios, mas entre animais. Não cercado de títulos, mas de promessas. O que aconteceu naquela noite mudou tudo. Com Seu nascimento, devemos nos perguntar: "O que tem nascido em nós por causa dEle?"

Isaías não disse apenas que um menino nasceu, disse que o governo está sobre os Seus ombros. Isso muda completamente a perspectiva! Não celebramos um bebê, celebramos um Rei! A verdadeira evidência de que O reconhecemos como tal não é um enfeite na sala, uma ceia ou uma liturgia, é nossa submissão prática. Quem governa nossos dias, decisões, reações e caminhos?

O nascimento de Jesus é o anúncio de que o tempo do controle humano acabou. Quando Ele entra, ou reina, ou é ignorado. Não há meio-termo. Não existe "Jesus como inspiração". Ele não veio para inspirar, veio para governar. Se hoje o Salvador ocupa uma posição simbólica na sua vida, então talvez o Natal ainda não tenha acontecido aí dentro.

Cristo nasceu, mas o Reino só começa em você quando Ele deixa de ser lembrança e passa a ser Senhor. Quando não apenas o emociona, mas direciona sua vida; quando não apenas o visita, mas habita em você; quando não é mais colocado no centro da mesa, mas no centro da sua vida.

Oração

Senhor, hoje é dia de lembrar que Tu vieste, e isso muda tudo. Que eu não viva um Natal apenas de lembrança, mas de rendição. Toma o governo da minha vida. Que cada decisão, cada reação e cada direção revelem que o Teu Reino já começou em mim. Amém.

26 DE DEZEMBRO

O passaporte tem forma de gigante

"A vergonha e a desgraça que vocês passaram eram duas vezes mais do que mereciam; mas agora vocês viverão no seu país, onde receberão o dobro de riquezas e serão felizes para sempre." (Isaías 61:7)

Toda vez que Deus exalta alguém que foi humilhado, Ele não devolve apenas o que foi tirado; Ele transborda. Honra de forma tão visível, tão generosa, tão incontestável, que até quem perseguiu precisa admitir: foi Deus. O céu nunca recompensa na mesma medida da dor, Ele sempre vai além.

Inimigos, opositores, críticas, perseguições... tudo isso que, aos nossos olhos, parece obstáculo, na verdade, é parte da escada. José não foi lançado no trono diretamente, foi jogado em um poço. Davi não foi ungido e coroado no dia seguinte, ele teve que vencer um gigante e suportar anos de perseguição. Os gigantes não são problemas, são passaportes para o próximo nível.

O Senhor testa antes de entregar. Não por insegurança, mas para que você saiba que a promessa é maior do que qualquer tentativa de boicote. A honra de Deus é pontual e estratégica. Vem depois da vergonha, da humilhação e da injustiça, para que ninguém confunda favor com mérito e para que fique claro: foi Ele quem escreveu o final.

O problema é que muitos desistem na antevéspera da exaltação. Confundem silêncio com esquecimento, ou oposição com sinal de erro. A verdade é que o barulho dos inimigos costuma ser o som que antecede o romper. O gigante não está ali para parar você, está ali para anunciá-lo!

Oração

Senhor, ajuda-me a lembrar que toda dor tem um propósito e que toda injustiça será respondida com honra do céu. Que eu não recuse os testes que me preparam, nem amaldiçoe os gigantes que revelam o meu chamado. Sustenta meu coração nos dias de confronto e prepara minha alma para os dias de colheita. Amém.

27 DE DEZEMBRO

Você não precisa dar conta de tudo

"Então Jetro disse: — O que você está fazendo não está certo. Desse jeito você vai ficar cansado demais, e o povo também. Isso é muito trabalho para você fazer sozinho." (Êxodo 18:17-18)

É impossível dar conta de tudo. Você pode planejar, se organizar, fazer listas, dormir pouco, correr o dia inteiro, e ainda assim terminar frustrado. Você não foi criado para responder a todas as demandas, nem para carregar sozinho o peso do mundo.

O que ninguém diz, mas todo mundo sente, é essa culpa silenciosa por não ter feito tudo. Por não ter sido tudo. Por não ter conseguido entregar tudo. E essa culpa não vem de Deus; vem de uma expectativa distorcida, de uma cultura que idolatra a produtividade e que transforma o valor de uma pessoa na soma das tarefas que ela consegue cumprir.

A sabedoria está aqui: nem toda demanda é para você. Nem toda responsabilidade é sua. Muitas vezes, o caos da nossa vida não vem da falta de esforço, mas da falta de prioridade. Moisés ouviu do próprio sogro: "Isso é muito trabalho para você fazer sozinho"; não era fraqueza, era discernimento.

Delegar não é desistir. Pedir ajuda não é ser incapaz. Quando você tenta dar conta de tudo sozinho, impede que os outros cresçam, aprendam e participem. O que se espera de você não é perfeição, é fidelidade ao que o Pai realmente lhe confiou.

Oração

Senhor, eu coloco diante de Ti as minhas expectativas, a minha rotina e os pesos que carrego. Ensina-me a discernir o que é minha responsabilidade e o que não é. Livra-me da necessidade de dar conta de tudo e me ensina a confiar nos Teus passos. Quero aprender a pedir ajuda, a ensinar, a delegar e a viver em paz com aquilo que está ao meu alcance. Amém.

28 DE DEZEMBRO

Dói, mas não paralisa

"Tu sabes como estou aflito, pois tens tomado nota de todas as minhas lágrimas. Será que elas não estão escritas no teu livro?" (Salmos 56:8)

Há feridas que deixam de sangrar, mas ainda ardem em silêncio. Talvez, ao olhar para o fim deste ano, você esteja se perguntando por que algumas dores ainda não passaram por completo. Você entregou, perdoou, caminhou, entretanto, vez ou outra, aquilo volta à mente — o erro que cometeu, a injustiça que sofreu, a palavra que tanto o feriu, e o vazio que não foi preenchido. Precisamos aprender que cura não é esquecer, é não ser mais prisioneiro de um sentimento ruim.

O salmista revela algo profundo: Deus recolhe cada lágrima. Ele não as ignora, nem as banaliza. Pelo contrário, existe um memorial da nossa dor diante do Pai. Ele viu tudo! Cada dia em que você quis desistir e não desistiu. Cada noite em que você chorou e ninguém soube. Cada vez que você disse "está tudo bem", e não estava; o céu anotou.

Você não precisa esconder o que ainda dói, mas também não precisa parar aí. A dor só continua doendo tanto quando você tenta ignorá-la ou carregá-la sozinho. Se você chegou até aqui, mesmo com dores não resolvidas, não pense que fracassou. Mesmo ferido, você foi. Mesmo machucado, orou. Mesmo cansado, permaneceu.

Oração

Senhor, obrigado por não ignorar minhas lágrimas. Obrigado por conhecer minhas dores mais silenciosas. Eu Te entrego aquilo que ainda arde, reconheço o que ainda me incomoda, e escolho não ser definido por isso. Cura o que precisa ser curado, fortalece o que precisa ser fortalecido. Que minha história mostre que a dor não venceu. Que o fim deste ano me encontre mais leve, mais consciente, mais próximo de Ti. Amém.

29 DE DEZEMBRO

O silêncio de Deus também é resposta

"Quando estive aflito, pedi ajuda a Deus, o Senhor, e ele me respondeu. Ó Senhor, livra-me dos mentirosos e dos falsos!" (Salmos 120:1-2)

Talvez este tenha sido um ano em que você falou muito com Deus, e Ele falou pouco com você. Você orou, jejuou, perguntou, e o que veio foi um longo silêncio. Quero lhe dizer, com temor e reverência, que o silêncio dEle não é sinal de Sua ausência. Deus tem um propósito.

O Pai não se cala porque o abandonou, e sim porque está construindo algo que ainda não pode ser explicado. Às vezes, Ele silencia para nos proteger de nós mesmos. Outras vezes, para purificar a motivação do nosso clamor. Há momentos em que o silêncio é o maior convite para amadurecermos a fé!

Há muitos clamores que não são respondidos do lado de fora, mas que geram mudança do lado de dentro. Deus responde diferente, transformando o coração que clama antes de transformar a situação ao redor.

O Senhor não respondeu? Talvez você apenas esteja olhando para o lado errado. Ele pode ter respondido silenciando uma guerra que você nem viu. Ou evitando que uma porta se abrisse cedo demais. Ou sustentando sua fé para que você não naufragasse. O silêncio de Deus nunca foi vazio; sempre carregou um livramento que seus olhos não viram.

Oração

Senhor, eu confesso que nem sempre entendi o Teu silêncio. Tantas vezes achei que não estavas ouvindo, quando estavas me ensinando. Ajuda-me a lembrar que silêncio não é abandono e que ausência de palavras não é ausência de presença. Ensina-me a confiar mesmo sem resposta, e a reconhecer as respostas que vêm de formas inesperadas. Obrigado por me livrar até quando não percebi. Amém.

30 DE DEZEMBRO

O que você manteve vivo?

"Por isso o Senhor Todo-Poderoso diz: – Pensem bem no que tem acontecido com vocês." (Ageu 1:7)

Em todo fim de ciclo, costumamos fazer listas do que ganhamos, do que perdemos, do que queremos. A pergunta mais esquecida e mais importante, porém, é esta: o que você manteve vivo?

Algumas pessoas mantêm a mágoa viva. Outras, a culpa. Algumas insistem em alimentar a autopiedade com disciplina. Outras se agarram ao controle, à performance, à identidade construída a partir do medo. Pouquíssimas mantêm vivas a fé, a coragem e a esperança limpa que sobrevive ao silêncio e à espera.

Você chega a este fim de ano com memórias e vestígios do que decidiu preservar em seu interior. Cada pensamento que alimentou construiu um ambiente dentro de você. Talvez, sem perceber, você tenha passado o ano vivendo dentro de um cativeiro que você mesmo manteve decorado.

O Senhor, através do profeta Ageu, pede uma ação exigente: uma reflexão séria sobre o próprio caminho. Isso exige coragem. Refletir com honestidade implica abrir mão das narrativas que nos protegem da dor e reconhecer onde sabotamos nosso futuro.

Talvez este não tenha sido um grande ano, todavia você ainda tem a chance de encerrá-lo com grandeza, se tiver coragem de responder: o que escolheu manter vivo?

Oração

Senhor, eu me coloco diante de Ti com humildade e lucidez. Peço que me mostres o que tenho alimentado em segredo, o que mantenho vivo dentro de mim. Se há em mim sementes de morte, orgulho, medo ou ressentimento, arranca, por favor. Quero começar o novo ciclo livre das prisões que permiti. Ensina-me a refletir com seriedade, a discernir meus passos e a escolher, enfim, aquilo que traz vida. Amém.

31 DE DEZEMBRO

Você está mais forte do que imagina

"Sejam fortes e tenham coragem, todos vocês que põem a sua esperança em Deus, o Senhor!" (Salmos 31:24)

Você sobreviveu a mais um ciclo! Aprendeu, caiu, levantou, chorou, entregou, perdoou. Ouviu Deus quando só havia silêncio. Suportou mais do que imaginava e, ainda assim, permaneceu, inclusive nos dias em que não sentiu força alguma.

Talvez você olhe para trás e veja perdas, lutas, portas fechadas e processos, mas nada foi em vão. O que parecia caos, foi forja. O que parecia demora, foi preparação. Se você terminou o ano buscando mais a Deus, já evoluiu! A disciplina espiritual que você cultivou, o espaço que deu à Presença, a maneira como decidiu silenciar vozes e seguir a voz certa, tudo isso moldou sua essência.

É hora de olhar para o futuro com expectativa! O próximo ano não será mágico por ser um novo ciclo, mas porque você se tornará extraordinário! Isso não acontecerá por acidente, mas por decisão. As disciplinas espiritual, emocional e mental serão sua arma. Você já sabe o que fazer e sabe que carrega a essência de Deus.

O que está por vir é maior do que imagina, porque o Eterno é maior do que o que você tem vivido e está conduzindo todas as coisas com perfeição, inclusive você. Lembre-se: quando Deus é sua essência, até o tempo se curva para cumprir o que Ele prometeu.

Oração

Deus, obrigado por este ano. Pela dor e pela graça, pelas perdas e pelos encontros, pelos desertos e pelos altares. Obrigado por estar comigo todos os dias, mesmo nos que eu não percebi. Agora, eu consagro meu próximo ano a Ti. Que seja um ano de profundidade, propósito e disciplina. Que o Teu Espírito continue sendo meu sustento e direção. Que cada passo meu revele Tua essência em mim. Em nome de Jesus, amém.

ANOTAÇÕES

ANOTAÇÕES

PROJETO GRÁFICO E DIAGRAMAÇÃO
Anderson Junqueira

CIP-BRASIL. CATALOGAÇÃO NA PUBLICAÇÃO
SINDICATO NACIONAL DOS EDITORES DE LIVROS, RJ

R261d
Regiely, Catia
Deus : minha essência / Catia Regiely. - 1. ed. - Rio de Janeiro : BestSeller, 2025.

ISBN 978-65-5712-434-5

1. Deus. 2. Literatura devocional. 3. Devoções diárias. I. Título.

25-99433.1 CDD: 242
CDU: 27-583

Meri Gleice Rodrigues de Souza - Bibliotecária - CRB-7/6439
25/07/2025 28/07/2025

Texto revisado segundo o novo Acordo Ortográfico da Língua Portuguesa.

Impresso no Brasil
ISBN 978-65-5712-434-5

Este livro foi impresso na tipografia
Adobe Kis, em corpo 10, e impresso em
papel off-white na Geográfica.